桥梁加固设计计算算例

王依群　编著

中国建筑工业出版社

图书在版编目（CIP）数据

桥梁加固设计计算算例/王依群编著. —北京：中国建筑工业出版社，2019. 8
ISBN 978-7-112-24041-8

Ⅰ. ①桥… Ⅱ. ①王… Ⅲ. ①桥-加固-工程计算 Ⅳ. ①U445. 7

中国版本图书馆 CIP 数据核字（2019）第 165905 号

以《城市桥梁结构加固技术规程》CJJ/T 239—2016 和《公路桥梁加固设计规范》JTG/T J22—2008 为依据，介绍了混凝土桥梁结构加固的增大截面法、粘贴钢板法、粘贴纤维复合材法、预应力加固法、桥梁抗震加固法设计计算方法，配合大量实例给出手算的详细过程并附上作者开发的计算机软件 SDB 的使用方法和计算结果，两种计算方法进行了相互验证。

本书可供桥梁工程设计人员和道路桥梁专业师生学习参考。

责任编辑：郭　栋　辛海丽
责任校对：张惠雯　焦　乐

桥梁加固设计计算算例
王依群　编著
*
中国建筑工业出版社出版、发行（北京海淀三里河路 9 号）
各地新华书店、建筑书店经销
北京佳捷真科技发展有限公司制版
北京建筑工业印刷厂印刷
*
开本：787×1092 毫米　1/16　印张：12¼　字数：301 千字
2019 年 11 月第一版　　2019 年 11 月第一次印刷
定价：**38. 00** 元
ISBN 978-7-112-24041-8
（34552）

前　言

本书编写的目的为帮助结构设计人员学习《城市桥梁结构加固技术规程》CJJ/T 239—2016 和《公路桥梁加固设计规范》JTG/T J22—2008 中的加固设计理论，熟悉具体计算步骤和方法，遇到工程实际问题时能快速正确地解决。书中对规范、规程有加固设计要求的构件几乎都提供了算例，给出了使用桥梁加固设计软件 SDB（Strengthening Design of Bridges）操作步骤和计算结果，附有详细的手算过程和与 SDB 软件计算结果的比较，验证了 SDB 软件计算结果的准确性。

本书内容分 9 章，分别介绍了桥梁加固基本规定和材料、桥梁结构加固计算软件 SDB 的功能和使用方法、增大截面加固法、粘贴钢板加固法、粘贴纤维带加固法、预应力加固法、桥梁结构构件抗震加固计算、植筋技术、锚栓技术。多数算例来源于实际工程，对设计工作有提示作用。

软件用户需具备混凝土结构加固设计的理论基础和设计经验，详细了解软件的编制原理和操作方法，对软件计算结果须判断其正确性方可用于实际工程。

感谢李建中博士、张庆芳博士的帮助。

本人水平所限，书中有不妥甚至错误之处，敬请读者批评指正。

王依群

电子信箱：yqwangtj@ hotmail. com

目　　录

第1章 桥梁加固基本规定和材料

近60年来，我国公路桥梁和城市桥梁建设均取得了巨大成就。公路桥梁和城市桥梁两者的区别：前者是城市外公路上的桥梁、后者是修建在城市范围内的桥梁。随着人民生活水平的提高，物流量大幅提高，车辆载重量逐步提高，同时桥梁长期暴露在自然环境（大气腐蚀、温度、湿度变化等）中引起建筑材料老化和损伤，桥梁加固提到了日程上，对此国家及时颁布了相关行业标准：《公路桥梁加固设计规范》JTG/T J22—2008[1]、《城市桥梁结构加固技术规程》CJJ/T 239—2016[2]。

两本标准在安全可靠度、材料设计强度取值方面没有区别，对比发现，除了后者施行日期晚，吸收了新的科技研究成果、改正了前者的一些错误外，只有很少的差别。本书主要遵照以上两本标准，并参照其他相关设计标准编写。

目前早已是计算机时代，不但要求采用计算机设计计算，并要求设计计算书以数字（电子）格式存档保存和打印输出。本书内容及书中介绍的计算机软件同时参照了上述两本设计标准的规定，是设计向电子计算机化的努力尝试。

本书只讲述了混凝土桥梁结构加固设计计算，并通过算例详述了计算过程，并未涉及构造措施和加固施工，这两方面重要性不亚于设计计算，务请读者注意。

手算利于搞清概念，学习阶段可用计算机软件作为验证手算结果的工具，尽早发现和改正错误，加快学习进度。本书介绍的软件SDB（Strengthening Design of Bridges）学习版可计算本书中的所有算例，满足学习本书内容的需要，有兴趣的读者可到http://www.kingofjudge.com下载。

1.1 基本规定

《城市桥梁结构加固技术规程》CJJ/T 239—2016第3章对桥梁加固提出了基本规定，比较重要，这里不赘述。

1.2 桥梁建造和加固用材料

随着时间流逝，技术进步，设计规范隔几年就要更新，比如目前最新版《公路钢筋混凝土及预应力混凝土桥涵设计规范》JTG 3362—2018[3]，替换了上一版的《公路钢筋混凝土及预应力混凝土桥涵设计规范》JTG D62—2004[4]。出于节能、环保的需要，新版规范总是要淘汰一些低强度的材料等级，即规定新设计不得再采用一些低强度的材料。这些材料的强度设计指标在新规范中找不到了，但待加固的既有建筑物很多还是这些强度等级的材料建造的，其强度指标值在加固设计时还要用到。为方便读者使用，本节列出新、旧规范出现的所有强度等级材料的强度指标值。

1.2.1　一般规定

建造和加固所用材料、半成品或成品的质量及使用性能，应符合国家现行相关标准的规定，并应满足设计要求。

当采用纤维复合材料加固时，应采用与此纤维材料相配套的树脂类胶粘剂和表面防护材料等。

1.2.2　混凝土

普通混凝土是指以水泥、砂石为原料，采用常规的生产工艺生产的水泥基混凝土，是目前桥梁工程中最为常用的材料。混凝土的轴心抗压强度标准值f_{ck}和设计值f_{cd}、轴心抗拉强度标准值f_{tk}和设计值f_{td}如表1-1所示，混凝土受压和受拉时的弹性模量E_c见表1-2。

混凝土的轴心抗压强度标准值和设计值（MPa）　　表1-1

强度种类	符号	混凝土强度等级													
		C15	C20	C25	C30	C35	C40	C 45	C50	C55	C60	C65	C70	C75	C80
标准值	f_{ck}	10.0	13.4	16.7	20.1	23.4	26.8	29.6	32.4	35.5	38.5	41.5	44.5	47.4	50.2
	f_{tk}	1.27	1.54	1.78	2.01	2.20	2.40	2.51	2.65	2.74	2.85	2.93	3.00	3.05	3.10
设计值	f_{cd}	6.9	9.2	11.5	13.8	16.1	18.4	20.5	22.4	24.4	26.5	28.5	30.5	32.4	34.6
	f_{td}	0.88	1.08	1.23	1.39	1.52	1.65	1.74	1.83	1.89	1.96	2.02	2.07	2.10	2.14

混凝土的弹性模量（$\times 10^4$MPa）　　表1-2

混凝土强度等级	C15	C20	C25	C30	C35	C40	C45	C50	C55	C60	C65	C70	C75	C80
E_c	2.20	2.55	2.80	3.00	3.15	3.25	3.35	3.45	3.55	3.60	3.65	3.70	3.75	3.80

混凝土的剪变模量G_c可按表1-2数值的0.4倍采用，混凝土的泊松比ν_c可采用0.2。

加固所用混凝土的强度等级宜比原结构构件提高一级，且不应低于C30；当采用预应力混凝土进行加固时，其强度等级不应低于C40。

1.2.3　钢筋

普通钢筋的抗拉强度标准值f_{sk}、抗拉强度设计值f_{sd}、抗压强度设计值f'_{sd}应按表1-3采用。

普通钢筋抗拉强度标准值、抗拉、抗压强度设计值（MPa）　　表1-3

钢筋种类	符号	公称直径d（mm）	f_{sk}（MPa）	f_{sd}（MPa）	f'_{sd}（MPa）
R235	Φ	8~20	235	195	195
HPB300	Φ	6~22	300	250	250
HRB335	Φ	6~50	335	280	280
KL400	Φ^R	8~40	400	330	330
HRB400	Φ	6~50	400	330	330
HRBF400	Φ^F	6~50	400	330	330
RRB400	Φ^R	6~50	400	330	330
HRB500	Φ	6~50	500	415	400

由于本书未涉及既有结构是预应力混凝土的情况，以下仅列出加固时用的预应力钢筋的相关数据，即《公路钢筋混凝土及预应力混凝土桥涵设计规范》JTG 3362—2018 中所列的数据。

预应力钢筋的抗拉强度标准值 f_{pk} 应按表 1-4 采用。

预应力钢筋抗拉强度标准值　　**表 1-4**

钢筋种类		符号	公称直径 d（mm）	f_{pk}（MPa）
钢绞线	1×7	ϕ^{S}	9.5、12.7、15.2、17.8	1720、1860、1960
			21.6	1860
消除应力钢丝	光面 螺旋肋	ϕ^{P} ϕ^{H}	5	1570、1770、1860
			7	1570
			9	1470、1570
预应力螺纹钢筋		ϕ^{T}	18、25、32、40、50	785、930、1080

注：抗拉强度标准值为 1960MPa 的钢绞线作为预应力钢筋使用时，应有可靠工程经验或充分试验验证。

预应力钢筋的抗拉强度标准值 f_{pk}、设计值 f_{pd}、抗压强度设计值 f'_{pd} 应按表 1-5 采用。

预应力钢筋抗拉强度标准值，抗拉、抗压强度设计值　　**表 1-5**

钢筋种类	f_{pk}（MPa）	f_{pd}（MPa）	f'_{pd}（MPa）
钢绞线 1×7（七股）	1720	1170	390
	1860	1260	
	1960	1330	
消除应力钢丝	1470	1000	410
	1570	1070	
	1770	1200	
	1860	1260	
预应力螺纹钢筋	785	650	400
	930	770	
	1080	900	

普通钢筋的弹性模量 E_s 和预应力钢筋的弹性模量 E_p 宜按表 1-6 采用；当有可靠试验依据时，可按实测数据确定。

钢筋的弹性模量　　**表 1-6**

钢筋种类	弹性模量 E_s（$\times10^5$MPa）	钢筋种类	弹性模量 $E_p\times10^5$MPa
R235、HPB300	2.1	钢绞线	1.95
HRB335、KL400、HRB400 HRBF400、RRB400、HRB500	2.0	消除应力钢丝	2.05
		预应力螺纹钢筋	2.00

1.2.4 钢板、型钢、扁钢

按照《钢结构设计标准》GB 50017—2017[5]，考虑到加固常用的钢板、型钢、扁钢和钢管厚度均不大于 16mm，采取与钢筋抗拉强度设计值相同的分项系数（1.2），得到其强度设计值如表 1-7 所示。

钢板、型钢、扁钢和钢管强度设计值（MPa） **表 1-7**

钢材牌号	Q235	Q355	Q390	Q420
抗拉、抗压强度	195	295	325	350

注：钢板、型钢、扁钢和钢管的弹性模量为 2.06×10^5MPa。

1.2.5 桥梁加固用纤维复合材料

一般桥涵结构的设计基准期为 100 年，一般建筑结构的设计基准期为 50 年，采取的目标可靠指标和材料分项系数不同，造成两种结构材料设计值有差别。特别重要的建筑结构的设计基准期为 100 年，一般桥涵结构所用结构材料设计值才彼此相同。因此，准确地应讲“碳纤维与玻璃纤维复合材料的主要力学性能，应符合现行国家标准《混凝土结构加固设计规范》GB 50367[6] 关于重要结构的有关规定。”

桥梁加固用纤维复合材料抗拉强度设计值见表 1-8。

桥梁加固用纤维复合材料抗拉强度设计值 **表 1-8**

纤维类别 \ 性能项目			抗拉强度标准值（MPa）	弹性模量（MPa）	抗拉强度设计值（MPa）
碳纤维	布材	Ⅰ级	≥3400	$\geq2.4\times10^5$	≥1600
		Ⅱ级	≥3000	$\geq2.1\times10^5$	≥1400
	板材	Ⅰ级	≥2400	$\geq1.6\times10^5$	≥1150
		Ⅱ级	≥2000	$\geq1.4\times10^5$	≥1000
玻璃纤维	S 型（高强）		≥2200	$\geq1.0\times10^5$	≥500
	E 型（无碱）		≥1500	$\geq7.2\times10^4$	≥350

注：纤维复合材料的抗拉强度标准值应根据置信水平 $C=0.99$、保证率为 95%的要求确定。

其他加固用材料：锚固件、结构胶粘剂等应符合《城市桥梁结构加固设计规程》CJJ/T 239—2016 和《公路桥梁加固设计规范》JTG/T J22—2008 的有关规定。

本章参考文献

[1] 中华人民共和国行业推荐性标准. 公路桥梁加固设计规范 JTG/T J22—2008 [S]. 北京：人民交通出版社，2008.

[2] 中华人民共和国行业推荐性标准. 城市桥梁结构加固技术规程 CJJ/T 239—2016 [S]. 北京：中国建筑工业出版社，2014.

[3] 中华人民共和国行业标准. 公路钢筋混凝土及预应力混凝土桥涵设计规范 JTG3362—2018 [S]. 北京：人民交通出版社，2018.

[4] 中华人民共和国行业标准. 公路钢筋混凝土及预应力混凝土桥涵设计规范 JTG D62—2004 [S]. 北京：人民交通出版社，2004.

[5] 中华人民共和国国家标准. 钢结构设计标准 GB 50017—2017 [S]. 北京：中国建筑工业出版社，2017.

[6] 中华人民共和国国家标准. 混凝土结构加固设计规范 GB 50367—2013 [S]. 北京：中国建筑工业出版社，2013.

第2章　桥梁结构加固计算软件 SDB 的功能和使用方法

SDB（Strengthening Design of Bridges）是在微机上使用的桥梁结构加固计算软件，编制的主要依据为国家现行有关标准：《城市桥梁结构加固技术规程》CJJ 239—2016[1]、《公路桥梁加固设计规范》JTG/T J22—2008[2]，并参照了部分其他规范或设计手册的内容。

目前，SDB 软件具有以下功能：

（1）增大截面加固法计算。

（2）粘贴钢板加固法计算。

（3）粘贴纤维复合材加固法计算。

（4）预应力加固法计算。

（5）抗震加固计算。

（6）植筋、锚栓计算。

软件采用国际单位制。配筋输出文件中，给出加固后满足承载力要求所需增加的混凝土强度、面积，或钢筋，或钢板，或纤维复合材的截面面积（mm^2）。在结果简图上，给出加固材料在截面上的位置。

SDB 软件可在 Windows10、8、7（32 位、64 位）、Vista、XP 操作系统上运行。

大量算例与手算或其他文献算例计算结果比较，表明软件计算结果可靠。

我们在网站 http：//www. kingofjudge. com 或“sdb 软件用户群”（QQ 群）上不定期地发布 SDB 的新版本，请用户及时到该网站下载，解压缩后将得到运行文件 sdb. exe。第一次运行前先在 D 盘建立 D：\ sdbproj 子目录。SDB 软件无需安装，将其拷贝到计算机中，双击 SDB 图标运行该文件，或将其保存于某文件夹（例如 D：\ sdbproj）后，将其图标拉至“桌面”运行。

如果想在其他盘，如 C、E、F 盘中放置工作目录 sdbproj，则在运行 SDB 软件前：①在 C 盘根目录建立一文本文件，名为 sdbpath. txt；②在此文件中写一字符（前不能空格或空行），可写字符有 c，d，e，f，代表使用此字符名的盘；③并且用户要在此字符名的盘中建立工作目录 sdbproj。办好这①②③件事，就可运行 SDB 软件了。注意，没建立此文件，即无此文件，或里面第 1 位置没写这几个字符中的任一个，SDB 软件都默认 D：\ sdbproj 为工作目录。

用鼠标双击 SDB 软件图标，即出现 SDB 主菜单（图 2-1），点取各菜单项可完成相应的工作。

图 2-1 主菜单（一级菜单）各菜单项有二级菜单，下面还有三级菜单。三级菜单相同，都只有两项：“输入及计算”和“查看简报”。一个二级菜单项和三级菜单项的例子如图 2-2 所示。用鼠标点击“输入及计算”即可进入相应计算功能的对话框。用鼠标点击“查看简报”，软件就打开计算结果简要报告，显示给用户观看。

图 2-1 SDB 软件主菜单

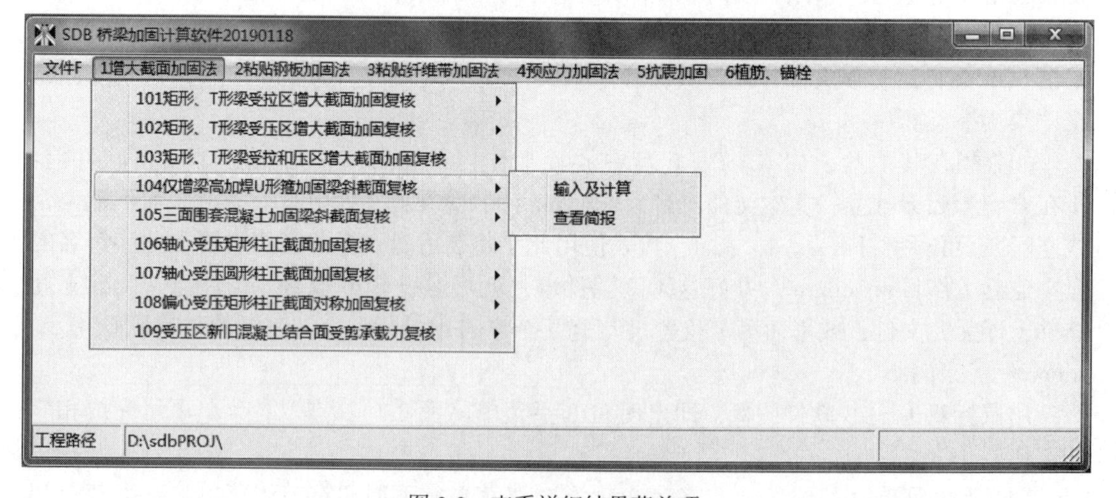

图 2-2 查看详细结果菜单项

软件的详细计算过程和结果要看软件输出的 sdb&& $$. tex 文件（&& 和$$分别是一级和二级菜单项编号，如表 2-1 第 3 列所示），并用中文版的 Latex 软件可将其转换为. pdf 文件，我们称其为“计算书”，其精美程度不逊色于科技文章，该文件记录着详细的加固计算过程，方便设计、审图人员核查和存档。

菜单项及详细计算结果文件一览　表2-1

一级菜单项	二级菜单项	.tex 文件主名	详细计算结果文件主名（辅名.out）
增大截面法	矩形、T形梁受拉区增大截面加固复核	sdb0101	受拉区增大梁复核
	矩形、T形梁受压区增大截面加固复核	sdb0102	受压区增大梁复核
	矩形、T形梁受拉和受压区增大截面加固复核	sdb0103	拉压区增大梁复核
	仅增梁高加焊U形箍加固梁斜截面复核	sdb0104	仅增高梁受剪复核
	三面围套梁斜截面焊U形箍加固复核	sdb0105	三面围套受剪复核
	轴心受压矩形柱正截面加固复核	sdb0106	增截面轴压矩形柱
	轴心受压圆形柱正截面加固复核	sdb0107	增截面轴压圆形柱
	偏心受压矩形柱正截面对称加固复核	sdb0108	增截面偏压柱复核
	受压区新旧混凝土结合面受剪承载力复核	sdb0109	新旧混凝土结合剪
粘贴钢板法	受弯构件正截面粘钢板加固设计	sdb0201	粘钢板受弯梁设计
	受弯构件正截面粘钢板加固复核	sdb0202	粘钢板受弯梁复核
	简支梁端斜截面粘钢板加固复核	sdb0203	粘钢板梁受剪复核
	矩形偏心受压柱粘钢板加固复核	sdb0204	粘钢板偏压柱复核
	轴心受拉构件粘贴钢板加固设计	sdb0205	粘钢板轴拉柱设计
	轴心受拉构件粘贴钢板加固复核	sdb0206	粘钢板轴拉柱复核
	偏心受拉构件粘贴钢板加固复核	sdb0207	粘钢板偏拉柱复核
粘纤维带法	受弯构件正截面粘纤维布加固设计	sdb0301	粘纤维布梁的设计
	受弯构件正截面粘纤维布加固复核	sdb0302	粘纤维布梁的复核
	受弯构件正截面粘纤维板加固设计	sdb0303	粘纤维板梁的设计
	受弯构件正截面粘纤维板加固复核	sdb0304	粘纤维板梁的复核
	受弯构件斜截面粘纤维带加固复核	sdb0305	粘纤维梁受剪复核
	轴心受压构件正截面加固复核	sdb0306	粘纤维轴压柱复核
	大偏心受压构件正截面加固复核	sdb0307	大偏压粘纤维复核
	轴心受拉构件粘贴纤维加固设计	sdb0308	轴心拉粘纤维设计
	轴心受拉构件粘贴纤维加固复核	sdb0309	轴心拉粘纤维复核
	大偏心受拉构件正截面加固复核	sdb0310	大偏拉粘纤维复核
	墩柱延性加固（体积配箍率）计算	sdb0311	粘纤维提高柱延性
预应力法	体外预应力梁受弯承载力、抗裂、压应力计算	sdb0401	体外PC受弯承载力
	体外预应力加固梁的受剪承载力复核	sdb0402	体外PC梁受剪复核
	体外筋混凝土转向块承载力复核	sdb0403	转向块承载力复核
	体外预应力加固梁正截面抗裂验算	sdb0404	体外PC梁裂缝宽度
	体外预应力加固梁斜截面抗裂验算	sdb0405	体外PC梁斜裂验算
	体外预应力加固梁斜截面主压、拉应力验算	sdb0406	PC梁主压主拉应力
抗震加固	外包钢管法加大圆柱式桥墩延性	sdb0501	包钢管增柱墩延性
	外包钢管法圆柱式桥墩抗剪设计	sdb0502	包钢管柱抗剪设计
	外包钢管法圆柱式桥墩抗剪复核	sdb0503	包钢管柱抗剪复核
	粘贴纤维法加大圆柱式桥墩延性	sdb0504	粘纤维增柱墩延性
	粘贴纤维法圆柱式桥墩抗剪设计	sdb0505	粘纤维柱抗剪设计
	粘贴纤维法圆柱式桥墩抗剪复核	sdb0506	粘纤维柱抗剪复核

续表

一级菜单项	二级菜单项	. tex 文件主名	详细计算结果文件主名 （辅名. out）
植筋、锚栓计算	锚栓受拉	sdb0601	锚栓受拉抗力计算
	无杠杆臂锚栓受剪	sdb0602	锚栓受剪抗力计算
	有杠杆臂锚栓受剪	sdb0603	有杠杆臂锚栓受剪
	植筋	sdb0604	植筋长度及力计算
	锚栓拉力作用值计算	sdb0605	锚栓拉力作用计算
	锚栓剪力作用值计算	sdb0606	锚栓剪力作用计算

二级菜单项是各混凝土构件加固计算功能，见表 2-1。

中文版的 Latex 软件 CTeX 的使用见下面的介绍。CTeX 软件可从下面的网址免费下载：http：//www. ctex. org/ctexdownload。

点击 Windows “开始” → “程序” → “CTeX” → “WinEdt”，如图 2-3 所示。

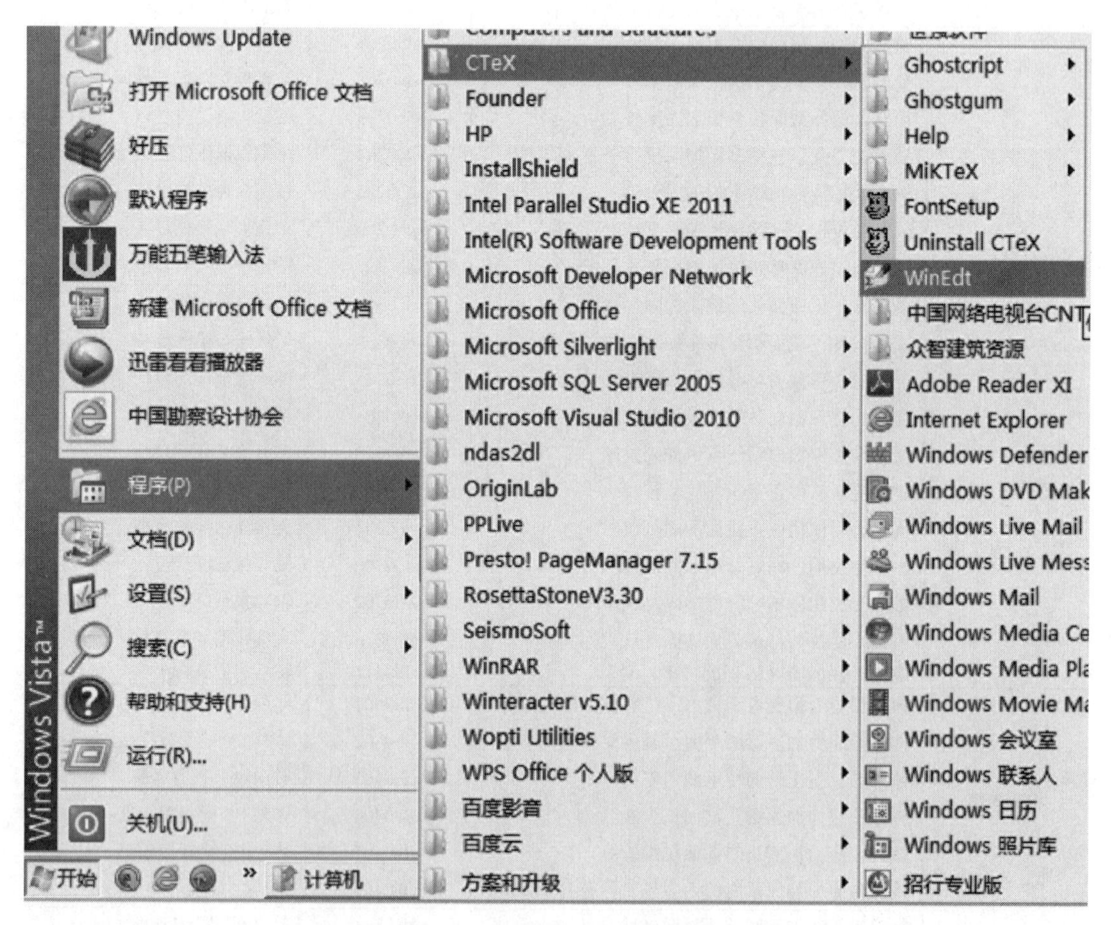

图 2-3　运行 WinEdt 软件方法

在 WinEdt 软件中选择 “File” → “Open” 菜单项，如图 2-4 所示。

在其跳出的对话框中选择 SDB 软件在 d：\sdbproj 路径中生成的 sdb&& $$. tex 文件（具体文件名如表 2–1 第 3 列所示）打开，编译所用的菜单项为 “TeX” → “LaTeX”，如图 2-5

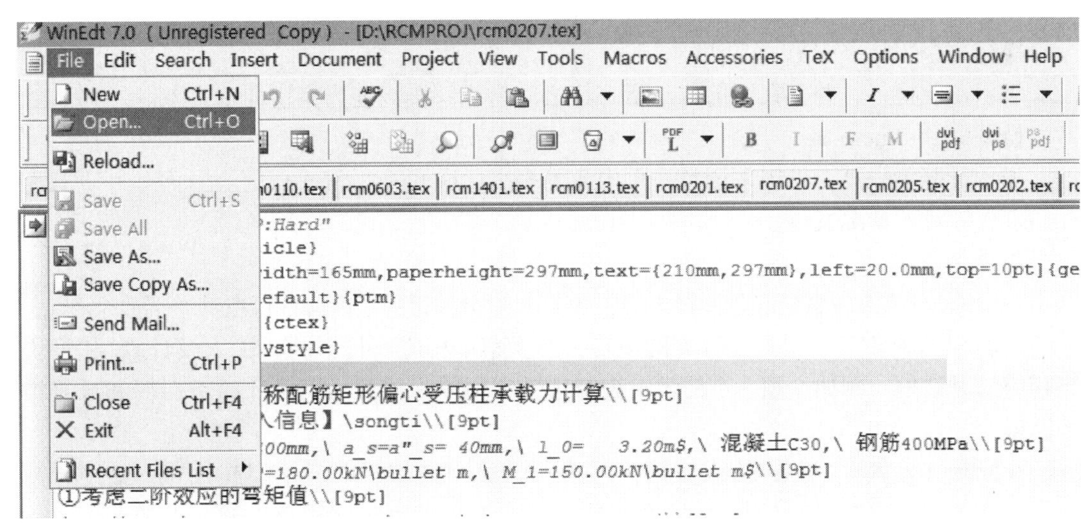

图 2-4　WinEdt 软件打开欲编译文件

所示。使用 CTEX 套装中的 WinEdt 软件转换表 2-1 中所列 sdb&& $$. tex 文件的方法如下：

略等片刻，编译成功后，就可使用 WinEdt 软件自带的 PDF 预览器（工具栏中的 dvi pdf ）查看刚生成的 PDF 文件内容。该 PDF 文件也已保存在文件夹 d：\sdbproj 中，供以后用 Adobe Reader PDF 阅读器打开阅读或打印。也可用其他软件转换成 word 格式文件。

使用 Latex 软件排版和简单修改 SDB 软件输出的 pdf 文件版面最常用的控制命令[3,4]。

用于排版的源文件（辅助名为. tex），即文稿，包含两部分内容：一部分是正文，也就是需要排版输出的内容；另一部分是排版控制命令，用于控制版面式样、字体字形、数学公式、行距、页长等格式。控制命令是用反斜线引导的字符串。

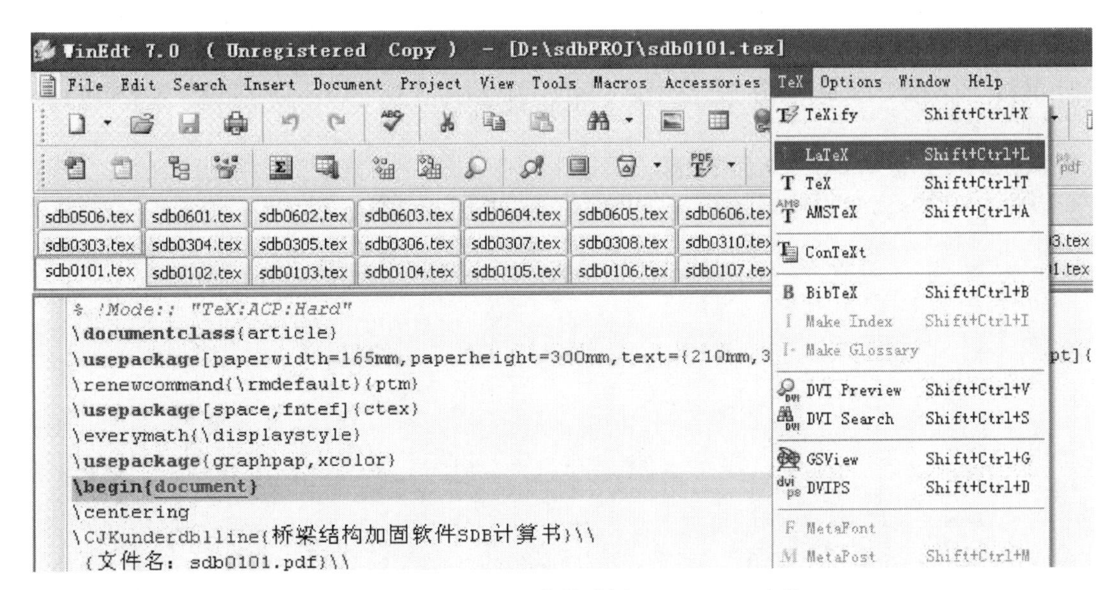

图 2-5　运行 WinEdt 软件编译 sdb0207. tex 文件

以下是两个简单修改 SDB 软件输出的 pdf 文件版面最常用的控制命令。

换行命令：\\ 或\\ [高度]

表示在此换行，并且在当前行与下一行之间增加一段高度为高度的垂直空白。

换页命令：\newpage

表示开辟新一页，可用来调整一页内容的多少，防止一页只一行内容，而前一页又有空间多放一行的情况发生。

注释命令：%

一行 % 右侧的内容全部是注释内容，如不想输出一行的某内容，可在其左端放个 % 。

启动 SDB 软件后，选择要计算的项目，按主菜单相应项目下的“输入及计算”，即弹出相应的对话框。例如，图 3-4 是增大截面法受弯构件正截面加固设计的对话框和计算结果简报。

在标有（输入）的栏内输入数据，再按“计算”按钮，即开始配筋计算，最终计算结果显示在“输出结果”的框内（图 3-4）。如截面尺寸不足，或超出软件求解范围，软件会在输出结果框内给出出错信息。

对话框中的输入信息与计算功能相关，详见书中各章节的介绍和算例演示。

如果输入某数据后，鼠标移至另一数据输入处，前一数据输入处一直显示蓝色，则表明该数据“非法”，即输入了超出软件接纳范围的数，只有用户改正了蓝色的数据，才能进行其他数据的输入。

SDB 软件可能会不断更新，有时在存储文件中增加了数据或修改了数据格式，新版软件读取旧版软件相关文件时会出错，造成软件不能使用，这时可人工打开文件夹 d：\sdb-proj，将屏幕提示出错的文件删除，然后就可以顺利运行 SDB 软件了。

本章参考文献

[1] 中华人民共和国行业推荐性标准. 城市桥梁结构加固技术规程 CJJ/T 239—2016 [S]. 北京：中国建筑工业出版社，2014.

[2] 中华人民共和国行业推荐性标准. 公路桥梁加固设计规范 JTG/T J22—2008 [S]. 北京：人民交通出版社，2008.

[3] 陈志杰，赵书钦等. LATEX 入门与提高（第二版）[M]. 北京：高等教育出版社，2013.

[4] 胡伟. LATEX2ε 完全学习手册（第二版）[M]. 北京：清华大学出版社，2011.

第3章 增大截面加固法

3.1 一般规定

1 当加固钢筋混凝土受弯、受压构件时，可采用增大截面加固法。

2 加固前，应对原结构构件的混凝土进行现场强度检测，原构件混凝土强度等级应符合下列要求：

钢筋混凝土受弯构件不应低于C20；钢筋混凝土受压构件不应低于C15。

3 增大截面加固时，在施工质量满足要求后，加固后构件可按新旧混凝土组合截面计算。

3.2 增大截面法受弯构件正截面加固计算

根据《城市桥梁结构加固技术规程》CJJ/T 239—2016[1]，采用增大截面加固受弯构件时，可根据原结构构造和受力的实际情况，选用仅在受拉区，或仅在受压区，或同时在受拉和受压区增设现浇混凝土加厚层的加固方式。

增大截面加固受弯构件的承载力计算基本假定应符合下列规定：

1 不同受力阶段的截面变形应符合平截面假设。

2 有受弯承载力极限状态下，截面受压区边缘混凝土应变应达到极限压应变值 $\varepsilon_{cu}=0.0033$。构件截面受压区混凝土压应力应简化为等效矩形应力图，其强度值 f_{cc} 应按下列规定确定：

1）当受压区无新增混凝土时，应取原构件轴心抗压强度设计值 f_{cd1} 或根据现场检测强度推算值按国家现行有关标准确定。

2）当受压区有新增混凝土时，f_{cc} 可近似按下式确定；或有可靠试验数据，也可按试验结果确定。

$$f_{cc}=0.5(f_{cd1}+0.9f_{cd2})\leqslant 1.2f_{cd1} \tag{3-1}$$

式中 f_{cc}——新旧混凝土组合截面的受压区混凝土轴心抗压强度设计值；

f_{cd1}——原构件混凝土轴心抗压强度设计值，现场混凝土实测强度推算值大于原设计值时，按原设计值取用；小于原设计值时，根据现场检测强度推算值按国家现行有关标准确定；

f_{cd2}——新增混凝土的轴心抗压强度设计值。

3 截面受拉区混凝土的抗拉强度可不计算。

4 钢筋应力应等于钢筋应变与其弹性模量的乘积，但应力不应超过其强度设计值。纵向受拉钢筋的极限拉应变宜取0.01。

当矩形截面或翼缘位于受拉区的T形截面钢筋混凝土受弯构件进行增大截面抗弯加固时，其正截面受弯承载力（图3-1）应符合下列规定：

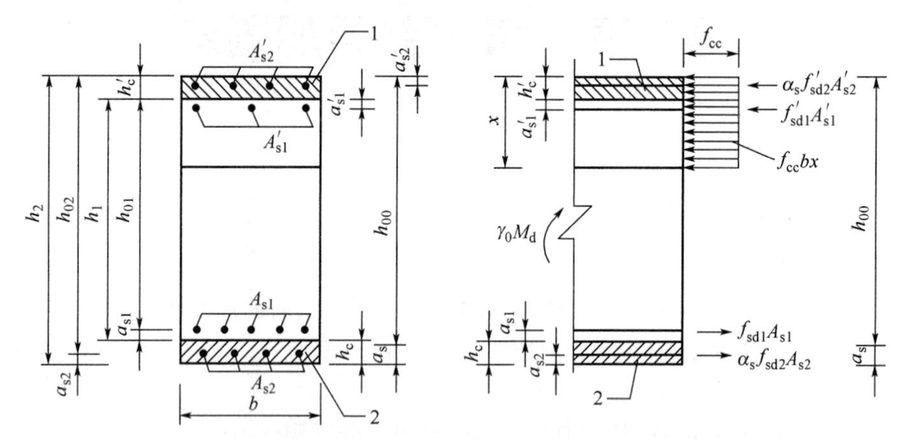

图3-1 增大截面加固矩形截面受弯构件正截面抗弯承载力计算

1—受压区混凝土加厚层；2—受拉区混凝土加厚层

1 混凝土受压区高度 x 计算应符合下列公式要求：

$$f_{cc}bx=f_{sd1}A_{s1}+\alpha_s f_{sd2}A_{s2}-f'_{sd1}A'_{s1}-\alpha_s f'_{sd2}A'_{s2} \tag{3-2}$$

$$2(a'_{s1}+h'_c)\leqslant x\leqslant \xi_b h_{00} \tag{3-3}$$

$$h_{00}=h_2-\frac{f_{sd1}A_{s1}(a_{s1}+h_c)+\alpha_s f_{sd2}A_{s2}a_{s2}}{f_{sd1}A_{s1}+\alpha_s f_{sd2}A_{s2}} \tag{3-4}$$

2 当 x 满足式（3-3）的条件时，正截面抗弯承载力应符合下式要求：

$$\gamma_0 M_d\leqslant f_{cc}bx\left(h_{02}-\frac{x}{2}\right)+f'_{sd1}A'_{s1}(h_{02}-h'_c-a'_{s1})+\alpha_s f'_{sd2}A'_{s2}(h_{02}-a'_{s2})-f_{sd1}A_{s1}(h_c+a_{s1}-a_{s2}) \tag{3-5}$$

3 当 $2a'_{s2}\leqslant x<2(a'_{s1}+h'_c)$ 时，x 值应按公式（3-6）重新确定，正截面抗弯承载力应符合公式（3-7）要求：

$$f_{cc}bx=f_{sd1}A_{s1}+\alpha_s f_{sd2}A_{s2}-\alpha_s f'_{sd2}A'_{s2} \tag{3-6}$$

$$\gamma_0 M_d\leqslant f_{cc}bx\left(h_{02}-\frac{x}{2}\right)+\alpha_s f'_{sd2}A'_{s2}(h_{02}-a'_{s2})-f_{sd1}A_{s1}(h_c+a_{s1}-a_{s2}) \tag{3-7}$$

4 当 $x<2a'_{s2}$ 时，可近似取 $x=2a'_{s2}$，正截面抗弯承载力应符合下式要求：

$$\gamma_0 M_d\leqslant f_{sd1}A_{s1}(h_{01}+h'_c-a'_{s2})+\alpha_s f_{sd2}A_{s2}(h_{02}-a'_{s2}) \tag{3-8}$$

式中 A_{s1}、A'_{s1}——分别为原构件受拉区、受压区普通钢筋的截面面积；

A_{s2}、A'_{s2}——分别为受拉区、受压区新增普通钢筋的截面面积；

a_{s1}——受拉区原普通钢筋 A_{s1} 合力点至原构件截面受拉区边缘的距离；

a_{s2}——受拉区新增普通钢筋 A_{s2} 合力点至加固后构件截面受拉区边缘的距离；

a'_{s1}——受压区原普通钢筋 A'_{s1} 合力点至原构件截面受压区边缘的距离；

a'_{s2}——受压区新增普通钢筋 A'_{s2} 合力点至加固后构件截面受压区边缘的距离；

b——原构件矩形截面宽度；

f_{cc}——新旧混凝土组合截面的受压区混凝土轴心抗压强度设计值，按式（3-1）确定；

f_{sd1}、f'_{sd1}——分别为原构件普通钢筋的抗拉、抗压强度设计值；
f_{sd2}、f'_{sd2}——分别为新增普通钢筋的抗拉、抗压强度设计值；
h_2——加固后的构件截面高度；
h_{00}——加固后的构件截面有效高度；
h_{01}——构件受拉区原纵向普通钢筋 A_{s1} 合力点至原构件截面受压区边缘的距离；
h_{02}——构件受拉区新增纵向普通钢筋 A_{s2} 合力点至加固后截面受压区边缘的距离；
h_c、h'_c——分别为构件在受拉区、受压区的新增混凝土加厚层厚度；
M_d——在新旧材料有效结合后，加固后受弯构件承受的弯矩组合设计值；
x——等效矩形应力图形的混凝土受压区高度；
α_s——新增钢筋强度利用系数，取 $\alpha_s=0.9$；
γ_0——桥梁结构的重要性系数，按现行行业标准《城市桥梁设计规范》CJJ 11 或按《公路钢筋混凝土及预应力混凝土桥涵设计规范》JTG 3362 的规定采用；
ξ_b——正截面相对界限受压区高度，根据混凝土和受拉钢筋种类，按现行行业标准《公路钢筋混凝土及预应力混凝土桥涵设计规范》JTG 3362 规定（即本书表 3-1）选用，当新旧混凝土或新旧钢筋为不同种类时，ξ_b 值应选用较小者。

相对界限受压区高度 ξ_b **表 3-1**

钢筋种类 \ 混凝土强度等级	C50 及以下	C55、C60	C65、C70	C75、C80
R235	0.62	0.60	0.58	—
HPB300	0.58	0.56	0.54	—
HRB335	0.56	0.54	0.52	—
HRB400、KL400	0.53	0.51	0.49	—
钢绞线、钢丝	0.40	0.39	0.36	0.35
精轧螺纹钢筋	0.40	0.38	0.36	—

注：1. 截面受拉区内配置不同种类钢筋的受弯构件，其 ξ_b 值应选用相应于各种钢筋的较小者；
2. $\xi_b=x_b/h_0$，x_b 为纵向受拉钢筋达到其强度设计值，同时受压混凝土边缘达到极限压应变时的受压区高度（JTG 3362 讲法有误）。

当梁仅在受拉区增大截面时，公式简化为：

1 混凝土受压区高度 x 计算应符合下列公式要求：

$$f_{cc}bx=f_{sd1}A_{s1}+\alpha_s f_{sd2}A_{s2}-f'_{sd1}A'_{s1} \tag{3-2'}$$

$$2a'_{s1}\leqslant x\leqslant \xi_b h_{00} \tag{3-3'}$$

2 当 x 满足公式（3-3′）条件时，正截面抗弯承载力应符合下式要求：

$$\gamma_0 M_d\leqslant f_{cc}bx\left(h_{02}-\frac{x}{2}\right)+f'_{sd1}A'_{s1}(h_{02}-h'_c-a'_{s1})-f_{sd1}A_{s1}(h_c+a_{s1}-a_{s2}) \tag{3-5'}$$

3 当 $x<2a'_{s1}$时，可近似取 $x=2a'_{s1}$，正截面抗弯承载力应符合下式要求：

$$\gamma_0 M_d \leqslant f_{sd1}A_{s1}(h_{01}-a'_{s1})+\alpha_s f_{sd2}A_{s2}(h_{02}-a'_{s1}) \tag{3-8'}$$

当梁仅在受压区增大截面时，公式简化为：

1　混凝土受压区高度 x 计算应符合下列公式要求：

$$f_{cc}bx=f_{sd1}A_{s1}-f'_{sd1}A'_{s1}-\alpha_s f'_{sd2}A'_{s2} \tag{3-2''}$$

$$h_{00}=h_2-a_{s1} \tag{3-4''}$$

2　当 x 满足公式（3-3）条件时，正截面抗弯承载力应符合下式要求：

$$\gamma_0 M_d \leqslant f_{cc}bx\left(h_{00}-\frac{x}{2}\right)+f'_{sd1}A'_{s1}(h_{00}-h'_c-a'_{s1})+\alpha_s f'_{sd2}A'_{s2}(h_{00}-a'_{s2}) \tag{3-5''}$$

3　当 $2a'_{s2}\leqslant x<2(a'_{s1}+h'_c)$ 时，x 值应按公式（3-6″）重新确定，正截面抗弯承载力应符合公式（3-7″）要求：

$$f_{cc}bx=f_{sd1}A_{s1}-\alpha_s f'_{sd2}A'_{s2} \tag{3-6''}$$

$$\gamma_0 M_d \leqslant f_{cc}bx\left(h_{00}-\frac{x}{2}\right)+\alpha_s f'_{sd2}A'_{s2}(h_{00}-a'_{s2}) \tag{3-7''}$$

4　当 $x<2a'_{s2}$时，可近似取 $x=2a'_{s2}$，正截面抗弯承载力应符合下式要求：

$$\gamma_0 M_d \leqslant f_{sd1}A_{s1}(h_{01}+h'_c-a'_{s2}) \tag{3-8''}$$

受压增大的区域内没配置纵筋时（即 $A'_{s2}=0$），认为也没有 a'_{s2}（即 $a'_{s2}=0$）。a'_{s1} 也类似处理。

对翼缘位于受压区的 T 形或 I 形截面钢筋混凝土受弯构件，在增大截面进行抗弯加固后，其正截面受弯承载力计算应符合下列规定：

1　当混凝土受压区高度 $x\leqslant h'_{f2}$时，应以宽度为 b'_f的矩形截面（图 3-2a），按上一条的矩形截面情况计算正截面受弯承载力。

2　当混凝土受压区高度 $x>h'_{f2}$，并满足式（3-3）的要求时，其正截面受弯承载力（图 3-2b）应符合下列公式要求：

$$\gamma_0 M_d \leqslant f_{cc}\left[bx\left(h_{02}-\frac{x}{2}\right)+(b'_f-b)h'_{f2}\left(h_{02}-\frac{h'_{f2}}{2}\right)\right]+f'_{sd1}A'_{s1}(h_{02}-h'_c-a'_{s1})$$
$$+\alpha_s f'_{sd2}A'_{s2}(h_{02}-a'_{s2})-f_{sd1}A_{s1}(h_c+a_{s1}-a_{s2}) \tag{3-9}$$

$$f_{cc}bx=f_{sd1}A_{s1}+\alpha_s f_{sd2}A_{s2}-f_{cc}(b'_f-b)h'_{f2}-f'_{sd1}A'_{s1}-\alpha_s f'_{sd2}A'_{s2} \tag{3-10}$$

式中　b ——T 形或 I 形截面腹板宽度；

b'_f——T 形或 I 形截面受压翼缘的有效宽度，按现行行业标准《公路钢筋混凝土及预应力混凝土桥涵设计规范》JTG 3362 的规定采用；

h'_{f1}、h'_{f2}——分别为原构件、加固后构件 T 形或 I 形截面受压翼缘厚度。

上面介绍的《城市桥梁结构加固技术规程》CJJ/T 239—2016[1] 增大截面加固受弯构件方法比《公路桥梁加固设计规范》JTG/T J22—2008[2] 中相应的方法简便，计算结果更偏于安全。

【例 3-1】矩形截面增大截面法加固复核算例

文献［3］第 27 页例题，某受弯构件为双筋矩形截面，截面尺寸 $b_1\times h_1=300\text{mm}\times 400\text{mm}$。采用 C25 混凝土，纵向钢筋采用 HRB335 级钢筋。跨中截面配置纵向受拉钢筋为 4 Φ 22（$A_{s1}=1520\text{mm}^2$），$a_{s1}=45\text{mm}$，受压钢筋为 2 Φ 12（$A'_{s1}=226\text{mm}^2$），$a'_{s1}=40\text{mm}$，见图 3-3。由于荷载等级提高，跨中截面弯矩组合设计值为 $M=150\text{kN}\cdot\text{m}$。Ⅰ类环境条件，

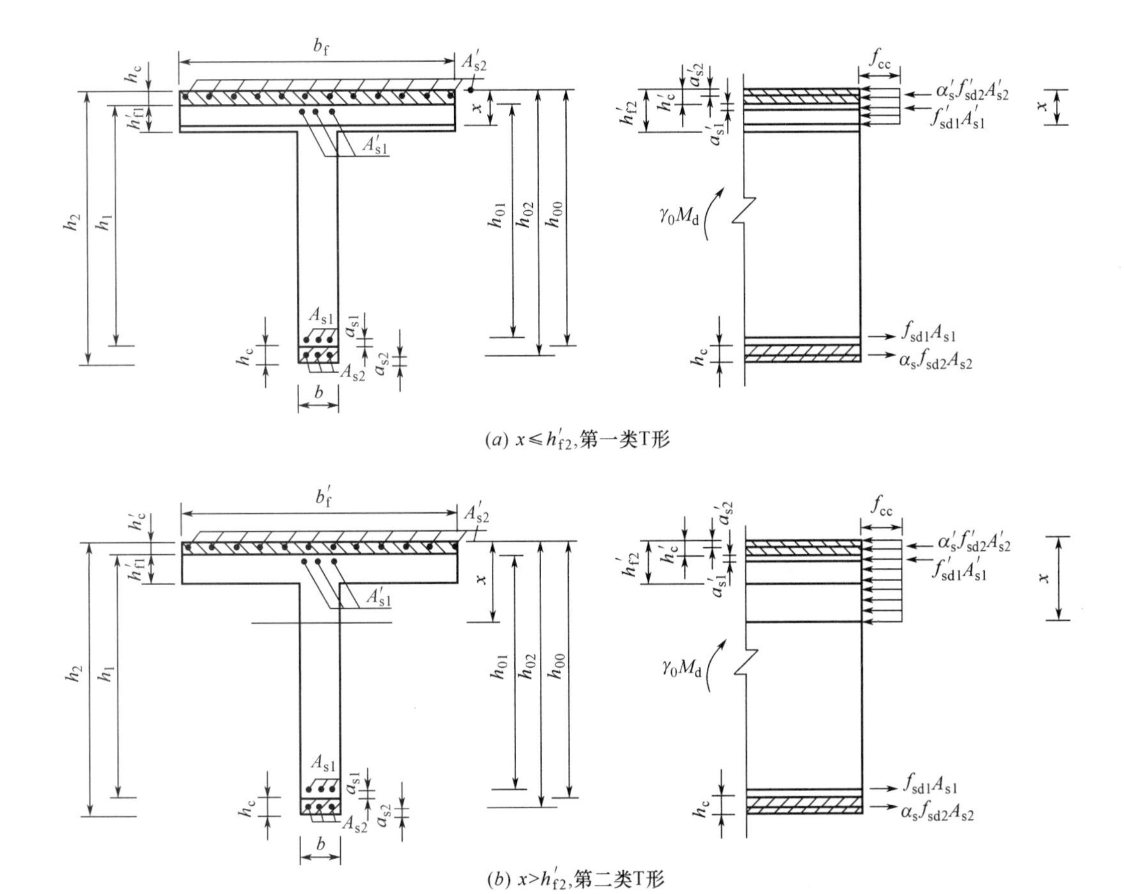

(*a*) $x \leqslant h'_{f2}$,第一类T形

(*b*) $x > h'_{f2}$,第二类T形

图 3-2　增大截面加固 T 形截面受弯构件的正截面受弯承载力计算

安全等级为二级。试验算原梁跨中截面抗弯承载能力。如不满足要求，拟在受拉区采用增大截面进行加固，新增混凝土强度等级为 C30，新增钢筋采用 HRB335 级钢筋。加固层厚度设为 150mm，跨中截面第一阶段弯矩组合设计值 M_{d1} = 80kN · m，第二阶段弯矩组合设计值 M_d = 170kN · m。γ_0 = 1.0。试对跨中新增截面进行配筋设计，并对加固截面的承载力进行复核。

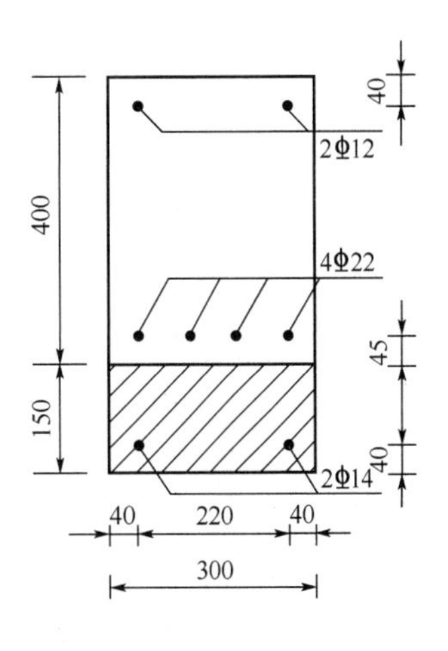

图 3-3　矩形截面示意图
（单位：mm）

【解】

1）原梁承载力验算

受压区高度：

$$x = \frac{f_{sd1} A_{s1} - f'_{sd1} A'_{s1}}{f_{cd1} b_1} = \frac{280 \times 1520 - 280 \times 226}{11.5 \times 300} = 105\text{mm}$$

$$\xi_b h_{01} = 0.56 \times 355 = 198.8\text{mm}$$

$$2a'_{s1} = 2 \times 40 = 80\text{mm}$$

满足 $2a'_{s1} \leqslant x = 105\text{mm} \leqslant \xi_b h_{01}$

原梁承载力：

$$M_{u1}=f_{cd1}b_1x\left(h_{01}-\frac{x}{2}\right)+f'_{sd1}A'_{s1}(h_{01}-a'_{s1})$$

$$=11.5\times300\times105\times(355-105/2)+280\times226\times(355-40)=129.5\text{kN}\cdot\text{m}$$

可见不满足要求，需进行加固。

2）加固复核

采用文献［3］已设定条件，即题目所述和新增受拉纵筋2ф14（$A'_{s1}=308\text{mm}^2$）条件下，按《城市桥梁结构加固技术规程》CJJ/T 239—2016、即文献［1］方法进行加固复核。由式（3-4）

$$h_{00}=h_2-\frac{f_{sd1}A_{s1}(a_{s1}+h_c)+\alpha_s f_{sd2}A_{s2}a_{s2}}{f_{sd1}A_{s1}+\alpha_s f_{sd2}A_{s2}}=550-\frac{280\times[1520\times(45+150)+0.9\times308\times40]}{280\times(1520+0.9\times308)}=378.9\text{mm}$$

由于受压区没有新增混凝土，则$f_{cc}=f_{cd1}=11.5\text{MPa}$，$A'_{s2}=0$；由式（3-2′）

$$f_{cc}bx=f_{sd1}A_{s1}+\alpha_s f_{sd2}A_{s2}-f'_{sd1}A'_{s1}$$

$$11.5\times300x=280\times1520+0.9\times280\times308-280\times226$$

解得：$x=127.5\text{mm}$；查表3-1得$\xi_b=0.56$，可见

$2a'_{s1}=2\times40=80\text{mm}\leqslant x\leqslant\xi_b h_{00}=0.56\times378.9=212.2\text{mm}$

再由式（3-5′）得：

$$\gamma_0M_d\leqslant f_{cc}bx\left(h_{02}-\frac{x}{2}\right)+f'_{sd1}A'_{s1}(h_{02}-a'_{s1})-f_{sd1}A_{s1}(h_c+a_{s1}-a_{s2})$$

$$\gamma_0M_d=11.5\times300\times127.5\times(510-127.5/2)+280\times226\times(510-40)-280\times1520\times(150+45-40)$$

$$=160.09\text{kN}\cdot\text{m}$$

其小于作用弯矩值170kN·m，不满足要求（如按《JTG加固规范》[2]，加固后受弯承载力为191.3kN·m）用SDB软件计算本题，其输入信息和简要输出结果如图3-4所示。可见其计算结果与上面手算结果相同，验证了手算结果的正确性。

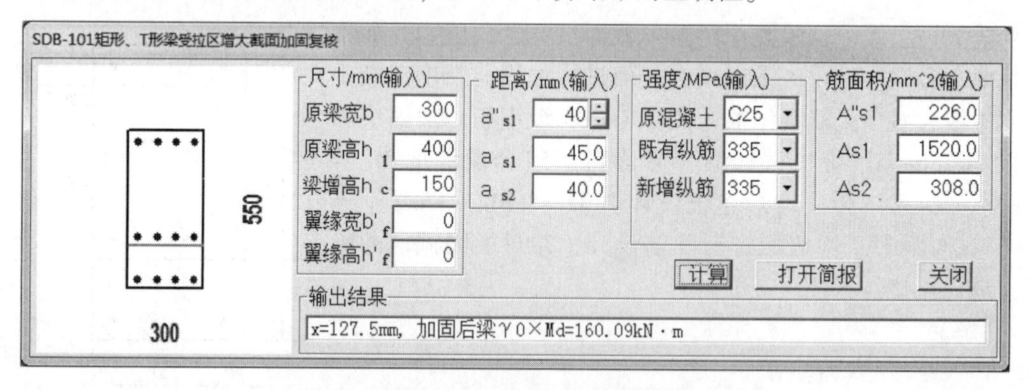

图3-4 增大截面法矩形受弯构件正截面加固复核之一

为了加固达到预期效果，增大新增受拉纵筋截面积，例如改取为3ф14（$A'_{s1}=462\text{mm}^2$），手算复核步骤如前述，这里就不复述了，结果是$\gamma_0M_d=174.8\text{kN}\cdot\text{m}$，这也是文献［4］给出的手算结果。

用SDB软件计算本题，其输入信息和简要输出结果如图3-5所示。

再假设题目中的混凝土强度等级为C50，其他条件不变，复核该截面加固后的受弯承载力。

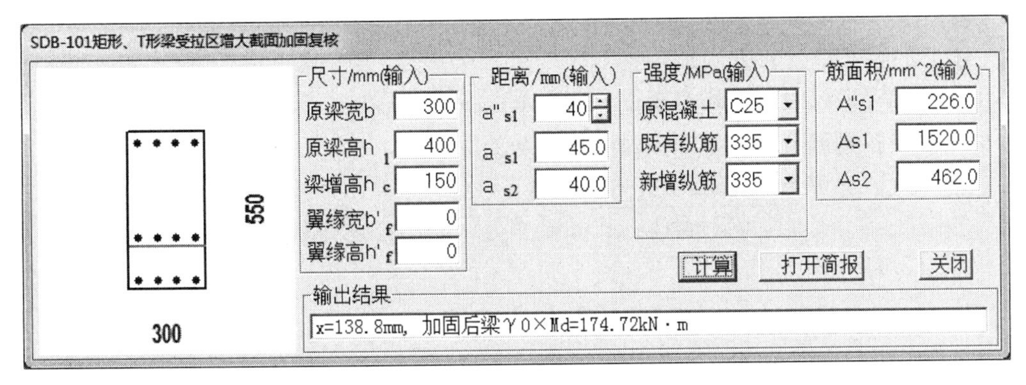

图 3-5　增大截面法矩形受弯构件正截面加固设计之二

由式（3-2′）

$$22.6\times300x=280\times1520+0.9\times280\times308-280\times226$$

解得：$x=64.9\text{mm}$，可见

$$x<2a'_{s1}=2\times40=80\text{mm}$$

再由式（3-8′）计算受弯承载力如下：

$$\gamma_0 M_d \leqslant f_{sd1}A_{s1}(h_{01}-a'_{s1})+\alpha_s f_{sd2}A_{s2}(h_{02}-a'_{s1})$$

$$\gamma_0 M_d=280\times1520\times(355-40)+0.9\times280\times308\times(510-40)=170.54\text{kN}\cdot\text{m}$$

用 SDB 软件计算本题，其输入信息和简要输出结果如图 3-6 所示。可见其结果与上面手算结果相同。

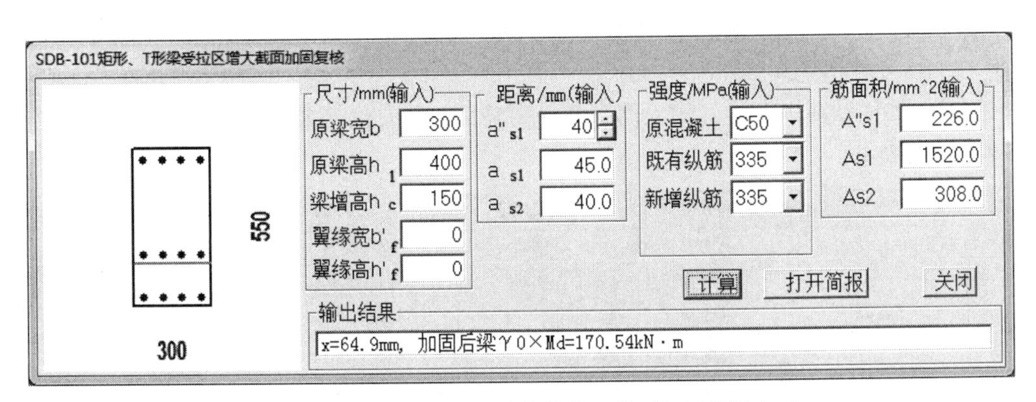

图 3-6　增大截面法矩形受弯构件正截面加固设计之三

【例 3-2】矩形截面双排筋梁增大截面法加固复核算例

文献［4］第 49 页例题，某受弯构件为双筋矩形截面，Ⅰ类环境条件，安全等级为二级。$b_1\times h_1=200\text{mm}\times400\text{mm}$。原构件采用 C25 混凝土，纵向钢筋采用 HRB335 级钢筋。跨中截面配置纵向受拉钢筋为 3 Φ 20+3 Φ 14（$A_{s1}=1404\text{mm}^2$），受压钢筋为 2 Φ 12（$A'_{s1}=226\text{mm}^2$），见图 3-7。由于荷载等级提高，需对构件加固补强。采用增大截面法加固，加固层厚度为 100mm，新增混凝土强度等级为 C30，新增钢筋采用 HRB335 钢筋，为 3 Φ 12（$A'_{s1}=339\text{mm}^2$）。跨中截面第一阶段弯矩组合设计值 $M_{d1}=100\text{kN}\cdot\text{m}$，第二阶段弯矩组合设计值 $M_d=125\text{kN}\cdot\text{m}$。$\gamma_0=1.0$。试验算加固后梁跨中截面的正截面抗弯承载力。

【解】本算例及本书未注明计算方法的算例，均采用《规程》CJJ/T 239[1] 的计算方法。

由于截面受压区没有新增混凝土，则 $f_{cc}=f_{cd1}=11.5\text{MPa}$。

原截面受拉钢筋合力点至原截面受拉边缘的距离：

$$a_{s1}=\frac{942\times45+462\times(50+45)}{942+462}=61.5\text{mm}$$

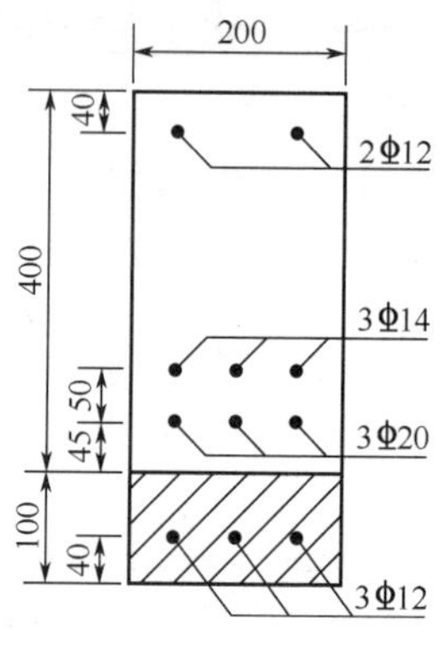

图 3-7 加固梁截面设计图

由式（3-4）

$$h_{00}=h_2-\frac{f_{sd1}A_{s1}(a_{s1}+h_c)+\alpha_s f_{sd2}A_{s2}a_{s2}}{f_{sd1}A_{s1}+\alpha_s f_{sd2}A_{s2}}$$

$$=500-\frac{280\times[1404\times(61.5+100)+0.9\times339\times40]}{280\times(1404+0.9\times339)}$$

$$=360.2\text{mm}$$

受压区高度：

$$f_{cc}bx=f_{sd1}A_{s1}+\alpha_s f_{sd2}A_{s2}-f'_{sd1}A'_{s1}$$

$$11.5\times200x=280\times1404+0.9\times280\times339-280\times226$$

解得：$x=180.6\text{mm}$；查表 3-1 得 $\xi_b=0.56$，可见

$$2a'_{s1}=2\times40=80\text{mm}\leqslant x\leqslant\xi_b h_{00}=0.56\times360.2=201.7\text{mm}$$

再由式（3-5′）得：

$$\gamma_0M_d\leqslant f_{cc}bx\left(h_{02}-\frac{x}{2}\right)+f'_{sd1}A'_{s1}(h_{02}-a'_{s1})-f_{sd1}A_{s1}(h_c+a_{s1}-a_{s2})$$

$$\gamma_0M_d=11.5\times200\times180.6\times(510-180.6/2)+280\times226\times(460-40)-280\times1404\times(100+61.5-40)$$

$$=132.4\text{kN}\cdot\text{m}$$

用 SDB 软件计算本题，其输入信息和简要输出结果如图 3-8 所示。可见，其结果与上面手算结果相同。

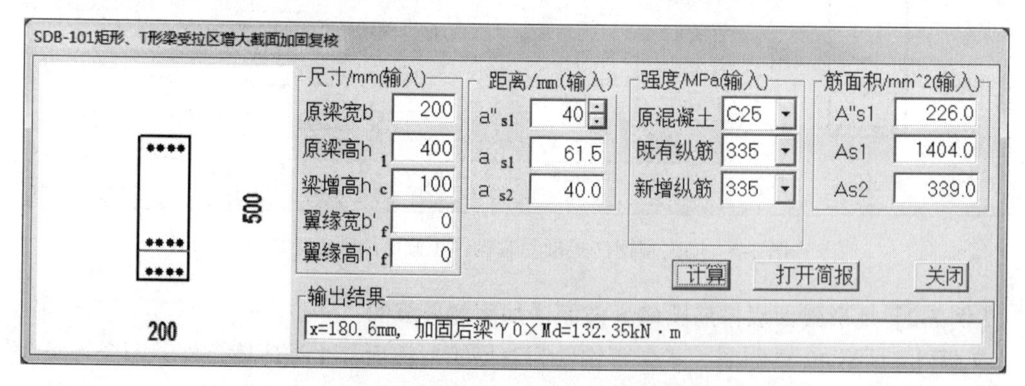

图 3-8 矩形截面双排筋梁增大截面法加固复核

【例 3-3】T 形截面梁增大截面法加固复核算例

文献［3］第 31 页例题，某装配式钢筋混凝土简支 T 梁，采用 C25 混凝土，纵向钢筋采用 HRB335 级钢筋，截面尺寸如图 3-9 所示。翼缘有效宽度 $b'_f=1500\text{mm}$，肋板宽度 $b_1=180\text{mm}$，翼板高度 $h'_f=110\text{mm}$，梁高 $h_1=1300\text{mm}$。配置纵向受拉钢筋为 8 Φ 32+2 Φ 20（$A_{s1}=7062\text{mm}^2$），$a_{s1}=106\text{mm}$。Ⅰ类环境条件，安全等级为二级。由于旧路改建，原桥设计荷

载等级由汽车-20 级，挂车-100 提高到公路-Ⅰ级。需对构件进行加固补强。增大截面尺寸如图 3-9 所示，纵向配置 HRB335 钢筋为 3 Φ 25（$A_{s2}=1473\text{mm}^2$），$a_{s2}=50\text{mm}$。试验算加固后梁跨中截面的正截面抗弯承载能力。

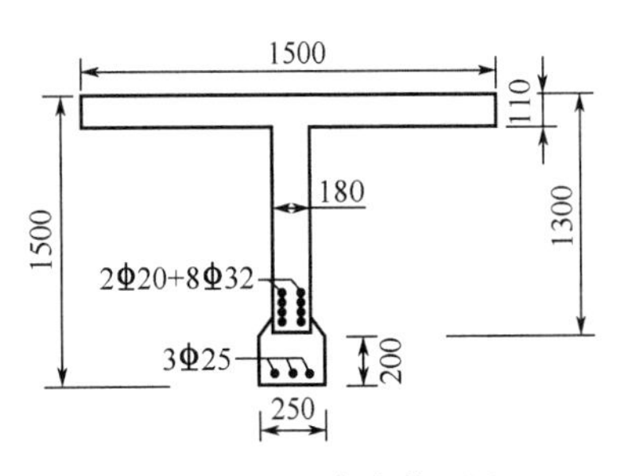

图 3-9　T 梁跨中截面图

【解】

由于截面受压区没有新增混凝土，则 $f_{cc}=f_{cd1}=11.5\text{MPa}$。

由式（3-4）

$$h_{00}=h_2-\frac{f_{sd1}A_{s1}(a_{s1}+h_c)+\alpha_s f_{sd2}A_{s2}a_{s2}}{f_{sd1}A_{s1}+\alpha_s f_{sd2}A_{s2}}$$

$$=1500-\frac{280\times[7062\times(106+200)+0.9\times1473\times50]}{280\times(7062+0.9\times1473)}$$

$$=1234.5\text{mm}$$

$$h_{02}=h_2-a_{s2}=1500-50=1450\text{mm}$$

由式（3-10）

$$f_{cc}bx=f_{sd1}A_{s1}+\alpha_s f_{sd2}A_{s2}-f_{cc}(b'_f-b)h'_{f2}$$

即

$$11.5\times180x=280\times7062+0.9\times280\times1473-11.5\times(1500-180)\times110$$

可解得截面受压区高度 $x=327.9\text{mm}$

$$x\leqslant\xi_b h_{00}=0.56\times1234.5=691.3\text{mm}，\text{且 } x>h'_{f2}$$

由式（3-9），梁受弯承载力：

$$\gamma_0 M_d\leqslant f_{cc}\left[bx\left(h_{02}-\frac{x}{2}\right)+(b'_f-b)h'_{f2}\left(h_{02}-\frac{h'_{f2}}{2}\right)\right]-f_{sd1}A_{s1}(h_c+a_{s1}-a_{s2})$$

$$=11.5\times[180\times327.9\times(1450-327.9/2)+(1500-180)\times110\times(1450-110/2)]-280\times7062\times(200+106-50)$$

$$=2696.08\text{kN}\cdot\text{m}$$

用 SDB 软件计算本题，其输入信息和简要输出结果如图 3-10 所示。可见其计算结果与上面手算结果相同。

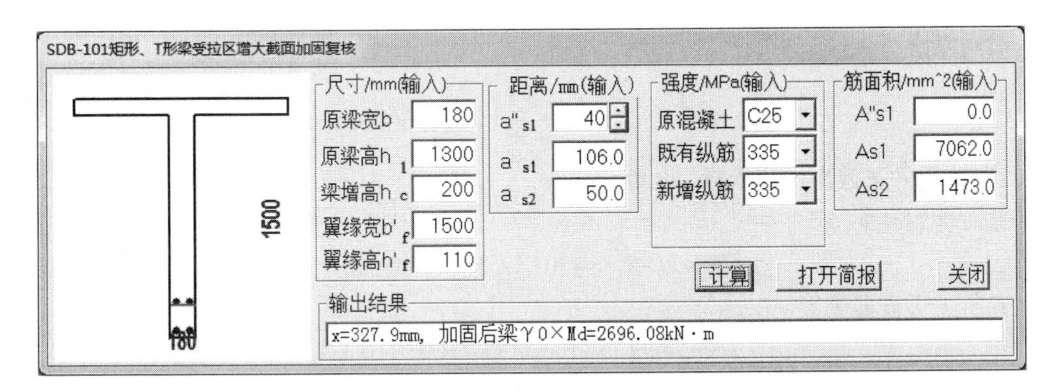

图 3-10　矩形截面双筋梁增大截面法加固复核

【例 3-4】装配式空心板桥截面增大截面法加固算例

文献[3]第33页例题，某装配式钢筋混凝土空心板桥，计算跨径 $L=9.6\text{m}$，设计荷载为汽车-20级，挂车-100。原结构采用C25混凝土，纵向钢筋采用HRB335级钢筋，受拉区配置钢筋为14Φ22（$A_{s1}=5321.4\text{mm}^2$），$a_{s1}=42.5\text{mm}$。截面尺寸如图3-11所示。由于道路改扩建，桥梁设计荷载等级提高为公路-Ⅰ级，跨中截面弯矩组合设计值 $M_d=550\text{kN}\cdot\text{m}$，Ⅰ类环境条件，安全等级为二级，试验算原结构跨中截面抗弯承载能力。如不满足要求，拟将原桥已破损的桥面铺装全部拆除，在空心板顶面加铺一层厚度为100mm的C30混凝土，使其与原空心板形成整体。试验算桥面补强后正截面承载能力。

【解】由题意可知 $f_{cd1}=11.5\text{MPa}$，$f_{cd2}=13.8\text{MPa}$，$\xi_b=0.56$，$f_{sd1}=280\text{MPa}$，$D=300\text{mm}$，$b_f=1000\text{mm}$，$\gamma_0=1.0$。

1）原截面等效计算

将空心板截面换算为抗弯等效的Ⅰ形截面（图3-12），上翼板宽 $b_f'=1000\text{mm}$，孔洞面积形心轴距板截面上、下边缘距离 $y_1=y_2=450/2=225\text{mm}$。

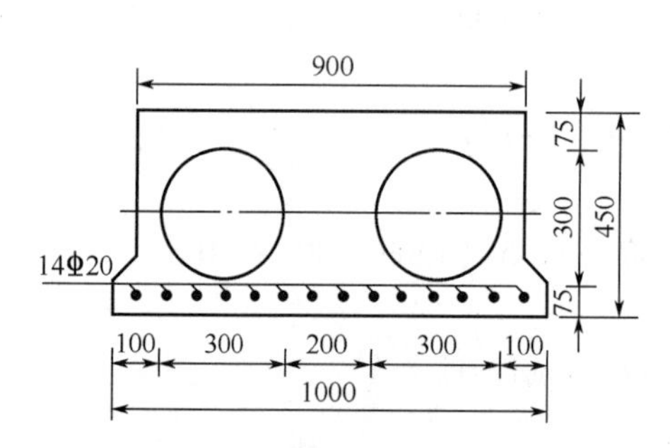

图3-11 原梁跨中承载力验算

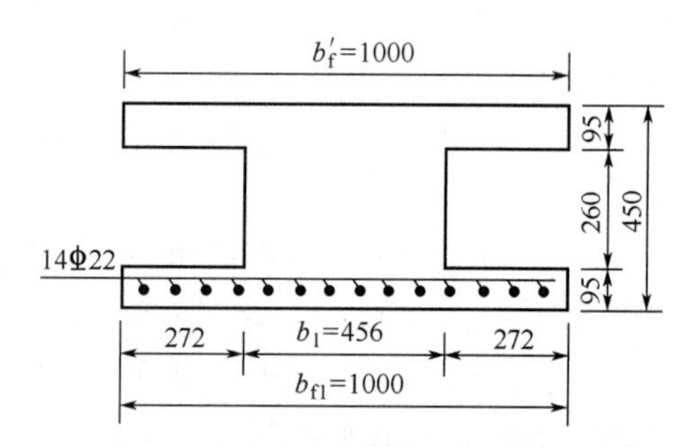

图3-12 原梁跨中承载力验算

上翼板厚度为

$$h_{f1}'=y_1-\frac{\sqrt{3}}{4}D=225-\frac{\sqrt{3}}{4}\times300\approx95\text{mm}$$

下翼板厚度为

$$h_{f1}=y_2-\frac{\sqrt{3}}{4}D=225-\frac{\sqrt{3}}{4}\times300\approx95\text{mm}$$

腹板厚度为

$$b_1=b_{f1}-\frac{\sqrt{3}}{3}\pi D=1000-\frac{\sqrt{3}}{3}\times3.14\times300\approx456\text{mm}$$

2）原构件正截面抗弯承载力计算

截面有效高度

$$h_{01}=h_1-a_{s1}=450-42.5=407.5\text{mm}$$

判断T形截面类型

$$f_{cd1}b_f'h_{f1}'=11.5\times1000\times95=1093\times10^3\text{kN}$$

$$f_{sd1}A_{s1}=280\times5321.4=1490\times10^3\text{kN}$$

由于 $f_{cd1}b_f'h_{f1}'<f_{sd1}A_{s1}$，故为第二类T形截面。

受压区高度

$$x=\frac{f_{sd1}A_{s1}-f_{cd1}h'_{f1}(b'_f-b)}{f_{cd1}b}=\frac{280\times5321.4-11.5\times95\times(1000-456)}{11.5\times456}$$

$$=170.8\text{mm}\leqslant\xi_b h_0=0.56\times407.5=228.2\text{mm}$$

原截面抗弯承载力为

$$M_{u1}=f_{cd1}bx\left(h_{01}-\frac{x}{2}\right)+f_{cd1}(b'_f-b)h'_{f1}\left(h_{01}-\frac{h'_{f1}}{2}\right)$$

$$=11.5\times456\times170.8\times(407.5-170.8/2)+11.5\times(1000-456)\times95\times(407.5-95/2)=502.5\text{kN}\cdot\text{m}$$

$M_{u1}<\gamma_0 M_d=1.0\times550=550\text{kN}\cdot\text{m}$，原结构跨中正截面承载力不满足要求，需进行加固。

3）加固后正截面承载力验算

截面有效高度

$$h_0=h_{01}+h'_c=407.5+100=507.5\text{mm}$$

桥面补强后上翼缘厚度

$$h'_{f2}=95+100=195\text{mm}$$

新旧混凝土组合截面的受压区混凝土轴心抗压强度设计值

$$f_{cc}=0.5\ (f_{cd1}+0.9f_{cd2})\ =0.5\times\ (11.5+0.9\times13.8)\ =11.96\text{MPa}\leqslant1.2f_{cd1}$$

判断 T 形截面类型

$$f_{cc}b'_f h'_{f2}=11.96\times1000\times195=2332\times10^3\text{kN}$$

$$f_{sd1}A_{s1}+\alpha_s f_{sd2}A_{s2}=280\times5321.4+0=1490\times10^3\text{kN}$$

由于$f_{cc}b'_f h'_{f2}>f_{sd1}A_{s1}+\alpha_s f_{sd2}A_{s2}$，故为第一类 T 形截面。

受压区高度

$$x=\frac{f_{sd1}A_{s1}}{f_{cc}b'_f}=\frac{280\times5321.4}{11.96\times1000}=124.6\text{mm}\leqslant\xi_b h_0=0.56\times507.5=284.2\text{mm}$$

截面抗弯承载力为

$$M_u=f_{cc}b'_f x\left(h_0-\frac{x}{2}\right)=11.96\times1000\times124.6\times(507.5-124.6/2)=663.4\text{kN}\cdot\text{m}$$

$M_u>\gamma_0 M_d=1.0\times550=550\text{kN}\cdot\text{m}$，加固后结构跨中正截面承载力满足要求。

用 SDB 软件计算本题，其输入信息和简要输出结果如图 3-13 所示。可见其计算结果与上面手算结果相同。

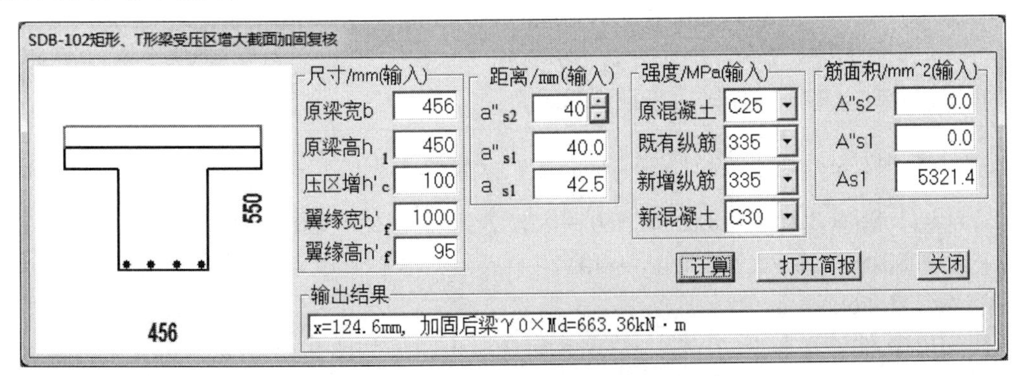

图 3-13　T 形截面梁增大截面法加固设计

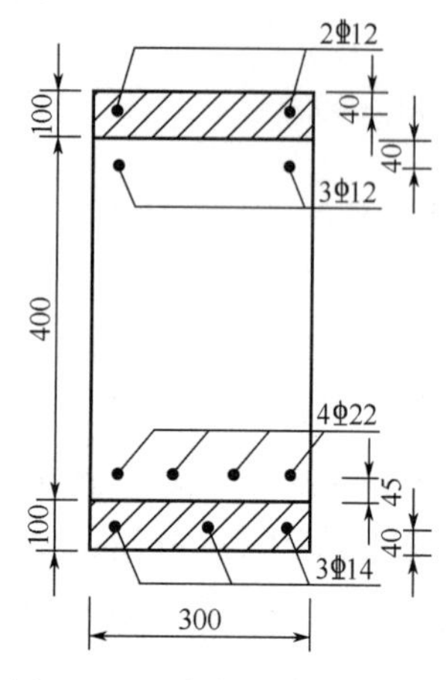

图 3-14 双侧加厚矩形截面梁

【例 3-5】受弯构件双侧增大截面法加固算例

文献［4］第 50 页例题，某双筋矩形截面受弯构件，Ⅰ类环境条件，安全等级为二级。截面尺寸 $b_1 \times h_1 = 300\text{mm} \times 400\text{mm}$。原构件采用 C25 混凝土，纵向钢筋采用 HRB335 级钢筋。跨中截面配置纵向受拉钢筋为 4 Φ 22（$A_{s1} = 1520\text{mm}^2$），受压钢筋为 3 Φ 12（$A'_{s1} = 339\text{mm}^2$），$a'_{s1} = 40\text{mm}$。由于荷载等级提高，需对构件加固补强。采用增大截面法加固，在受拉区和受压区的加厚层厚度均为 100mm，新增混凝土强度等级为 C30，新增钢筋采用 HRB400 钢筋，受拉区新增钢筋为 3 Φ 14（$A_{s2} = 462\text{mm}^2$），受压区新增钢筋 2 Φ 12（$A'_{s2} = 226\text{mm}^2$），见图 3-14。试验算加固后梁跨中截面的正截面抗弯承载能力。

【解】

新旧混凝土组合截面的受压区混凝土轴心抗压强度设计值

$$f_{cc} = 0.5\ (f_{cd1} + 0.9 f_{cd2}) = 0.5 \times (11.5 + 0.9 \times 13.8) = 11.96\text{MPa} \leqslant 1.2 f_{cd1}$$

据式（3-2）

$$x = \frac{f_{sd1} A_{s1} + \alpha_s f_{sd2} A_{s2} - f'_{sd1} A'_{s1} - \alpha_s f'_{sd2} A'_{s2}}{f_{cc} b}$$

$$= \frac{280 \times 1520 + 0.9 \times 330 \times 462 - 280 \times 339 - 0.9 \times 330 \times 226}{11.96 \times 300} = 111.7\text{mm}$$

按式（3-4）

$$h_{00} = h_2 - \frac{f_{sd1} A_{s1} (a_{s1} + h_c) + \alpha_s f_{sd2} A_{s2} a_{s2}}{f_{sd1} A_{s1} + \alpha_s f_{sd2} A_{s2}}$$

$$= 600 - \frac{280 \times 1520 \times (45 + 100) + 0.9 \times 330 \times 462 \times 40}{2802 \times 1520 + 0.9 \times 330 \times 462} = 600 - 119.4 = 480.6\text{mm}$$

$$x = 111.7\text{mm} \leqslant \xi_b h_{00} = 0.53 \times 480.6 = 254.7\text{mm}$$

且 $2a'_{s2} = 80 \leqslant x < 2\ (a'_{s1} + h'_c) = 280\text{mm}$，须根据公式（3-6）重新确定受压区高度：

$$x = \frac{f_{sd1} A_{s1} + \alpha_s f_{sd2} A_{s2} - \alpha_s f'_{sd2} A'_{s2}}{f_{cc} b}$$

$$= \frac{280 \times 1520 + 0.9 \times 330 \times 462 - 0.9 \times 330 \times 226}{11.96 \times 300} = 138.2\text{mm}$$

再根据公式（3-7），加固后正截面承载力：

$$\gamma_0 M_d = f_{cc} b x \left(h_{02} - \frac{x}{2} \right) + \alpha_s f'_{sd2} A'_{s2} (h_{02} - a'_{s2}) - f_{sd1} A_{s1} (h_c + a_{s1} - a_{s2})$$

$$= 11.96 \times 300 \times 138.2 \times (560 - 138.2/2) + 0.9 \times 330 \times 226 \times (560 - 40) - 280 \times 1520 \times (100 + 45 - 40)$$

$$= 233.56\text{kN} \cdot \text{m}$$

用 SDB 软件计算本题，其输入信息和简要输出结果如图 3-15 所示。可见其计算结果与上面手算结果相同。

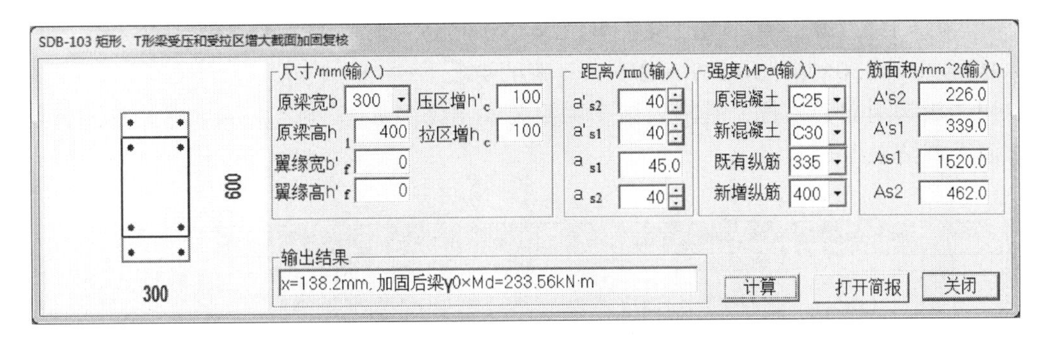

图 3-15　T 形截面梁增大截面法加固复核

【例 3-6】四面围套增大矩形梁加固算例

文献［5］第 100 页例题，钢筋混凝土矩形截面受弯构件，如图 3-16 所示。采用 C25 混凝土，截面尺寸 $b_1 \times h_1 = 300\text{mm} \times 700\text{mm}$。原构件纵向钢筋采用 HRB335 级钢筋。纵向受拉钢筋为 5 Φ 16（$A_{s1}=1005\text{mm}^2$），A_{s1} 重心至受拉边缘距离 $a_{s1}=50\text{mm}$。受压钢筋为 3 Φ 16（$A'_{s1}=603\text{mm}^2$），A'_{s1} 重心至受压边缘距离 $a'_{s1}=50\text{mm}$。恒载跨中弯矩 $M_{G1}=62\text{kN}\cdot\text{m}$，活载跨中弯矩 $M_q=121\text{kN}\cdot\text{m}$。

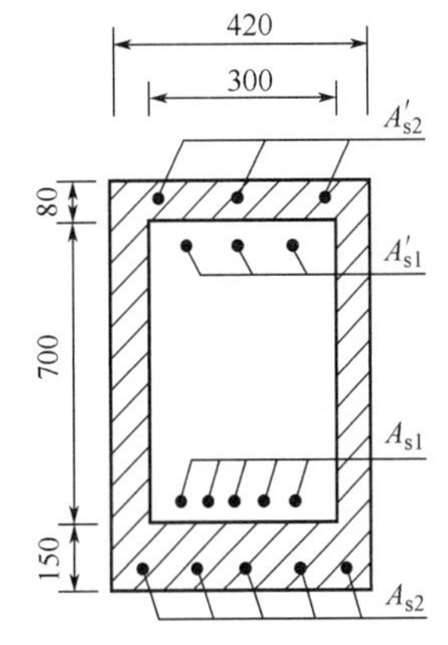

图 3-16　双侧加厚矩形截面梁

拟采用 C40 混凝土四周增大截面加固法，增设 HRB335 受拉钢筋 5 Φ 18（$A_{s2}=1272\text{mm}^2$），受压钢筋 3 Φ 18（$A'_{s2}=763\text{mm}^2$），$a_{s2}=a'_{s2}=60\text{mm}$。采用中断交通情况下施工，并使加固后构件跨中活载弯矩及支座附近截面剪力均提高 25%，即 $M_q=1.25\times121=151.3\text{kN}\cdot\text{m}$，增大截面部分的钢筋混凝土自重对跨中产生恒载弯矩 $M_{G2}=53\text{kN}\cdot\text{m}$。Ⅰ类环境条件，安全等级为二级。试验算加固后梁跨中截面的正截面抗弯承载能力。

【解】

新旧混凝土组合截面的受压区混凝土轴心抗压强度设计值

$$f_{cc}=0.5\ (f_{cd1}+0.9f_{cd2})\ =0.5\times(11.5+0.9\times18.4)\ =14.03\text{MPa}$$

$$f_{cc}\leqslant1.2f_{cd1}=1.2\times11.5=13.8\text{MPa},\ \text{取} f_{cc}=13.8\text{MPa}$$

因梁截面两侧新增混凝土厚度不大，其发挥的作用不容易估计，偏安全起见，取梁截面为 T 形，翼缘宽 420mm，翼缘高 80mm。

由截面上力平衡，可计算出受压区高度，

$$x=\frac{f_{sd1}A_{s1}+\alpha_s f_{sd2}A_{s2}-f'_{sd1}A'_{s1}-\alpha_s f'_{sd2}A'_{s2}}{f_{cc}b'_f}$$

$$=\frac{280\times1005+0.9\times280\times1272-280\times603-0.9\times280\times763}{13.80\times420}=41.6\text{mm}$$

$x<2a'_{s2}=2\times60=120\text{mm}$，据式（3-8）得

$$M_u=f_{sd1}A_{s1}(h_{01}+h'_c-a'_{s2})+\alpha_s f_{sd2}A_{s2}(h_{02}-a'_{s2})$$

$$=280\times1005\times(650+80-60)\ +0.9\times280\times1272\times(870-60)\ =448.18\text{kN}\cdot\text{m}$$

加固后弯矩组合设计值

$$M_d = 1.2\ (M_{G1}+M_{G2})\ +1.4M_q = 1.2\times\ (62+53)\ +1.4\times151.3 = 349.8\text{kN}\cdot\text{m}$$

$M_u > \gamma_0 M_d = 1.0\times349.8 = 349.8\text{kN}\cdot\text{m}$，满足要求。

用 SDB 软件计算本题，其输入信息和简要输出结果如图 3-17 所示。可见其计算结果与上面手算结果相同。

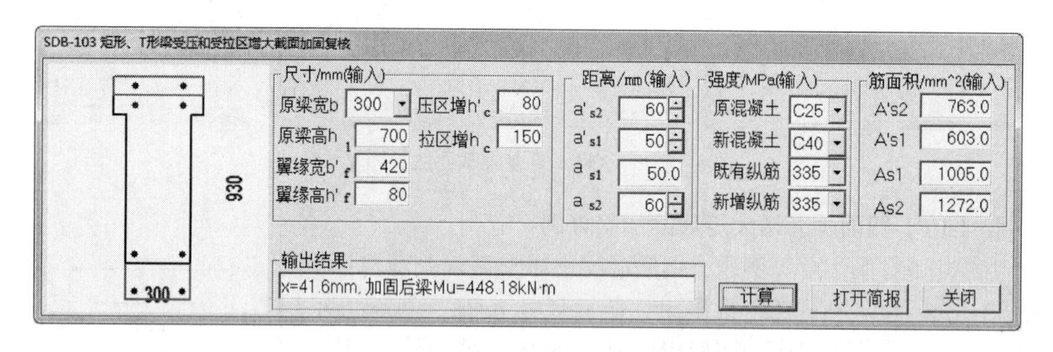

图 3-17　四面围套加固矩形梁受弯承载力复核

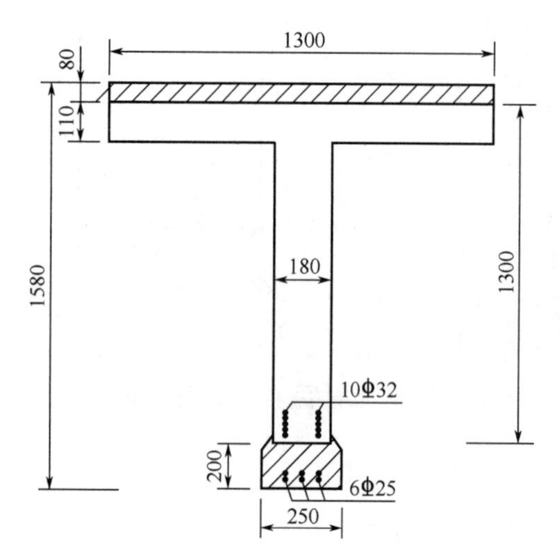

图 3-18　双侧加厚矩形截面梁

【例 3-7】T 形桥面双侧增大截面法加固算例

文献［4］第 51 页例题，某 T 形截面简支梁桥，主梁 C25 混凝土。主拉钢筋为 10 Φ 32（A_{s1} = 8043mm^2）的 HRB335 钢筋，梁高 h_1 = 1300mm，翼缘有效宽度 b_f' = 1300mm，梁肋宽度 b = 180mm，翼缘平均厚度 h_{f1}' = 110mm。原设计荷载为汽超 20 级，挂-120 级，由于设计荷载等级提高至公路Ⅰ级，边梁跨中弯矩组合设计值要求 M_q = 3000kN·m，采用中断交通后梁底增大截面加固，梁肋底新增 200mm 厚 C30 混凝土（内设 6 Φ 25 钢筋、A_{s2} = 2946mm^2），桥面板加铺 80mm 厚 C30 混凝土（内设构造钢筋），见图 3-18。已知 a_{s1} = 110mm，a_{s2} = 60mm。试验算加固后梁跨中截面的正截面抗弯承载能力。

【解】

新旧混凝土组合截面的受压区混凝土轴心抗压强度设计值

$$f_{cc} = 0.5\ (f_{cd1}+0.9f_{cd2})\ = 0.5\times\ (11.5+0.9\times13.8)\ = 11.96\text{MPa} \leqslant 1.2f_{cd1}$$

按式（3-4）

$$h_{00} = h_2 - \frac{f_{sd1}A_{s1}(a_{s1}+h_c)+\alpha_s f_{sd2}A_{s2}a_{s2}}{f_{sd1}A_{s1}+\alpha_s f_{sd2}A_{s2}}$$

$$= 1580 - \frac{280\times8043\times(110+200)+0.9\times280\times2946\times60}{2802\times8043+0.9\times280\times2946} = 1580-248 = 1332.0\text{mm}$$

受压区高度

$$x=\frac{f_{sd1}A_{s1}+\alpha_s f_{sd2}A_{s2}-f_{cc}h'_{f2}(b'_f-b)}{f_{cc}b}$$

$$=\frac{280\times8043+0.9\times280\times2946-11.96\times190\times(1300-180)}{11.96\times180}=208.7\text{mm}$$

$x>h'_{f2}$，是第二类 T 形截面。$x\leqslant\xi_b h_{00}=0.56\times1332=745.9\text{mm}$

由式（3-9），梁受弯承载力：

$$\gamma_0 M_d\leqslant f_{cc}\left[bx\left(h_{02}-\frac{x}{2}\right)+(b'_f-b)h'_{f2}\left(h_{02}-\frac{h'_{f2}}{2}\right)\right]-f_{sd1}A_{s1}(h_c+a_{s1}-a_{s2})$$

$=11.96\times[180\times208.7\times(1520-208.7/2)+(1300-180)\times190\times(1520-190/2)]-280\times8043\times(200+110-60)=3699.85\text{kN}\cdot\text{m}$

用 SDB 软件计算本题，其输入信息和简要输出结果如图 3-19 所示。可见其计算结果与上面手算结果相同。

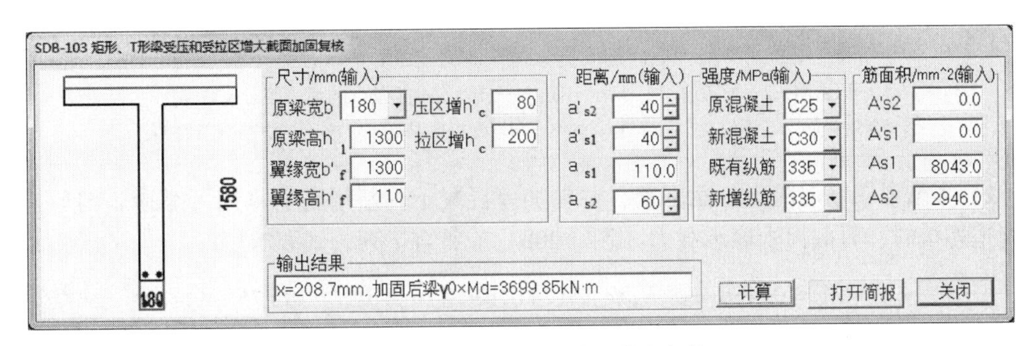

图 3-19　原梁斜截面受剪承载力复核

3.3　增大截面法受弯构件斜截面加固计算

钢筋混凝土受弯构件在增大截面法加固后，其截面尺寸应满足下式要求：

$$\gamma_0 V_d\leqslant0.51\times10^{-3}\sqrt{f_{cu,k}}\,b_2h_{00}\tag{3-11}$$

式中　b_2——加固后构件截面宽度（mm）；

$f_{cu,k}$——原构件混凝土边长 150mm 的立方体抗压强度标准值（N/mm^2）；

h_{00}——增大截面加固后构件是一个相应于剪力组合设计值处的截面有效高度（mm），按式（3-4）计算；

V_d——加固后构件验算截面处的剪力组合设计值（kN），含原构件重量、新增混凝土、后加恒载、车辆荷载及其他作用产生的剪力。

采用增大截面法加固钢筋混凝土受弯构件后，其斜截面受剪承载力应符合下列规定：

1　当仅在受拉区增设配筋混凝土层，并采用短 U 形筋与原箍筋底部逐个焊接时，斜截面受剪承载力（图 3-20a）应符合下列公式要求：

$$\gamma_0 V_d\times10^3\leqslant0.45\alpha_1\alpha_3 bh_{00}\psi_{cs}\sqrt{(2+0.6P_2)\sqrt{f_{cu,k}}\rho_{sv1}f_{sv1}}+0.75f_{sb}A_{sb}\sin\theta_s\tag{3-12}$$

$$\rho_{sv1}=A_{sv1}/(s_{v1}b)\tag{3-13}$$

$$P_2=100(A_{s1}+A_{s2})/(bh_{00})\tag{3-14}$$

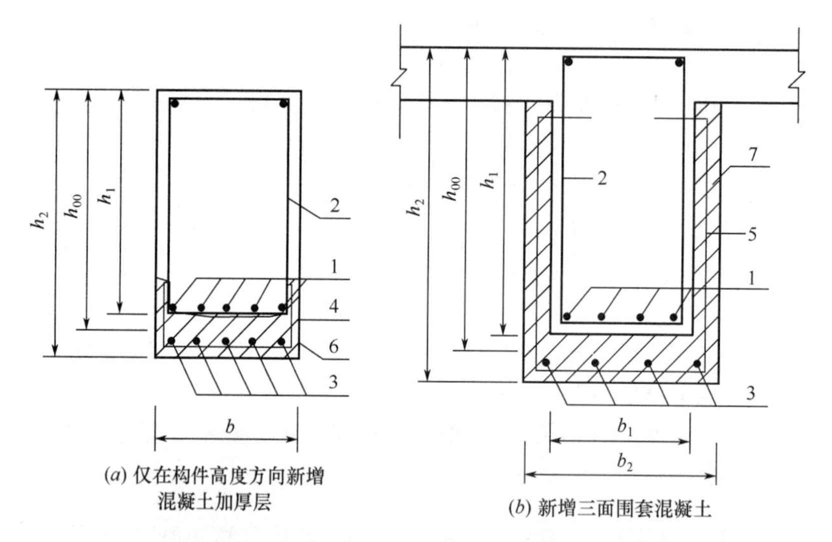

图 3-20 增大截面加固受弯构件的斜截面受剪承载力计算

1—原主筋；2—原箍筋；3—新增主筋；4—新增短 U 形筋（与原箍筋对应焊接）；5—新增箍筋（与原混凝土可靠连接）；6—新增受拉区混凝土；7—新增三面围套混凝土

2 当增设钢筋混凝土三面围套，并在加厚混凝土内新增箍筋采用可靠措施与原构件混凝土连接时，斜截面受剪承载力（图 3-20b）应符合下列公式要求：

$$\gamma_0 V_d \times 10^3 \leqslant 0.45\alpha_1\alpha_3 b_2 h_{00}\psi_{cs}\sqrt{(2+0.6P_2)\sqrt{f_{cu,k}}\rho_{sv2}f_{sv1}}+0.75f_{sb}A_{sb}\sin\theta_s \tag{3-15}$$

$$\rho_{sv2}=\frac{A_{sv1}}{s_{v1}b_1}+\frac{0.8A_{sv2}}{s_{v2}b_2} \tag{3-16}$$

$$P_2=100(A_{s1}+A_{s2})/(b_2h_{00}) \tag{3-17}$$

式中 A_{sb}——与斜裂缝相交的普通弯起钢筋的总截面面积（mm^2）；

A_{sv1}——配置在同一截面的原有箍筋各肢总截面面积（mm^2）；

A_{sv2}——三面围套混凝土中，配置在同一截面的新增箍筋各肢总截面面积（mm^2）；

b_1——原构件截面宽度（mm）；

b_2——加固后构件截面宽度（mm）；

f_{sv1}——原构件箍筋的抗拉强度设计值（N/mm^2）；

f_{sb}——普通弯起钢筋的抗拉强度设计值（N/mm^2）；

h_{00}——加固后构件的截面有效高度（mm），按式（3-4）计算；

P_2——加固后计算截面斜裂缝范围内纵向钢筋的配筋百分率，当 $P_2>2.5$ 时，取 $P_2=2.5$；

s_{v1}——构件斜截面内原有箍筋的间距（mm）；

s_{v2}——三面围套混凝土中，构件斜截面内新增箍筋的间距（mm）；

α_1——异号弯矩影响系数，计算简支梁和连续梁近边支座梁段的受剪承载力时，$\alpha_1=1.0$；计算连续梁和悬臂梁近中间梁段的受剪承载力时，$\alpha_1=0.9$；

α_3——受压翼缘的影响系数，对矩形截面 $\alpha_3=1.0$；对具有受压翼缘的 T 形或 I 形截面，取 $\alpha_3=1.1$；

ρ_{sv1}——构件斜截面内原有箍筋配筋率；

ρ_{sv2}——加固后构件斜截面内的箍筋配筋率；

θ_s——普通弯起钢筋的切线与水平线的夹角（°）；

ψ_{cs}——与原构件斜裂缝有关的修正系数、当加固前未出现斜裂缝时，取 $\psi_{cs}=0.89$；当斜裂缝宽度小于0.2mm时、取 $\psi_{cs}=0.835$；当斜裂缝宽度大于0.2mm时、取 $\psi_{cs}=0.78$。

【例3-8】仅在受拉区增大截面的受弯构件斜截面加固复核算例

文献［5］第168页例题，距支座1/2梁高处截面构件自重剪力 $V_{d1}=154.5$kN，按图3-21增大截面后新增混凝土增加剪力 $V_{d2}=22.6$kN，加固后承受活载剪力 $V_q=213.7$kN。加固前斜截面裂缝宽度小于0.2mm。加固前跨中正截面有8Φ32+2Φ20主拉钢筋，$A_{s1}=7062\text{mm}^2$，钢筋截面重心至受拉边缘距离106mm；梁端斜截面内有2Φ32弯起钢筋，$A_{sb}=1608.6\text{mm}^2$，$\theta_s=45°$，$f_{sd}=280$MPa。配双肢ϕ8箍筋总截面面积 $A_{sv}=100.6\text{mm}^2$，间距 $s_v=150$mm，$f_{sv}=195$MPa。C25混凝土 $f_{cu,k}=25$MPa。新增截面采用ϕ8的U形箍与原箍筋逐根焊接。加固前截面有效高度 $h_0=1253$mm，该截面有2Φ32纵向主拉钢筋，$A_s=1608.6\text{mm}^2$，新增主拉钢筋3Φ28，$A_{sn}=1847\text{mm}^2$，钢筋截面重心至受拉边缘距离50mm。试对该斜截面进行加固设计。

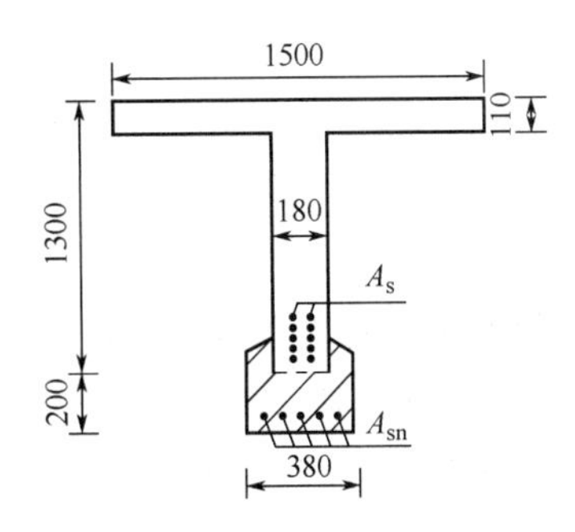

图3-21　原梁斜截面受剪承载力复核

【解】 加固后截面有效高度

$$h_{00}=h_2-\frac{f_{sd1}A_{s1}(a_{s1}+h_c)+\alpha_s f_{sd2}A_{s2}a_{s2}}{f_{sd1}A_{s1}+\alpha_s f_{sd2}A_{s2}}$$

$$=1500-\frac{280\times[7062\times(106+200)+0.9\times1847\times50]}{280\times(7062+0.9\times1847)}$$

$$=1242.8\text{mm}$$

1）验算截面尺寸是否满足抗剪要求

剪力组合设计值：

$$V_d=1.2\ (V_{d1}+V_{d2})\ +1.4V_q=1.2\times\ (154.5+22.6)\ +1.4\times213.7=511.7\text{kN}$$

$$0.51\times10^{-3}\sqrt{f_{cu,k}}b_2h_{00}=0.51\times10^{-3}\sqrt{25}\times180\times1242.8=570.4\text{kN}>\gamma_0V_d=511.7\text{kN}$$

符合要求。

2）斜截面加固设计计算

$$P_2=100(A_{s1}+A_{s2})/(b_2h_{00})=100\times(7062+1847)/(180\times1242.8)=3.983>2.5,\text{取}P_2=2.5$$

$$\rho_{sv1}=A_{sv1}/(s_{v1}b_1)=100.6/(150\times180)=0.00373;\psi_{cs}=0.835$$

$$0.45\alpha_1\alpha_3bh_{00}\psi_{cs}\sqrt{(2+0.6P_2)\sqrt{f_{cu,k}}\rho_{sv1}f_{sv1}}+0.75f_{sb}A_{sb}\sin\theta_s$$

$$=0.45\times1\times1.1\times180\times1242.8\times0.835\sqrt{(2+0.6\times2.5)\sqrt{25}\times0.00373\times195}+0.75\times280\times1608.6\times0.7071=568.6\text{kN}>\gamma_0V_d$$

满足承载力要求。

用 SDB 软件计算本题，其输入信息和简要输出结果如图 3-22 所示。可见其计算结果与上面手算结果相同，验证了手算结果的正确性。

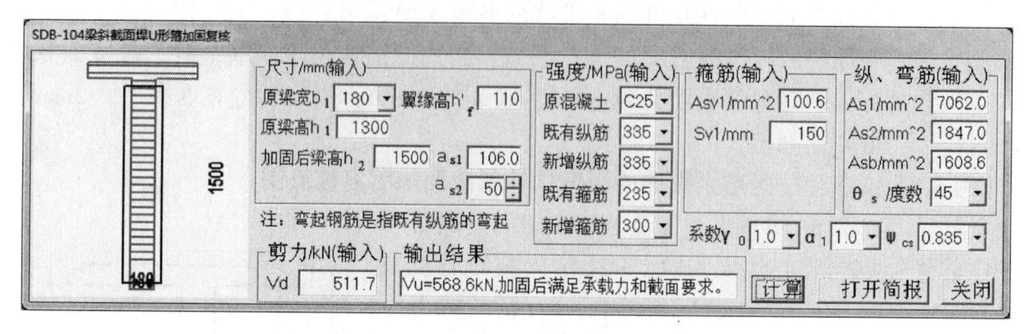

图 3-22 原梁斜截面受剪承载力复核

【例 3-9】三面围套增大截面的受弯构件斜截面加固复核算例

文献［4］第 52 页例题，某等高矩形截面简支梁，Ⅰ类环境条件，安全等级为二级。截面尺寸 $b_1 \times h_1 = 300\text{mm} \times 400\text{mm}$。采用 C30 混凝土，HRB335 级钢筋。剪力验算截面配置纵向受拉钢筋为 4 Φ 22（$A_{s1} = 1520\text{mm}^2$），$a_{s1} = 45\text{mm}$；箍筋为双肢 R235 级钢ϕ 8@ 150mm；配有弯起钢筋 2 Φ 22（$A_{sb} = 1608.6\text{mm}^2$，弯起钢筋切线与水平线夹角 $\theta_s = 45°$），加固前原构件斜裂缝宽度小于 0.2mm。由于荷载等级提高，剪力设计值提高。采用增大截面法加固，矩形梁底部加厚层厚度为 100mm，新增钢筋采用 HRB400 钢筋 5 Φ 22（$A_{s2} = 1900\text{mm}^2$），$a_{s2} = 45\text{mm}$；矩形梁两侧各加厚 75mm，新增双肢ϕ 10 箍筋（HPB300）@ 150mm；新增箍筋植入原结构中 12～15d，新增混凝土为 C35，见图 3-23。已知第一阶段原构件验算截面的剪力组合设计值为 $V_{d1} = 100\text{kN}$，加固后构件验算截面由第二阶段后加荷载引起的新增剪力组合设计值 $V_{d2} = 180\text{kN}$，试验算加固后梁控制截面的斜截面抗剪承载能力。

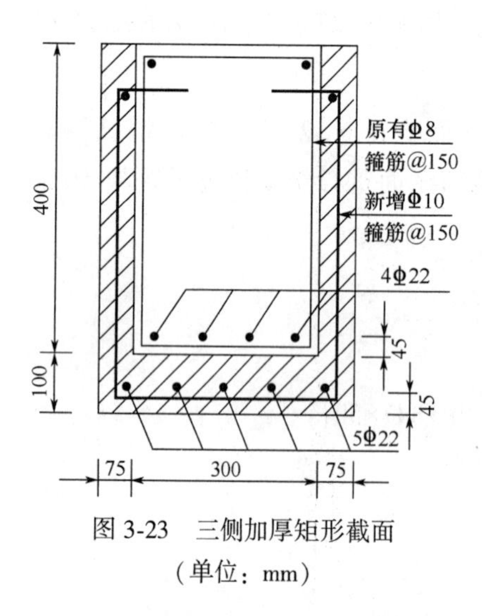

图 3-23 三侧加厚矩形截面
（单位：mm）

【解】 加固后截面有效高度

$$h_{00} = h_2 - \frac{f_{sd1}A_{s1}(a_{s1}+h_c)+\alpha_s f_{sd2}A_{s2}a_{s2}}{f_{sd1}A_{s1}+\alpha_s f_{sd2}A_{s2}}$$

$$= 500 - \frac{280\times1520\times(45+100)+0.9\times330\times1900\times45}{280\times1520+0.9\times330\times1900}$$

$$= 412\text{mm}$$

验算加固后截面尺寸是否满足抗剪要求

剪力组合设计值：

$$\gamma_0 V_d = 1.0\times(V_{d1}+V_{d2}) = 1.0\times(100+180) = 280\text{kN}$$

$$0.51\times10^{-3}\sqrt{f_{cu,k}}\,b_2 h_{00} = 0.51\times10^{-3}\sqrt{30}\times450\times412 = 517.9\text{kN} > \gamma_0 V_d = 280\text{kN}$$

符合要求。

加固梁受剪承载力设计验算

$$P_2=100(A_{s1}+A_{s2})/(b_2h_{00})=100\times(1520+1900)/(450\times412)=1.845\leqslant2.5$$

$$\rho_{sv2}=\frac{A_{sv1}}{s_{v1}b_2}+\frac{0.8A_{sv2}}{s_{v2}b_2}=\frac{100.6}{150\times450}+\frac{0.8\times157}{150\times450}=0.00335;\psi_{cs}=0.835$$

$$0.45\times10^{-3}\alpha_1\alpha_3b_2h_{00}\psi_{cs}\sqrt{(2+0.6P_2)\sqrt{f_{cu,k}}\rho_{sv2}f_{sv1}}+0.75f_{sb}A_{sb}\sin\theta_s$$

$$=0.45\times1\times1\times450\times412\times0.835\sqrt{(2+0.6\times1.845)\sqrt{30}\times0.00335\times195}+0.75\times280\times760\times0.7071$$

$$=345.2\text{kN}>\gamma_0V_d$$

满足承载力要求。

用 SDB 软件计算本题，其输入信息和简要输出结果如图 3-24 所示。可见其计算结果与上面手算结果相同，验证了手算结果的正确性。

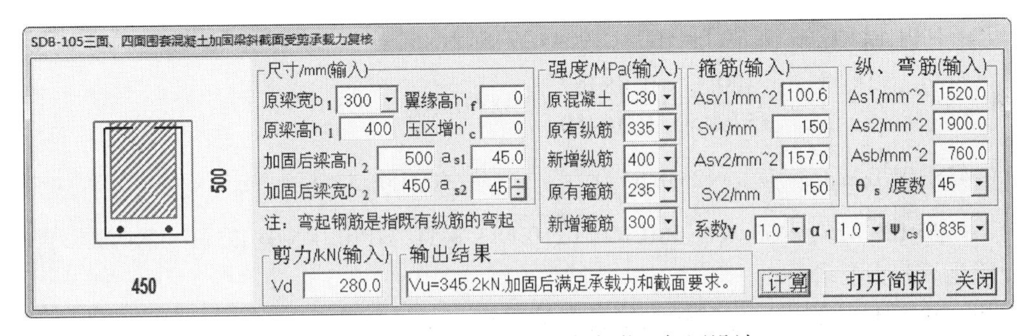

图 3-24　增大截面法受弯构件斜截面加固设计

【例 3-10】三面围套增大截面的 T 形截面受弯构件斜截面加固复核算例

文献［4］第 55 页例题，某 T 形截面连续梁，Ⅰ类环境条件，安全等级为二级。截面尺寸 $b_1\times h_1=300\text{mm}\times600\text{mm}$。混凝土强度等级 C30，主筋为 4 Φ 25（$A_{s1}=1964\text{mm}^2$），$a_{s1}=45\text{mm}$；箍筋为双肢 R235 级钢 φ 8@100mm；连续梁中支点剪力最大，原设计最大剪力为 250kN，现剪力设计值须增加至 400kN。现采用增大截面法进行加固，在矩形梁底部和两侧进行三面 U 形围套加固（加固前矩形梁未出现斜裂缝），底部增厚 150mm，左、右侧各增厚 75mm。详见图 3-25。新增混凝土采用 C35，新增主钢 6 Φ 25（$A_{s1}=2945\text{mm}^2$），$a_{s2}=60\text{mm}$；新增双肢 φ 10 箍筋（HPB300）@100mm；新增箍筋植入原结构中 12~15d。已知第一阶段原构件验算截面的剪力组合设计值为 $V_{d1}=160\text{kN}$，加固后构件验算截面由第二阶段后加荷载引起的新增剪力组合设计值 $V_{d2}=240\text{kN}$，试验算加固后梁控制截面的斜截面抗剪承载能力。

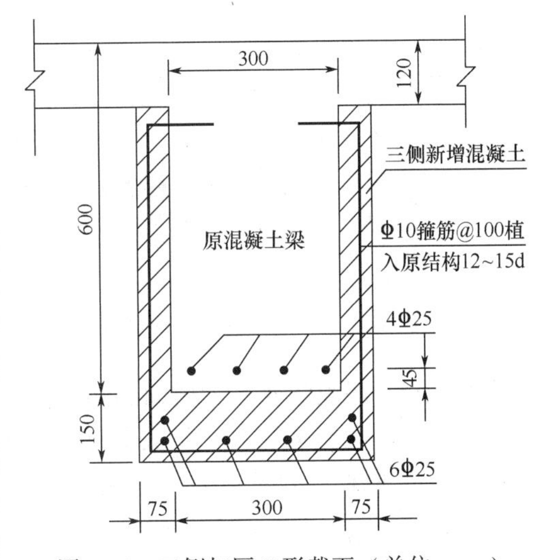

图 3-25　三侧加厚 T 形截面（单位：mm）

【解】加固后截面有效高度

$$h_{00}=h_2-\frac{f_{sd1}A_{s1}(a_{s1}+h_c)+\alpha_s f_{sd2}A_{s2}a_{s2}}{f_{sd1}A_{s1}+\alpha_s f_{sd2}A_{s2}}$$

$$=750-\frac{280\times1964\times(45+150)+0.9\times280\times2945\times60}{280\times1964+0.9\times280\times2945}$$

$$=632.5\text{mm}$$

验算加固后截面尺寸是否满足抗剪要求

剪力组合设计值：

$\gamma_0 V_d=1.0\times(V_{d1}+V_{d2})=1.0\times(160+240)=400\text{kN}$

$0.51\times10^{-3}\sqrt{f_{cu,k}}\,b_2h_{00}=0.51\times10^{-3}\sqrt{30}\times450\times632.5=795.1\text{kN}>\gamma_0V_d=400\text{kN}$

符合要求。

加固梁受剪承载力设计验算

$P_2=100(A_{s1}+A_{s2})/(b_2h_{00})=100\times(1964+2945)/(450\times632.5)=1.725\leqslant2.5$

$\rho_{sv2}=\frac{A_{sv1}}{s_{v1}b_2}+\frac{0.8A_{sv2}}{s_{v2}b_2}=\frac{100.6}{150\times450}+\frac{0.8\times157}{150\times450}=0.00503;\psi_{cs}=0.89$

$0.45\times10^{-3}\alpha_1\alpha_3b_2h_{00}\psi_{cs}\sqrt{(2+0.6P_2)\sqrt{f_{cu,k}}\rho_{sv2}f_{sv1}}+0.75f_{sb}A_{sb}\sin\theta_s$

$=0.45\times10^{-3}\times1\times1\times450\times632.5\times0.89\sqrt{(2+0.6\times1.845)\sqrt{30}\times0.00503\times195}+0=455.6\text{kN}>\gamma_0V_d$

满足承载力要求。

用 SDB 软件计算本题，其输入信息和简要输出结果如图 3-26 所示。可见其计算结果与上面手算结果相同，验证了手算结果的正确性。

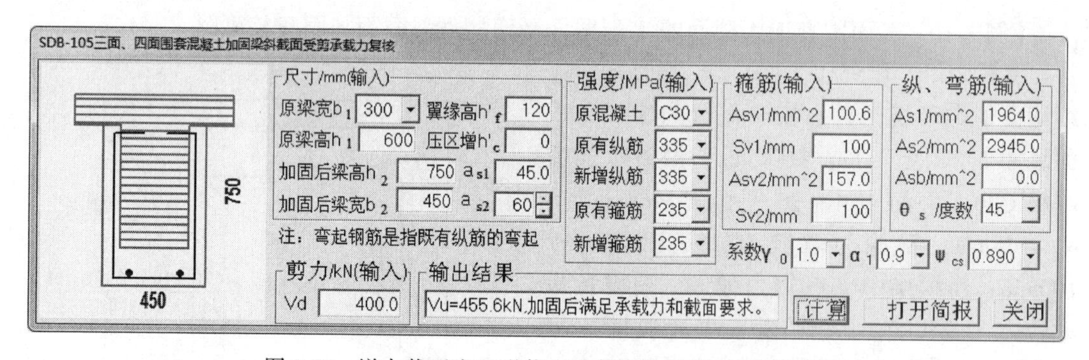

图 3-26 增大截面法 T 形截面受弯构件斜截面加固设计

【例 3-11】四面围套增大截面的矩形截面受弯构件斜截面加固复核算例

本书【例 3-6】四面围套增大截面的矩形梁支座附近的斜截面受剪承载力计算。该截面加固前承受原构件自重剪力 $V_{d1}=45.4\text{kN}$，按图 3-16 增大截面后新增混凝土产生的剪力 $V_{d2}=22.6\text{kN}$，加固后承受活载剪力 $V_q=120\text{kN}$。加固前斜截面内有 2Φ16（$A_{sb}=402\text{mm}^2$，$\theta_s=45°$），配双肢 R235 级钢ϕ8 箍筋，箍筋间距 $s_{v1}=200\text{mm}$。加固后斜截面内新增封闭式双肢 R235 级钢ϕ6 箍筋，箍筋间距 $s_{v2}=200\text{mm}$。

【解】加固后截面有效高度

$$h_{00}=h_2-\frac{f_{sd1}A_{s1}(a_{s1}+h_c)+\alpha_s f_{sd2}A_{s2}a_{s2}}{f_{sd1}A_{s1}+\alpha_s f_{sd2}A_{s2}}$$

$$=930-\frac{280\times1005\times(50+150)+0.9\times280\times1272\times60}{280\times1005+0.9\times280\times1272}$$

$$=804.6\text{mm}$$

验算加固后截面尺寸是否满足抗剪要求

剪力组合设计值：

$$\gamma_0V_d=1.0\times[1.2\times(V_{d1}+V_{d2})+1.4V_q]=1.0\times[1.2\times(45.4+22.6)+1.4\times120]=249.6\text{kN}$$

$$0.51\times10^{-3}\sqrt{f_{cu,k}}b_2h_{00}=0.51\times10^{-3}\sqrt{25}\times420\times804.6=861.7\text{kN}>\gamma_0V_d=249.6\text{kN}$$

符合要求。

加固梁受剪承载力设计验算

$$P_2=100(A_{s1}+A_{s2})/(b_2h_{00})=100\times(1005+1272)/(420\times804.6)=0.674\leqslant2.5$$

$$\rho_{sv2}=\frac{A_{sv1}}{s_{v1}b_2}+\frac{0.8A_{sv2}}{s_{v2}b_2}=\frac{100.6}{200\times420}+\frac{0.8\times56.6}{200\times420}=0.00174;\psi_{cs}=0.835$$

$$0.45\times10^{-3}\alpha_1\alpha_3b_2h_{00}\psi_{cs}\sqrt{(2+0.6P_2)\sqrt{f_{cu,k}}\rho_{sv2}f_{sv1}}+0.75f_{sb}A_{sb}\sin\theta_s$$

$$=0.45\times10^{-3}\times1\times1\times420\times804.6\times0.835\sqrt{(2+0.6\times0.674)\sqrt{25}\times0.00174\times195}$$

$$+0.75\times10^{-3}\times280\times402\times\sin45°=315.9\text{kN}>\gamma_0V_d$$

满足承载力要求。

用 SDB 软件计算本题，其输入信息和简要输出结果如图 3-27 所示。可见其计算结果与上面手算结果相同，验证了手算结果的正确性。

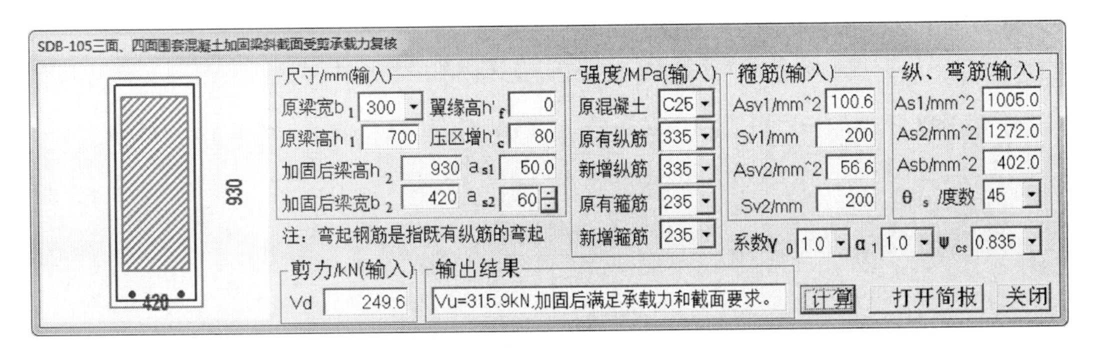

图 3-27 四面围套增大截面法矩形截面受弯构件斜截面加固复核

3.4 增大截面法受压构件加固设计

当采用加大截面法加固钢筋混凝土轴心受压构件时，其正截面受压承载力应按下式确定：

$$\gamma_0N_d\leqslant0.9\varphi[f_{cd1}A_{c1}+f'_{sd1}A'_{s1}+\alpha_{cs}(f_{cd2}A_{c2}+f'_{sd2}A'_{s2})]\tag{3-18}$$

式中 N_d——加固后截面轴向压力组合设计值；

γ_0——桥梁结构的重要性系数，按现行行业标准《城市桥梁设计规范》CJJ 11 或按《公路钢筋混凝土及预应力混凝土桥涵设计规范》JTG 3362 的规定采用；

φ——轴心受压构件稳定系数，根据加固后的截面尺寸，按表3-2采用；

A_{c1}、A_{c2}——分别为原构件混凝土、新增混凝土截面面积，当加固后截面全部纵向钢筋配筋率大于3%时，应扣除纵向普通钢筋所占的截面面积；

A'_{s1}、A'_{s2}——分别为原有新增纵向受压钢筋、新增纵向受压钢筋的截面面积；

f_{cd1}、f_{cd2}——分别为原构件混凝土、新增混凝土的轴心抗压强度设计值；

f'_{sd1}、f'_{sd2}——分别为原构件普通钢筋、新增普通钢筋的抗压强度设计值；

α_{cs}——综合考虑新增混凝土和钢筋强度利用程度的修正系数，取0.8。

钢筋混凝土轴心受压构件的稳定系数 **表3-2**

l_0/b_2	≤8	10	12	14	16	18	20	22	24	26	28
l_0/d_2	≤7	8.5	10.5	12	14	15.5	17	19	21	22.5	24
l_0/r_2	≤28	35	42	48	55	62	69	76	83	90	97
φ	1.00	0.98	0.95	0.92	0.87	0.81	0.75	0.70	0.65	0.60	0.56
l_0/b_2	30	32	34	36	38	40	42	44	46	48	50
l_0/d_2	26	28	29.5	31	33	34.5	36.5	38	40	41.5	43
l_0/r_2	104	111	118	125	132	139	146	153	160	167	174
φ	0.52	0.48	0.44	0.40	0.36	0.32	0.29	0.26	0.23	0.21	0.19

注：1. 表中 l_0 为加固后构件计算长度；b_2 为加固后矩形截面短边尺寸；d_2 为加固后圆形截面直径；r_2 为加固后截面最小回转半径。

2. 构件计算长度 l_0 的确定，两端固定为 $0.5l$；一端固定、一端为不移动的铰为 l；一端固定、一端自由为 $2l$；l 为构件支点间长度。

当采用加大截面法加固钢筋混凝土矩形截面偏心受压构件时，其正截面承载力（图3-28）应符合下列公式要求：

$$\gamma_0 N_d \leqslant f_{cc} b_2 x + f'_{sd1} A'_{s1} + \alpha_s f'_{sd2} A'_{s2} - \sigma_{s1} A_{s1} - \alpha_s \sigma_{s2} A_{s2} \tag{3-19}$$

$$\gamma_0 N_d e_s \leqslant f_{cc} b_2 x \left(h_{02} - \frac{x}{2}\right) + f'_{sd1} A'_{s1} (h_{02} - h'_c - a'_{s1}) + \alpha_s f'_{sd2} A'_{s2} (h_{02} - a'_{s2}) - \sigma_{s1} A_{s1} (a_{s1} + h'_c - a_{s2}) \tag{3-20}$$

$$\sigma_{s1} = \left(\frac{0.8(h_{01} + h'_c)}{x} - 1\right) E_{s1} \varepsilon_{cu} \leqslant f_{sd1} \tag{3-21}$$

$$\sigma_{s2} = \left(\frac{0.8 h_{02}}{x} - 1\right) E_{s2} \varepsilon_{cu} \leqslant f_{sd2} \tag{3-22}$$

$$e_s = \eta e_0 + \frac{h_2}{2} - a_{s2} \tag{3-23}$$

$$e_0 = M_d / N_d \tag{3-24}$$

式中 A_{s1}、A_{s2}——分别为截面受拉区和受压较小区的原构件纵向普通钢筋、新增纵向普通钢筋截面面积；

A'_{s1}、A'_{s2}——分别为截面受压较大区的原构件纵向普通钢筋、新增纵向普通钢筋截面面积；

a_{s1}——受拉区或受压较小区原普通钢筋 A_{s1} 合力点至同一侧原构件截面边缘的距离；

a_{s2}——受拉区或受压较小区新增普通钢筋 A_{s2} 合力点至同一侧加固后构件截面

边缘的距离；

a'_{s1}——受压较大区原普通钢筋 A'_{s1} 合力点至同一侧原构件截面边缘的距离；

a'_{s2}——受压较大区新增普通钢筋 A'_{s2} 合力点至同一侧加固后构件截面边缘的距离；

E_{s1}、E_{s2}——分别为原构件普通钢筋、新增普通钢筋的弹性模量；

e_0——轴向压力对加固后截面重心轴的偏心距；

e_s——轴向力作用点至截面受拉区或受压较小区新增普通钢筋 A_{s2} 合力点的距离；

f_{cc}——新旧混凝土组合截面的受压区混凝土轴心抗压强度设计值，按式（3-1）确定；

h_{01}——构件受拉区或受压较小区原纵向普通钢筋 A_{s1} 合力点至原构件受压区边缘的距离；

h_{02}——构件受拉区或受压较小区新增纵向普通钢筋 A_{s2} 合力点至加固后截面受压区边缘的距离；

h_2——加固后的构件截面高度；

h_c、h'_c——分别为构件在受拉区或受压较小边、受压较大边的新增混凝土厚度；

M_d——加固后相应于轴向压力 N_d 的截面弯矩组合设计值；

N_d——加固后截面轴向压力组合设计值；

x——等效矩形应力图形的混凝土受压区高度；

α_s——新增钢筋强度利用系数，取 $\alpha_s=0.9$；

η——偏心受压构件轴向力偏心距增大系数；

σ_{s1}——受拉区或受压较小区的原构件纵向普通钢筋应力；当计算的 $\sigma_{s1}>f_{sd1}$ 时，取 $\sigma_{s1}=f_{sd1}$；

σ_{s2}——受拉区或受压较小区的新增纵向普通钢筋应力；当计算的 $\sigma_{s2}>f_{sd2}$ 时，取 $\sigma_{s2}=f_{sd2}$。

注意式（3-19）、式（3-21）与规范中的不同，前者在新增的受压纵筋也考虑了“新增钢筋强度利用系数”，后者是采用式（3-22）相同的极限状态（平截面）假定，即加固构件截面受压边缘混凝土压应变达到 ε_{cu}。

当计算加固偏心受压构件正截面承载力时，对长细比大于 17.5 的构件应将轴向压力对加固后截面重心轴的偏心距乘以偏心距增大系数 η（图 3-28），其值应按下列公式计算：

$$\eta=\left[1+\frac{1}{1400e_0/h_{00}}\left(\frac{l_0}{h_2}\right)^2\zeta_1\zeta_2\right]\psi_\eta \tag{3-25}$$

$$\zeta_1=0.2+2.7\frac{e_0}{h_{00}}\leqslant 1.0 \tag{3-26}$$

$$\zeta_2=1.15-0.01\frac{l_0}{h_{00}}\leqslant 1.0 \tag{3-27}$$

式中　η——偏心受压构件的轴向压力偏心距增大系数；

h_{00}——加固后构件的截面有效高度（mm），按式（3-4）计算；

l_0——加固后构件的计算长度；

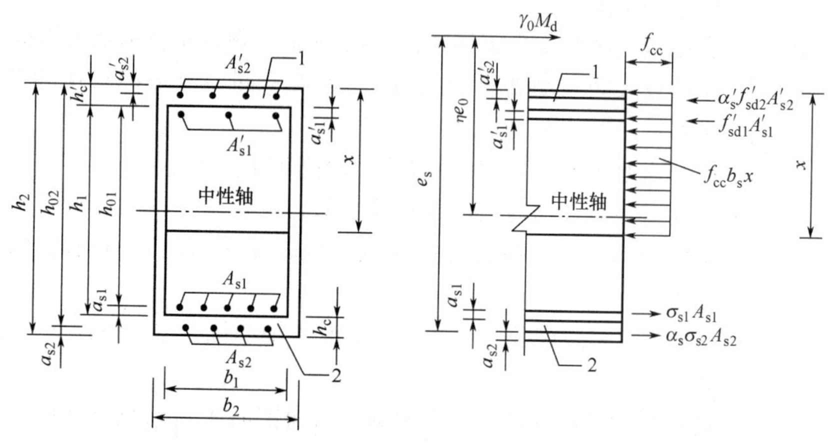

图 3-28 增大截面法矩形截面偏心受压构件的正截面承载力计算

1—新增混凝土（受压较大边）；2—新增混凝土（受拉边或受压较小边）

注：当为小偏心受压构件时，图中 σ_{s1}、σ_{s2} 可能变向

ζ_1——荷载偏心率对截面曲率的影响系数；

ζ_2——构件长细比对截面曲率的影响系数，CJJ/T 239—2016 将其中 l_0 错印成了 e_0；

ψ_η——偏心距增大系数的修正系数，可按截面增大形式选用；对采用对称形式的增大截面，当 $e_0/h_2 \geqslant 0.3$ 时，$\psi_\eta=1.1$；当 $e_0/h_2<0.3$ 时，$\psi_\eta=1.2$；对采用非对称形式的增大截面，当 $e_0/h_2 \geqslant 0.3$ 时，$\psi_\eta=1.2$；当 $e_0/h_2<0.3$ 时，$\psi_\eta=1.3$。

【例 3-12】矩形轴心受压构件增大截面法加固复核算例

文献［4］第 57 页例题，某钢筋混凝土轴心受压构件截面尺寸为 $b_1 \times h_1=300\text{mm} \times 350\text{mm}$，计算长度 $l_0=4.5\text{m}$，原构件采用 C25 混凝土，配有 HRB335 纵向钢筋 8Φ22（$A'_{s1}=3041\text{mm}^2$），Ⅰ类环境条件，安全等级二级。截面承受轴向力组合设计值 $N_d=2000\text{kN}$，该构件承载力是否满足要求？若不满足，拟采用增大截面法进行加固，增大截面尺寸如图 3-29 所示，新增 HRB335 纵向钢筋 3Φ22（$A'_{s1}=1140\text{mm}^2$），新增混凝土强度等级为 C30。加固前截面承受的轴向力组合值 $N_{d1}=560\text{kN}$。试对加固后构件的承载力进行验算。

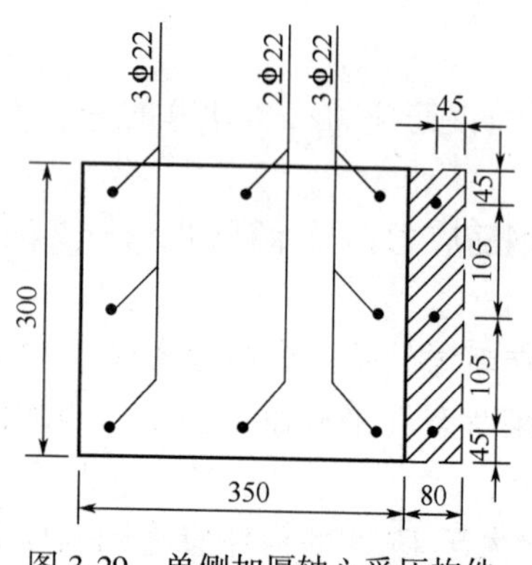

图 3-29 单侧加厚轴心受压构件（单位：mm）

【解】 1）原构件轴心受压正截面承载力计算。

长细比：$\lambda=l_0/b_1=4500/300=15$。查表 3-2 得压杆稳定系数 $\varphi=0.895$。

原构件承载力：

$N_u=0.9\varphi(f_{cd1}A_{c1}+f'_{sd1}A'_{s1})=0.9\times0.895\times(11.5\times300\times350+280\times3041)=1659\text{kN}<\gamma_0 N_d$

故原构件轴心受压承载力不满足要求，需要加固补强。

2）加固后轴心受压承载力计算

长细比：$\lambda_2=l_0/b_2=4500/300=15$。查表 3-2 得压杆稳定系数 $\varphi=0.895$。

加固后构件承载力：

$$N_u = 0.9\varphi[f_{cd1}A_{c1}+f'_{sd1}A'_{s1}+\alpha_{cs}(f_{cd2}A_{c2}+f'_{sd2}A'_{s2})]$$
$$=0.9\times0.895\times[11.5\times300\times350+280\times3041+0.8\times(13.8\times300\times80+280\times1140)]$$
$$=2078\text{kN}>\gamma_0N_d=1.0\times2000=2000\text{kN}$$

故加固后构件轴心受压承载力满足要求。使用计算机软件 SDB 计算本题，其输入信息和简要输出结果如图 3-30 所示。可见其计算结果与上面手算结果相同，验证了手算结果的正确性。

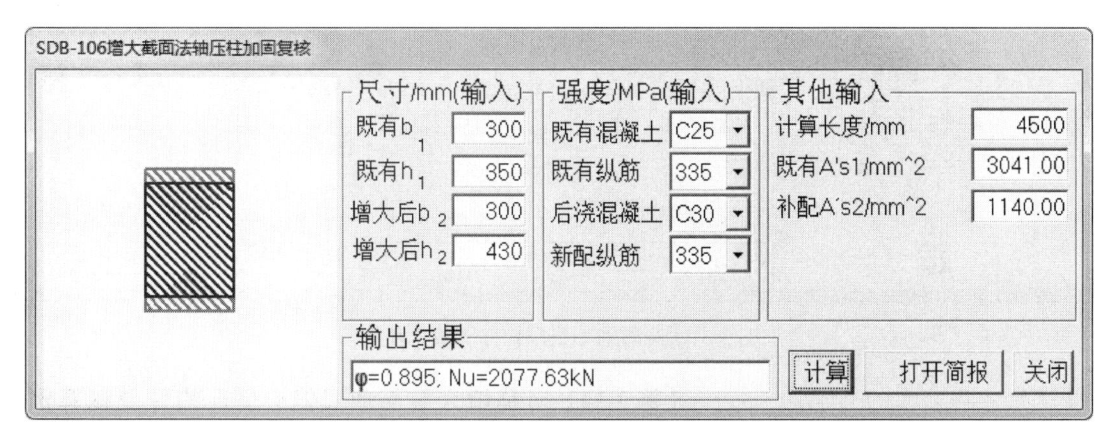

图 3-30　矩形轴心受压构件承载力复核

【例 3-13】圆形轴心受压构件增大截面法加固复核算例

某钢筋混凝土轴心受压圆形构件截面直径为 $d_1=300\text{mm}$，计算长度 $l_0=4.5\text{m}$，原构件采用 C25 混凝土，配有 HRB335 纵向钢筋 8Φ22（$A'_{s1}=3041\text{mm}^2$），Ⅰ类环境条件，安全等级二级。截面承受轴向力组合设计值 $N_d=2000\text{kN}$，该构件承载力是否满足要求？若不满足，拟采用增大截面法进行加固，增大截面至截面直径 $d_2=450\text{mm}$，新增 HRB335 纵向钢筋 8Φ14（$A'_{s1}=1231\text{mm}^2$），新增混凝土强度等级为 C30。加固前截面承受的轴向力组合值 $N_{d1}=560\text{kN}$。试对加固后构件的承载力进行验算。

【解】

1）原构件轴心受压正截面承载力计算。

长细比：$\lambda=l_0/d_1=4500/300=15$。查表 3-2 得压杆稳定系数 $\varphi=0.83$。

原截面面积：$A_{c1}=\pi d_1^2/4=3.1416\times300^2/4=70686\text{mm}^2$

原构件承载力：

$$N_u=0.9\varphi(f_{cd1}A_{c1}+f'_{sd1}A'_{s1})=0.9\times0.83\times(11.5\times70686+280\times3041)=1243\text{kN}<\gamma_0N_d$$

故原构件轴心受压承载力不满足要求，需要加固补强。

2）加固后轴心受压承载力计算

长细比：$\lambda_2=l_0/d_2=4500/450=10$。查表 3-2 得压杆稳定系数 $\varphi=0.958$。

加固后增加的截面面积：$A_{c2}=\pi d_2^2/4-A_{c1}=3.1416\times450^2/4-70686=88358\text{mm}^2$

加固后构件承载力：

$$N_u = 0.9\varphi[f_{cd1}A_{c1}+f'_{sd1}A'_{s1}+\alpha_{cs}(f_{cd2}A_{c2}+f'_{sd2}A'_{s2})]$$
$$=0.9\times0.958\times[11.5\times70686+280\times3041+0.8\times(13.8\times88358+280\times1231)]$$
$$=2514\text{kN}>\gamma_0N_d=1.0\times2000=2000\text{kN}$$

故加固后构件轴心受压承载力满足要求。使用计算机软件SDB计算本题，其输入信息和简要输出结果如图3-31所示。可见其计算结果与上面手算结果相同，验证了手算结果的正确性。

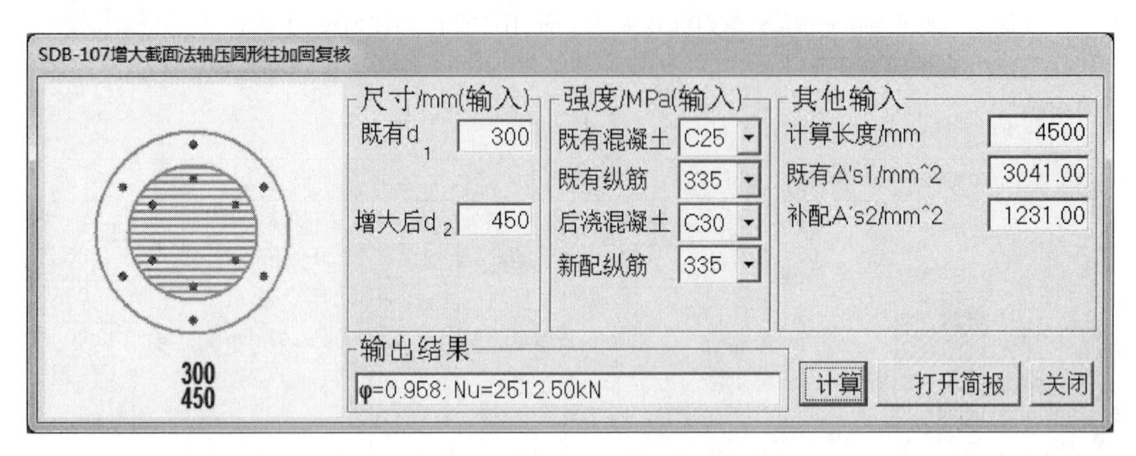

图3-31 圆形轴心受压构件承载力复核

【例3-14】对称增大截面加固偏心受压构件复核算例之一

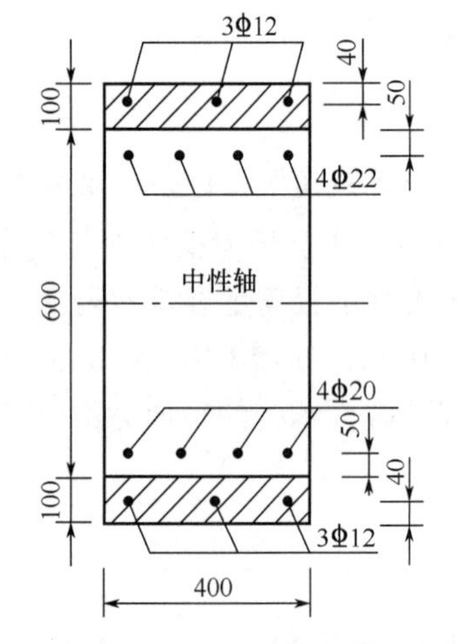

图3-32 对称加固偏心受压构件

文献［4］第58页例题，某钢筋混凝土偏心受压构件截面尺寸为$b_1 \times h_1 = 400\text{mm} \times 600\text{mm}$，计算长度$l_0 = 6\text{m}$，原构件采用C25混凝土，配有HRB335钢筋，受拉区钢筋为4Φ20（$A_{s1} = 1256\text{mm}^2$），受压区钢筋为4Φ22（$A'_{s1} = 1520\text{mm}^2$），$a_{s1} = a'_{s1} = 50\text{mm}$。Ⅰ类环境条件，安全等级二级。截面承受轴向力组合设计值$N_d = 1300\text{kN}$，弯矩设计值$M_d = 390\text{kN} \cdot \text{m}$。该构件承载力是否满足要求？若不满足，拟在两侧增大截面进行加固，增大截面尺寸如图3-32所示，新增混凝土强度等级为C30，两侧增厚区均配HRB335钢筋3Φ12（$A_{s2} = A'_{s2} = 339\text{mm}^2$），$a_{s2} = a'_{s2} = 40\text{mm}$。加固前截面承受的轴向力组合值$N_{d1} = 1000\text{kN}$，弯矩组合设计值$M_{d1} = 300\text{kN} \cdot \text{m}$。试对加固后构件的承载力进行验算。

【解】

（1）原构件受压承载力计算

1）原构件轴心受压承载力，验算垂直于弯矩作用平面强度和稳定。

长细比：$\lambda = l_0 / b_1 = 6000/400 = 15$。查表3-2得压杆稳定系数$\varphi = 0.895$。

原构件承载力：

$$N_u = 0.9\varphi(f_{cd1}A_{c1} + f'_{sd1}A'_{s1})$$

$$= 0.9 \times 0.895 \times [11.5 \times 400 \times 600 + 280 \times (1256 + 1520)] = 2849\text{kN} > \gamma_0 N_d = 1.0 \times 1300 = 1300\text{kN}$$

故垂直于弯矩作用平面受压承载力满足要求。

2）弯矩作用平面受压承载力计算

①偏心距增大系数计算

偏心距 $e_0=M_{d1}/N_{d1}=390\times10^3/1300=300\text{mm}$

$h_{01}=h_1-a_{s1}=600-50=550\text{mm}$

$\zeta_1=0.2+2.7\dfrac{e_0}{h_{01}}=0.2+2.7\times300/550=1.67>1.0$，取 $\zeta_1=1.0$

$\zeta_2=1.15-0.01l_0/h_{01}=1.15-0.01\times6000/550=1.04>1.0$，取 $\zeta_2=1.0$

$$\eta=1+\frac{1}{1400e_0/h_{01}}\left(\frac{l_0}{h_1}\right)^2\zeta_1\zeta_2=1+\frac{1}{1400\times300/550}\left(\frac{6000}{600}\right)^2\times1.0\times1.0=1.13$$

②大小偏心初步判定

$\eta e_0=1.13\times300=339\text{mm}>0.3h_{01}=0.3\times550=165\text{mm}$，初步判定为大偏心受压。

③混凝土受压区高度 x 计算

$e_s=\eta e_0+h_1/2-a_{s1}=1.13\times300+600/2-50=589\text{mm}$

$e_s'=\eta e_0-h_1/2+a_{s1}'=1.13\times300-600/2+50=89\text{mm}$

假设是大偏心受压构件，对 γ_0N_{d1} 合力点取矩得：

$f_{cd1}b_1x(e_s-h_{01}+x/2)=f_{sd1}A_{s1}e_s-f_{sd1}'A_{s1}'e_{s1}'$

$11.5\times400\times x\times(589-550+x/2)=280\times1256\times589-280\times1520\times89$

解得：$x=235.1\text{mm}>2a_{s1}'=2\times50=100\text{mm}$

$\xi=x/h_{01}=235.1/550=0.43<\xi_b=0.56$，为大偏心受压构件。

④承载力验算

$N_u=f_{cd1}b_1x+f_{sd1}'A_{s1}'-f_{sd1}A_{s1}$

$=11.5\times400\times235.1+280\times1520-280\times1256=1155\text{kN}<\gamma_0N_d=1.0\times1300=1300\text{kN}$

故原构件在弯矩作用平面内的承载力不满足要求，需要加固。

（2）加固后承载力验算

1）垂直于弯矩作用平面的截面复核

长细比：$\lambda=l_0/b_1=6000/400=15$。查表 3-2 得压杆稳定系数 $\varphi=0.895$。

原构件承载力：

$N_u=0.9\varphi[f_{cd1}A_{c1}+f_{sd1}'A_{s1}'+\alpha_{cs}(f_{cd2}A_{c2}+f_{sd2}'A_{s2}')]$

$=0.9\times0.895\times[11.5\times400\times600+280\times(1256+1520)+$

$0.8\times(13.8\times2\times400\times100+280\times2\times339)]=3683\text{kN}>\gamma_0N_d=1.0\times1300=1300\text{kN}$

故垂直于弯矩作用平面受压承载力满足要求。

2)弯矩作用平面内的受压承载力计算

加固后截面有效高度：

$$h_{00}=h_2-\frac{f_{sd1}A_{s1}(a_{s1}+h_c)+\alpha_sf_{sd2}A_{s2}a_{s2}}{f_{sd1}A_{s1}+\alpha_sf_{sd2}A_{s2}}$$

$$=800-\frac{280\times1256\times(50+100)+0.9\times280\times339\times40}{280\times1256+0.9\times280\times339}=671.5\text{mm}$$

①偏心距增大系数计算

偏心距 $e_0=M_{d1}/N_{d1}=390\times10^3/1300=300\text{mm}$

$\zeta_1=0.2+2.7e_0/h_{00}=0.2+2.7\times300/671.5=1.41>1.0$，取 $\zeta_1=1.0$

$\zeta_2=1.15-0.01l_0/h_{00}=1.15-0.01\times6000/671.5=1.06>1.0$，取 $\zeta_2=1.0$

对称形式的增大截面，当 $e_0/h_2 \geq 0.3$ 时，取 $\psi_\eta = 1.1$

$$\eta = \left[1+\frac{1}{1400e_0/h_{00}}\left(\frac{l_0}{h_2}\right)^2\zeta_1\zeta_2\right]\psi_\eta = \left[1+\frac{1}{1400\times300/671.5}\left(\frac{6000}{800}\right)^2\times1.0\times1.0\right]\times1.1 = 1.19$$

大小偏心初步判定

$\eta e_0 = 1.19\times300 = 357\text{mm} > 0.3h_{00} = 0.3\times671.5 = 201\text{mm}$，初步判定为大偏心受压。

②混凝土受压区高度 x 计算

$$e_s = \eta e_0 + h_2/2 - a_{s2} = 1.19\times300+800/2-40 = 717\text{mm}$$

$$\sigma_{s1} = \left(\frac{0.8(h_{01}+h_c')}{x}-1\right)E_{s1}\varepsilon_{cu} = \left(\frac{0.8\times(550+100)}{x}-1\right)\times2\times10^5\times0.0033 = \left(\frac{520}{x}-1\right)\times660 \leq f_{sd1}$$

$$\sigma_{s2} = \left(\frac{0.8h_{02}}{x}-1\right)E_{s2}\varepsilon_{cu} = \left(\frac{0.8\times760}{x}-1\right)\times2\times10^5\times0.0033 = \left(\frac{608}{x}-1\right)\times660 \leq f_{sd2}$$

新旧混凝土组合截面的受压区混凝土轴心抗压强度设计值

$$f_{cc} = 0.5(f_{cd1}+0.9f_{cd2}) = 0.5\times(11.5+0.9\times13.8) = 11.96\text{MPa} \leq 1.2f_{cd1}$$

根据式（3-20）列力平衡方程

$$\gamma_0 N_d = f_{cc}b_2x + f_{sd1}'A_{s1}' + \alpha_s f_{sd2}'A_{s2}' - \sigma_{s1}A_{s1} - \alpha_s\sigma_{s2}A_{s2}$$

$1\times N_d = 11.96\times400x+280\times1520+0.9\times280\times339-(520/x-1)\times660\times1256-0.9\times(608/x-1)\times660\times339$

再根据式（3-21）

$$\gamma_0 N_d e_s = f_{cc}b_2x\left(h_{02}-\frac{x}{2}\right) + f_{sd1}'A_{s1}'(h_{02}-h_c'-a_{s1}') + \alpha_s f_{sd2}'A_{s2}'(h_{02}-a_{s2}') - \sigma_{s1}A_{s1}(a_{s1}+h_c'-a_{s2})$$

$1\times N_d\times717 = 11.96\times400x\times(760-x/2)+280\times1520\times(760-100-50)$
$+0.9\times280\times339\times(760-40)-(520/x-1)\times660\times1256\times(50+100-40)$

联立上面两式组成的方程组，解得：$x = 268.6\text{mm}$

$\xi = x/h_{00} = 268.6/671.5 = 0.40 < \xi_b = 0.56$，为大偏心受压构件。

③承载力验算

$$\sigma_{s1} = \left(\frac{0.8(h_{01}+h_c')}{x}-1\right)E_{s1}\varepsilon_{cu} = \left(\frac{520}{268.6}-1\right)\times660 = 618\text{MPa}，取\ \sigma_{s1} = f_{sd1} = 280\text{MPa}$$

$$\sigma_{s2} = \left(\frac{0.8h_{02}}{x}-1\right)E_{s2}\varepsilon_{cu} = \left(\frac{608}{268.6}-1\right)\times660 = 834\text{MPa}，取\ \sigma_{s2} = f_{sd2} = 280\text{MPa}$$

$$\begin{aligned}N_u &= f_{cc}b_2x + f_{sd1}'A_{s1}' + \alpha_s f_{sd2}'A_{s2}' - \sigma_{s1}A_{s1} - \alpha_s\sigma_{s2}A_{s2}\\ &= 11.96\times400\times268.6+280\times1520+0.9\times280\times339-280\times1256-0.9\times280\times339 = 1358.8\text{kN} > \gamma_0 N_d\\ &= 1300\text{kN}\end{aligned}$$

故加固后构件承载力满足设计要求。

使用 SDB 软件输入信息和简要输出结果如图 3-33 所示。可见其与手算结果相同。

【例 3-15】对称增大截面加固偏心受压构件复核算例之二

文献［3］第 53 页例题，某钢筋混凝土偏心受压构件截面尺寸为 $b_1\times h_1 = 400\text{mm}\times600\text{mm}$，弯矩作用平面和垂直于弯矩作用平面内的计算长度 l_0 均为 6m，采用 C25 混凝土，HRB335 钢筋，受拉钢筋为 4 Φ 16（$A_{s1} = 804\text{mm}^2$），受压钢筋为 4 Φ 20（$A_{s1}' = 1256\text{mm}^2$），$a_{s1} = 40\text{mm}$，$a_{s1}' = 45\text{mm}$，如图 3-34 所示，结构重要性系数 $\gamma_0 = 1$。截面承

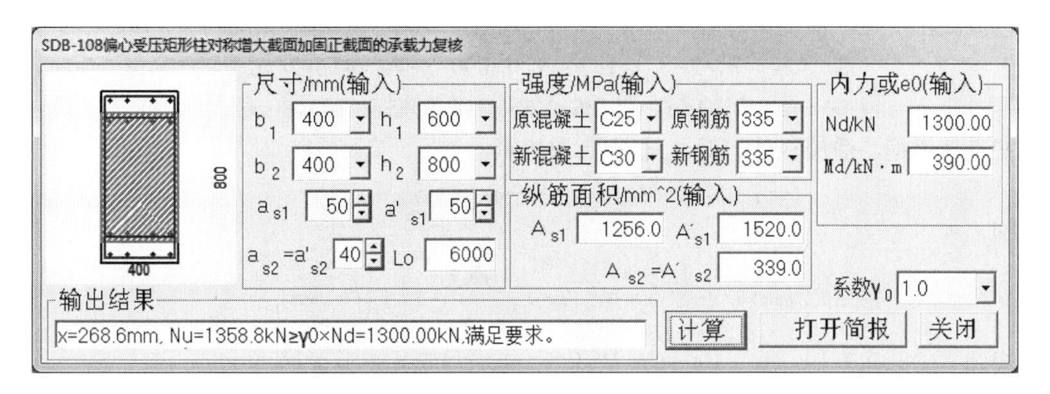

图 3-33　大偏心受压柱对称增大截面加固承载力计算

受轴向力计算值 $\gamma_0 N_d=2500\text{kN}$，弯矩计算值 $\gamma_0 M_d=300\text{kN}\cdot\text{m}$。该构件承载力是否满足要求？若不满足，拟对截面两侧加厚进行加固，在受拉侧和受压侧各加厚 100mmC30 混凝土，配置 3 Φ 14 纵向钢筋（HRB335）$A_{s2}=A'_{s2}=462\text{mm}^2$，$a_{s2}=a'_{s2}=40\text{mm}$。加固前截面承受的轴向力组合值 $N_{d1}=1200\text{kN}$，弯矩组合设计值 $M_{d1}=100\text{kN}\cdot\text{m}$。试对加固后构件的承载力进行验算。

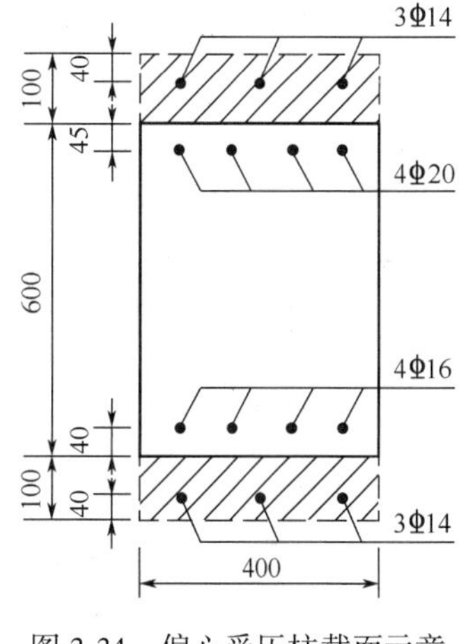

图 3-34　偏心受压柱截面示意（单位：mm）

【解】（1）原构件受压承载力计算

1）原构件轴心受压承载力，验算垂直于弯矩作用平面强度和稳定。

长细比：$\lambda=l_0/b_1=6000/400=15$。查表 3-2 得压杆稳定系数 $\varphi=0.895$。

原构件承载力：

$$N_u=0.9\varphi(f_{cd1}A_{c1}+f'_{sd1}A'_{s1})$$
$$=0.9\times0.895\times[11.5\times400\times600+280\times(1256+804)]=2688\text{kN}>\gamma_0 N_d=1.0\times2500=2500\text{kN}$$

故垂直于弯矩作用平面受压承载力满足要求。

2）弯矩作用平面受压承载力计算

①偏心距增大系数计算

偏心距 $e_0=M_{d1}/N_{d1}=300\times10^3/2500=120\text{mm}$

$$h_{01}=h_1-a_{s1}=600-40=560\text{mm}$$

$$\zeta_1=0.2+2.7\frac{e_0}{h_{01}}=0.2+2.7\times120/560=0.78<1.0$$

$$\zeta_2=1.15-0.01l_0/h_{01}=1.15-0.01\times6000/560=1.05>1.0\text{，取 }\zeta_2=1.0$$

$$\eta=1+\frac{1}{1400e_0/h_{01}}\left(\frac{l_0}{h_1}\right)^2\zeta_1\zeta_2=1+\frac{1}{1400\times120/560}\left(\frac{6000}{600}\right)^2\times0.78\times1.0=1.26$$

②大小偏心初步判定

$\eta e_0=1.26\times120=151\text{mm}<0.3h_{01}=0.3\times560=168\text{mm}$，初步判定为小偏心受压。

③混凝土受压区高度 x 计算

$$e_s=\eta e_0+h_1/2-a_{s1}=1.26\times120+600/2-40=411.2\text{mm}$$

$$e_s'=\eta e_0-h_1/2+a_{s1}'=1.26\times120-600/2+45=-103.8\text{mm}$$

假设是小偏心受压构件，对 A_{s1}' 合力点取矩得：

$$f_{cd1}b_1x(x/2-a_{s1}')=Ne_s'+\sigma_{s1}A_{s1}(h_{01}-a_{s1}')$$

即

$$f_{cd1}b_1x(x/2-a_{s1}')=Ne_s'+\varepsilon_{cu}E_{s1}\left(\frac{\beta h_{01}}{x}-1\right)A_{s1}(h_{01}-a_{s1}')$$

得到 x 的三次方程：$Ax^3+Bx^2+Cx+D=0$

其中：$A=f_{cd1}b_1/2=11.5\times400/2=2300$

$B=-f_{cd1}b_1a_{s1}'=-11.5\times400\times45=-207000$

$C=\varepsilon_{cu}E_{s1}A_{s1}(h_{01}-a_{s1}')-Ne_s'=0.0033\times200000\times804\times(560-45)-2500\times10^3\times(-103.8)=1.378\times10^7$

$D=-\varepsilon_{cu}E_{s1}\beta h_{01}A_{s1}(h_{01}-a_{s1}')=-0.0033\times200000\times0.8\times560\times804\times(560-45)=-12.24\times10^{10}$

解得：$x=403\text{mm}$

$\xi=x/h_{01}=403/560=0.72>\xi_b=0.56$，故为小偏心受压构件，原假设正确。

④受拉钢筋应力计算

$$\sigma_s=\varepsilon_{cu}E_{s1}\left(\frac{\beta h_{01}}{x}-1\right)=0.0033\times2\times10^5\times\left(\frac{0.8\times560}{403}-1\right)=73.7\text{MPa}<f_{sd1}=280\text{MPa}$$

⑤原构件承载力验算

$$\begin{aligned}N_u&=f_{cd1}b_1x+f_{sd1}'A_{s1}'-\sigma_sA_{s1}\\&=11.5\times400\times403+280\times1256-73.7\times804=2146\text{kN}<\gamma_0N_d=1.0\times2500=2500\text{kN}\end{aligned}$$

故原构件在弯矩作用平面内的承载力不满足要求，需要加固。

（2）加固后承载力验算

1）垂直于弯矩作用平面的截面复核

长细比：$\lambda=l_0/b_1=6000/400=15$。查表 3-2 得压杆稳定系数 $\varphi=0.895$。

构件承载力：

$$\begin{aligned}N_u&=0.9\varphi[f_{cd1}A_{c1}+f_{sd1}'A_{s1}'+\alpha_{cs}(f_{cd2}A_{c2}+f_{sd2}'A_{s2}')]\\&=0.9\times0.895\times[11.5\times400\times600+280\times(1256+804)+0.8\times(13.8\times2\times400\times100+280\times2\times462)]\\&=3565.9\text{kN}>\gamma_0N_d=1.0\times2500=2500\text{kN}\end{aligned}$$

故垂直于弯矩作用平面受压承载力满足要求。

2）弯矩作用平面内的受压承载力计算

加固后截面有效高度：

$$\begin{aligned}h_{00}&=h_2-\frac{f_{sd1}A_{s1}(a_{s1}+h_c)+\alpha_sf_{sd2}A_{s2}a_{s2}}{f_{sd1}A_{s1}+\alpha_sf_{sd2}A_{s2}}\\&=800-\frac{280\times804\times(40+100)+0.9\times280\times462\times40}{280\times804+0.9\times280\times462}\\&=694.1\text{mm}\end{aligned}$$

①偏心距增大系数计算

偏心距 $e_0=M_{d1}/N_{d1}=300\times10^3/2500=120\text{mm}$

$\zeta_1=0.2+2.7e_0/h_{00}=0.2+2.7\times120/694.1=0.67<1.0$

$\zeta_2=1.15-0.01l_0/h_{00}=1.15-0.01\times6000/694.1=1.06>1.0$，取 $\zeta_2=1.0$

对称形式的增大截面，当 $e_0/h_2<0.3$ 时，取 $\psi_\eta=1.2$

$$\eta=\left[1+\frac{1}{1400e_0/h_{00}}\left(\frac{l_0}{h_2}\right)^2\zeta_1\zeta_2\right]\psi_\eta=\left[1+\frac{1}{1400\times120/694.1}\left(\frac{6000}{800}\right)^2\times0.67\times1.0\right]\times1.2=1.362$$

大小偏心初步判定

$\eta e_0=1.362\times120=163.4\text{mm}<0.3h_{00}=0.3\times694.1=208\text{mm}$，初步判定为小偏心受压。

②混凝土受压区高度 x 计算

$e_s=\eta e_0+h_2/2-a_{s2}=1.36\times120+800/2-40=523.4\text{mm}$

$$\sigma_{s1}=\left(\frac{0.8(h_{01}+h_c')}{x}-1\right)E_{s1}\varepsilon_{cu}=\left(\frac{0.8\times(560+100)}{x}-1\right)\times2\times10^5\times0.0033=\left(\frac{528}{x}-1\right)\times660\leqslant f_{sd1}$$

$$\sigma_{s2}=\left(\frac{0.8h_{02}}{x}-1\right)E_{s2}\varepsilon_{cu}=\left(\frac{0.8\times760}{x}-1\right)\times2\times10^5\times0.0033=\left(\frac{608}{x}-1\right)\times660\leqslant f_{sd2}$$

新旧混凝土组合截面的受压区混凝土轴心抗压强度设计值

$f_{cc}=0.5\ (f_{cd1}+0.9f_{cd2})\ =0.5\times\ (11.5+0.9\times13.8)\ =11.96\text{MPa}\leqslant1.2f_{cd1}$

根据式（3-20）列力平衡方程

$\gamma_0N_d=f_{cc}b_2x+f'_{sd1}A'_{s1}+\alpha_sf'_{sd2}A'_{s2}-\sigma_{s1}A_{s1}-\alpha_s\sigma_{s2}A_{s2}$

$1\times N_d=11.96\times400x+280\times1256+0.9\times280\times462-(528/x-1)\times660\times804-0.9\times(608/x-1)\times660\times462$

再根据式（3-21）

$$\gamma_0N_de_s=f_{cc}b_2x\left(h_{02}-\frac{x}{2}\right)+f'_{sd1}A'_{s1}(h_{02}-h_c'-a_{s1}')+\alpha_sf'_{sd2}A'_{s2}(h_{02}-a_{s2}')-\sigma_{s1}A_{s1}(a_{s1}+h_c'-a_{s2})$$

$1\times N_d\times523.4=11.96\times400x\times(760-x/2)+280\times1256\times(760-100-45)$
$+0.9\times280\times462\times(760-40)-(528/x-1)\times660\times804\times(40+100-40)$

联立上面两式组成的方程组，解得：$x=439.5\text{mm}$

$\xi=x/h_{00}=439.5/694.1=0.633>\xi_b=0.56$，为小偏心受压构件。

③承载力验算

$$\sigma_{s1}=\left(\frac{0.8(h_{01}+h_c')}{x}-1\right)E_{s1}\varepsilon_{cu}=\left(\frac{528}{439.5}-1\right)\times660=132.9\text{MPa}$$

$$\sigma_{s2}=\left(\frac{0.8h_{02}}{x}-1\right)E_{s2}\varepsilon_{cu}=\left(\frac{608}{439.5}-1\right)\times660=253.0\text{MPa}$$

$$\begin{aligned}N_u&=f_{cc}b_2x+f'_{sd1}A'_{s1}+\alpha_sf'_{sd2}A'_{s2}-\sigma_{s1}A_{s1}-\alpha_s\sigma_{s2}A_{s2}\\&=11.96\times400\times439.5+280\times1256+0.9\times280\times462-132.9\times804-0.9\times253\times462\\&=2358.6\text{kN}<\gamma_0N_d=2500\text{kN}\end{aligned}$$

故加固后构件承载力仍不满足设计要求。

使用SDB软件输入信息和简要输出结果如图3-35所示。可见其与手算结果相同。为了达到设计要求，经SDB软件试算，发现将加固钢筋增加至配置4Φ16纵向钢筋（HRB335）$A_{s2}=A'_{s2}=804\text{mm}^2$，如图3-36所示，能满足设计要求，手算过程略。

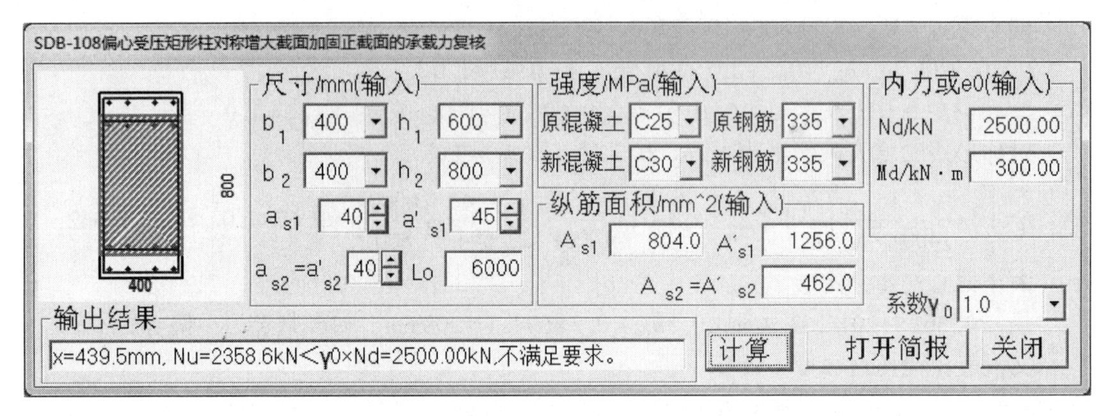

图 3-35 小偏心受压柱对称增大截面加固承载力计算之一

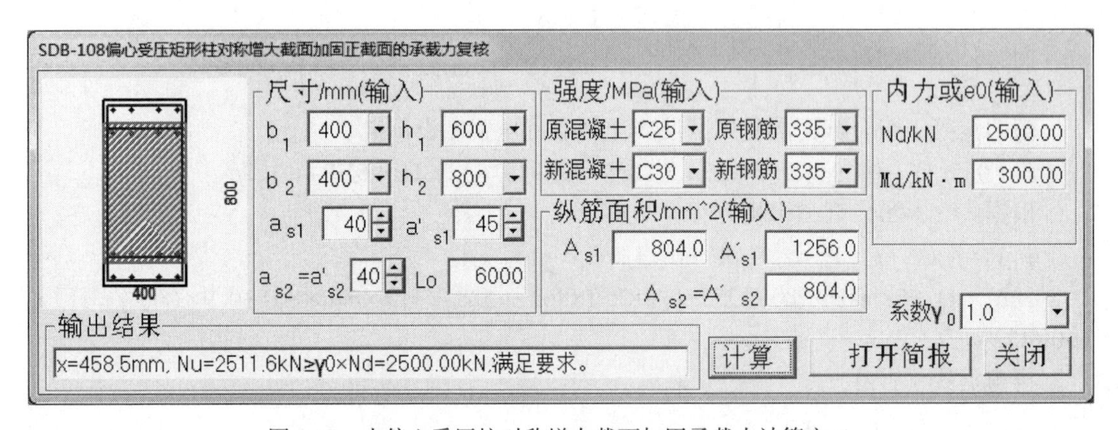

图 3-36 小偏心受压柱对称增大截面加固承载力计算之二

3.5 新旧混凝土结合设计

在受压区加厚混凝土增大截面加固的受弯构件，当满足《城市桥梁结构加固技术规程》CJJ/T 239—2016 第 5.5 节构造要求时，原构件与新增混凝土现浇层之间的受剪承载力应符合下式要求：

$$\gamma_0 V_d \times 10^3 \leqslant 0.12 f_{cc} b h_{00} + 0.85 f_{sv} \frac{A_{sv}}{s_v} h_{00} \tag{3-28}$$

式中 V_d——加固后最大剪力组合设计值（kN）；

γ_0——桥梁结构的重要性系数，按现行行业标准《城市桥梁设计规范》CJJ 11 或按《公路钢筋混凝土及预应力混凝土桥涵设计规范》JTG 3362 的规定采用；

f_{cc}——新旧混凝土组合截面的混凝土轴心抗压强度设计值（N/mm^2），可近似按式（3-1）确定；若有可行试验数据，也可按试验结果确定；

b——新旧混凝土结合面宽度（mm）；

h_{00}——加固后构件的截面有效高度（mm），按式（3-4）确定；

f_{sv}——结合面配置的箍筋或植筋抗拉强度设计值（N/mm²）；

A_{sv}——结合面上同一竖向截面配置的箍筋各肢总截面面积或植筋总截面面积（mm²）；

s_v——箍筋或植筋的间距（mm）。

在受压区增设现浇混凝土加厚层的板、其新旧混凝土结合面受剪承载力应符合下列要求：

1　当在新旧混凝土的结合面上不配置抗剪钢筋时，其结合面受剪承载力应符合下式要求：

$$\frac{\gamma_0 V_d \times 10^3}{bh_{00}} \leqslant 0.45 \tag{3-29}$$

2　当结合面符合《城市桥梁结构加固技术规程》CJJ/T 239—2016 第 5.5.4 条的构造规定，且同一竖向截面配置不少于 $0.3\frac{bs_v}{f_{sd}}$（以 mm² 计）的竖向结合钢筋时，其结合面受剪承载力应符合下式要求：

$$\frac{\gamma_0 V_d \times 10^3}{bh_{00}} \leqslant 2 \tag{3-30}$$

【例 3-16】新旧混凝土结合设计算例

本书【例 3-5】，受压区增大截面新混凝土与原有混凝土界面，植筋采用 2 肢 R235 钢筋，直径 8mm，间距为 200mm。试计算该结合面所能承受的剪力设计值。

【解】

由【例 3-5】已算得 $h_{00}=480.6\text{mm}$、$f_{cc}=11.96\ \text{N/mm}^2$，$A_{sv}=2\times50.3=100.6\text{mm}^2$，$f_{sv}=195\ \text{N/mm}^2$，将这些代入式（3-29）得到：

$$V_u \times 10^3 = 0.12 f_{cc} b h_{00} + 0.85 f_{sv} \frac{A_{sv}}{s_v} h_{00}$$

$$= 0.12\times11.96\times300\times480.6+0.85\times195\times100.6\times480.6/200 = 247\text{kN}$$

使用 SDB 软件输入信息和简要输出结果如图 3-37 所示，可见其与手算结果相同。

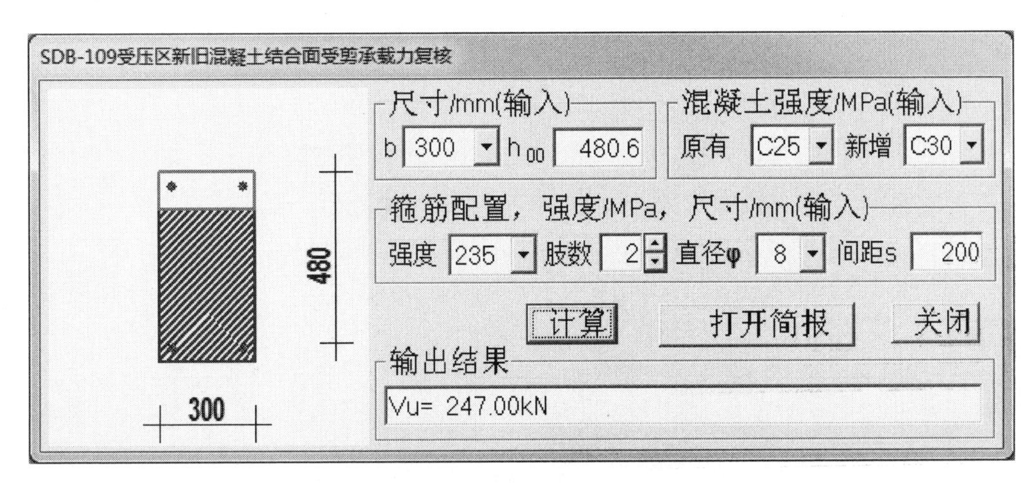

图 3-37　受压区新旧混凝土结合面计算

本章参考文献

[1] 中华人民共和国行业标准. 城市桥梁结构加固技术规程 CJJ/T 239—2016 [S]. 北京：中国建筑工业出版社，2016.
[2] 中华人民共和国行业推荐性标准. 公路桥梁加固设计规范 JTG/T J22—2008 [S]. 北京：人民交通出版社，2008.
[3] 邬晓光，白青侠，雷自学. 公路桥梁加固设计规范应用计算示例 [M]. 北京：人民交通出版社，2011.
[4] 安关峰. 城市桥梁结构加固技术指南 [M]. 北京：中国建筑工业出版社，2015.
[5] 单成林. 旧桥加固设计原理及计算示例 [M]. 北京：人民交通出版社，2007.

第4章　粘贴钢板加固法

4.1　一般规定

1　当加固钢筋混凝土受弯、受压及受拉构件时，可采用粘贴钢板加固法。

2　加固之前，应对原结构构件的混凝土进行现场强度检测，原构件混凝土强度等级应符合下列要求：

钢筋混凝土受弯构件不应低于C20；钢筋混凝土受压构件不应低于C15。

3　粘贴钢板外表面应进行防护处理。表面防护材料及胶粘剂应满足环境和安全要求。

4　当被加固构件处于高温、高湿、介质侵蚀等特殊环境时，应采用耐环境因素作用的胶粘剂，并应符合现行国家标准《工程结构加固材料安全性鉴定技术规范》GB 50728的规定。

5　当粘贴钢板加固混凝土结构时，宜将钢板设计成仅承受轴向力作用。

4.2　受弯构件正截面加固计算

粘贴钢板加固受弯构件的正截面承载力计算基本假定应符合下列规定：

1　不同受力阶段的截面变形应符合平截面假设。

2　构件截面受压区混凝土的应力应简化为等效矩形应力图，其强度取混凝土的轴心抗压强度值f_{cd}；截面受拉混凝土的抗拉强度可不予计算。

3　极限状态计算时，受拉区钢筋应力取其抗拉强度设计值f_{sd}或f_{pd}（小偏压构件除外）；受压区或受压较大边钢筋应力取其抗压强度设计值f'_{sd}或f'_{pd}。

4　钢筋应力等于钢筋应变与其弹性模量的乘积，但不应超过其强度设计值。

5　构件达到受弯承载能力极限状态时，按平截面假定确定钢板的拉应变。钢板应力等于拉应变与弹性模量的乘积，且不大于钢板抗拉强度设计值。

6　在达到受弯承载能力极限状态前，不应发生钢板与混凝土之间的粘结剥离破坏或混凝土内聚破坏。

当矩形截面或翼缘位于受拉区的T形截面钢筋混凝土受弯构件在受拉面粘贴钢板加固时，其正截面受弯承载力（图4-1）计算应符合下列规定：

1　混凝土受压区高度x计算应符合下列公式要求：

$$f_{cd1}bx=f_{sd}A_s+E_{sp}\varepsilon_{sp}A_{sp}-f'_{sd}A'_s \tag{4-1}$$

$$\varepsilon_{sp}=\frac{\varepsilon_{cu}(\beta h-x)}{x}-\frac{\varepsilon_{c1}(h-x_1)}{x_1} \tag{4-2}$$

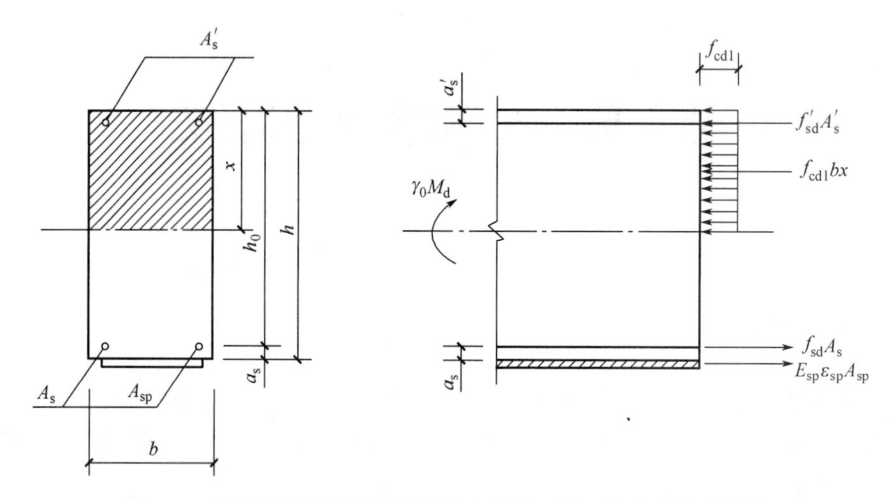

图 4-1 粘贴钢板加固矩形截面受弯构件正截面抗弯承载力计算

$$\varepsilon_{c1}=\frac{M_{k1}x_1}{E_c I_{cr1}} \tag{4-3}$$

$$h_0=h-a_s \tag{4-4}$$

2 当混凝土受压区高度 x 符合公式（4-5）时，正截面受弯承载力应按式（4-6）计算：

$$2a_s'\leqslant x\leqslant \xi_b h_0 \tag{4-5}$$

$$\gamma_0 M_d\leqslant f_{cd1}bx\left(h_0-\frac{x}{2}\right)+f_{sd}'A_s'(h_0-a_s')+E_{sp}\varepsilon_{sp}A_{sp}a_s \tag{4-6}$$

3 当 $x<2a_{s2}'$时，正截面抗弯承载力应按下式计算：

$$\gamma_0 M_d\leqslant f_{sd}A_s(h_0-a_s')+E_{sp}\varepsilon_{sp}A_{sp}(h-a_s') \tag{4-7}$$

式中 γ_0——桥梁结构的重要性系数，按现行行业标准《城市桥梁设计规范》CJJ 11 或按《公路钢筋混凝土及预应力混凝土桥涵设计规范》JTG 3362 的规定采用；

M_d——新旧材料有效结合后弯矩组合设计值（N·mm）；

f_{cd1}——原构件混凝土抗压强度设计值（N/mm^2）；

x——等效矩形应力图形的混凝土受压区高度（mm）；

b、h——分别为原构件截面宽度和高度（mm）；

f_{sd}、f_{sd}'——分别为原构件纵向普通钢筋的抗拉强度设计值、抗压强度设计值（N/mm^2）；

E_{sp}——加固钢板的弹性模量（N/mm^2）；

A_{sp}——加固钢板的截面面积（mm^2）；

A_s、A_s'——分别为原构件受拉区、受压区纵向普通钢筋的截面面积（mm^2）；

a_s、a_s'——受拉区、受压区普通钢筋合力点至受拉区边缘、受压区边缘的距离（mm）；

h_0——原构件截面有效高度（mm）；

ε_{cu}——混凝土极限压应变，当混凝土强度等级为 C50 及以下时，取 $\varepsilon_{cu}=0.0033$；当混凝土强度等级为 C80 时，取 $\varepsilon_{cu}=0.003$；中间强度等级用直线插入求得；

ξ_b——正截面相对界限受压区高度，根据混凝土和受拉钢筋种类，按现行行业标准《公路钢筋混凝土及预应力混凝土桥涵设计规范》JTG 3362 规定（即本书

表 3-1）选用，当新旧混凝土或新旧钢筋为不同种类时，ξ_b 值应选用较小者；

M_{k1}——新旧材料有效结合前弯矩组合标准值（N·mm）；

x_1——加固前原构件开裂截面换算截面的混凝土受压区高度（mm）；

I_{cr1}——加固前原构件开裂截面换算截面的惯性矩（mm^4）；

E_c——原构件混凝土的弹性模量（N/mm^2）；

ε_{c1}——在 M_{k1} 作用下，原构件截面受压边缘混凝土压应变；

β——截面受压区矩形应力图高度与实际受压区高度的比值，按表 4-1 选取。

系数 β 值　　**表 4-1**

混凝土强度等级	C50 及以下	C55	C60	C65	C70	C75	C80
β	0.8	0.79	0.78	0.77	0.76	0.75	0.74

当翼缘位于受压区的 T 形或 I 形钢筋混凝土截面受弯构件在受拉面粘贴钢板加固时，其正截面抗弯承载力计算应符合下列规定：

1　当混凝土受压区高度 $x \leqslant h_f'$时，应以宽度为 b_f'的矩形截面（图 4-2a），按上一条的矩形截面情况计算正截面受弯承载力。

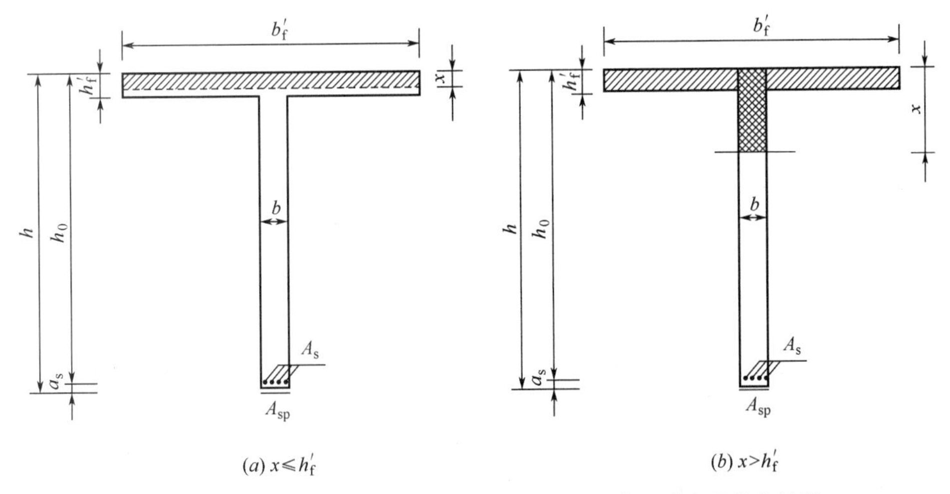

图 4-2　T 形或 I 形截面受拉区粘贴钢板加固正截面受弯承载力计算

2　当混凝土受压区高度 $x > h_f'$，其正截面抗弯承载力（图 4-2b）应按下列公式计算：

$$\gamma_0 M_d \leqslant f_{cd1}\left[bx\left(h_0-\frac{x}{2}\right)+(b_f'-b)h_f'\left(h_0-\frac{h_f'}{2}\right)\right]+E_{sp}\varepsilon_{sp}A_{sp}a_s \tag{4-8}$$

混凝土受压区高度 x 应按式（4-2）~式（4-4）和下式计算，并应满足式（4-5）的要求：

$$f_{cd1}bx+f_{cd1}(b_f'-b)h_f'=f_{sd}A_s+E_{sp}\varepsilon_{sp}A_{sp} \tag{4-9}$$

式中　h_f'——T 形截面受压翼缘厚度（mm）；

b_f'——T 形截面受压翼缘的有效宽度（mm），按现行行业标准《公路钢筋混凝土及预应力混凝土桥涵设计规范》JTG 3362 的规定采用。

注：规程 CJJ/T 239—2016 中式（6.2.3-1）有误，这里式（4-8）是截面力对 A_s 合力

点取矩得到的。

原构件开裂矩形截面换算截面的混凝土受压区高度 x_1 及惯性矩 I_{cr1}（图 4-3）的计算应符合下列规定：

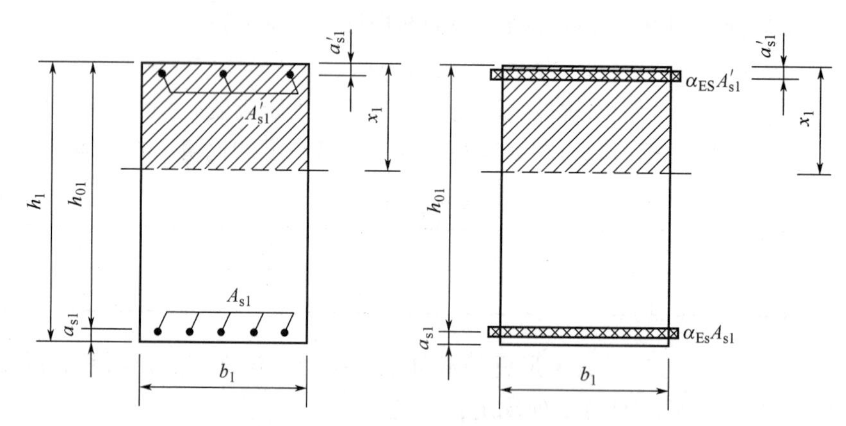

图 4-3　矩形截面换算截面示意图

1　加固前原构件开裂截面换算截面的混凝土受压区高度 x_1 应按下列公式计算：

$$x_1=\sqrt{A_1^2+B_1}-A_1 \tag{4-10}$$

$$A_1=\alpha_{Es}(A_{s1}+A'_{s1})/b_1 \tag{4-11}$$

$$B_1=2\alpha_{Es}(A_{s1}h_{01}+A'_{s1}a'_{s1})/b_1 \tag{4-12}$$

$$\alpha_{Es}=E_{s1}/E_{c1} \tag{4-13}$$

2　加固前原构件开裂截面换算截面的惯性矩 I_{cr1} 应按下式计算：

$$I_{cr1}=b_1x_1^3/3-\alpha_{Es}A_{s1}(h_{01}-x_1)^2+\alpha_{Es}A'_{s1}(x_1-a'_{s1})^2 \tag{4-14}$$

式中　A_1、B_1——计算系数；

α_{Es}——原构件普通钢筋与混凝土弹性模量之比；

A_{s1}、A'_{s1}——分别为原构件受拉区、受压区纵向普通钢筋的截面面积（mm^2）；

b_1——原构件截面宽度（mm）；

x_1——加固前原构件开裂截面换算截面的混凝土受压区高度（mm）；

h_{01}——加固前截面有效高度（mm）；

a'_{s1}——受压区原纵向普通钢筋 A'_{s1} 合力点至原构件截面受压区边缘的距离（mm）；

I_{cr1}——加固前原构件开裂截面换算截面的惯性矩（mm^4）；

E_{s1}——原构件纵向普通钢筋的弹性模量（N/mm^2）；

E_{c1}——原构件混凝土的弹性模量（N/mm^2）。

原构件开裂 T 形或 I 形截面换算截面的混凝土受压区高度 x_1 及惯性矩 I_{cr1}（图 4-4）的计算应符合下列规定：

1　加固前原构件开裂截面换算截面的混凝土受压区高度 x_1 应按下列公式计算：

$$x_1=\sqrt{A_1^2+B_1}-A_1 \tag{4-15}$$

$$A_1=[\alpha_{Es}A_{s1}+(b'_{f1}-b_1)h'_{f1}]/b_1 \tag{4-16}$$

$$B_1=[2\alpha_{Es}A_{s1}h_{01}+(b'_{f1}-b_1)(h'_{f1})^2]/b_1 \tag{4-17}$$

注：式（4-16）即 CJJ/T 239—2016 中式（6.2.5-2），但这里改正了其中的错误。

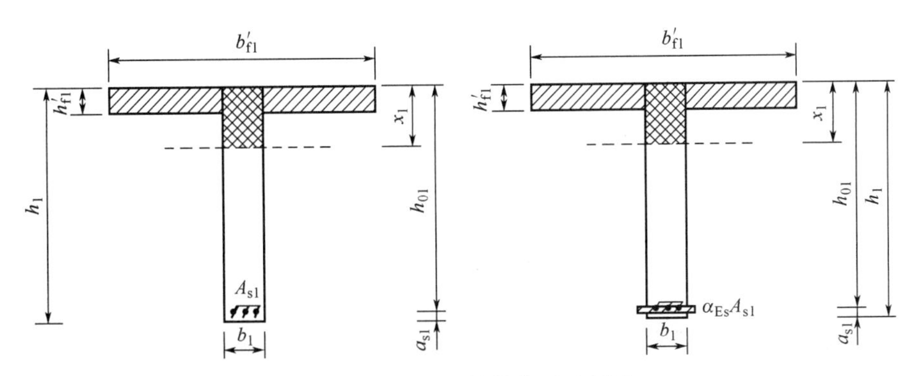

图 4-4　T 形截面换算截面示意图

2　加固前原构件开裂截面换算截面的惯性矩 I_{cr1} 应按下式计算：

$$I_{cr1}=b'_{f1}x_1^3/3-(b'_{f1}-b_1)(x_1-h'_{f1})^3/3+\alpha_{Es}A_{s1}(h_{01}-x_1)^2 \tag{4-18}$$

式中　h'_{f1}——原构件 T 形或 I 形截面受压翼缘厚度（mm）；

b'_{f1}——原构件 T 形或 I 形截面受压翼缘有有效宽度（mm），按现行《公路钢筋混凝土及预应力混凝土桥涵设计规范》JTG 3362 的规定采用。

对受弯构件的正截面加固，其受拉面沿轴向粘贴钢板的截断位置，应从其强度充分利用的截面起算，取不小于按下式确定的粘贴延伸长度：

$$l_p=\frac{f_{sp}A_{sp}}{\tau_p b_p}+300 \tag{4-19}$$

式中　l_p——受拉钢板粘贴延伸长度（mm）；

b_p——对梁为受拉面粘贴钢板的总宽度（mm）；对板为 1m 板宽范围内粘贴钢板的总宽度（mm）；

A_{sp}——加固钢板的截面面积（mm^2）；

f_{sp}——加固钢板的抗拉强度设计值（N/mm^2）；

τ_p——钢板与混凝土之间的粘结强度设计值（N/mm^2），设计值可按表 4-2 采用。

钢板与混凝土之间的粘结强度设计值（N/mm^2）　**表 4-2**

混凝土强度等级	C15	C20	C25	C30	C35	C40	C45	C50	C55	≥C60
粘结强度设计值 τ_p	0.61	0.80	0.94	1.05	1.14	1.21	1.26	1.31	1.33	1.35

【例 4-1】矩形截面梁粘贴钢板加固设计算例

文献［3］第 65 页例题，某双筋矩形截面梁 $b\times h=300mm\times700mm$。采用 C25 混凝土，HRB335 级钢筋，受拉钢筋为 4Φ28（$A_{s1}=2463mm^2$），受压钢筋为 3Φ16（$A'_{s1}=603mm^2$），$a_{s1}=a'_{s1}=45mm$，如图 4-5 所示。结构重要性系数 $\gamma_0=1.0$。由于荷载等级提高，试验算原构件跨中截面抗弯承载力，若不满足，拟粘贴 Q235 钢板进行加固，试计算所需钢板截面积。已知第一阶段弯矩组合设计值为 $M_{d1}=203kN\cdot m$，第二阶段弯矩组合设计值为 $M_d=490kN\cdot m$。

【解】

1）原梁承载力验算

截面有效高度

$$h_0=h-a_s=700-45=655\text{mm}$$

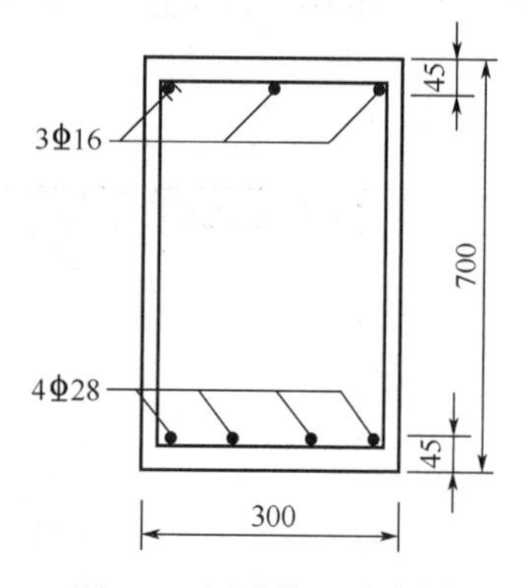

图 4-5 矩形截面示意图（单位：mm）

钢筋与混凝土弹性模量之比

$$\alpha_{Es}=E_{s1}/E_{c1}=200000/28000=7.14$$

混凝土受压区高度

$$x=\frac{f_{sd}A_s-f'_{sd}A'_s}{f_{cd1}b}=\frac{280\times2463-280\times603}{11.5\times300}=151\text{mm}>2a'_{s1}$$

原梁跨中截面抗弯承载力

$$M_{u1}=f_{cd1}bx\left(h_0-\frac{x}{2}\right)+f'_{sd}A'_s(h_0-a'_s)$$

$$=11.5\times300\times151\times(655-151/2)+280\times603\times(655-45)=404.9\text{kN}\cdot\text{m}<\gamma_0M_d=490\text{kN}\cdot\text{m}$$

可见不满足要求，需进行加固。

2）加固设计

原梁几何特性计算

$$A_1=\alpha_{Es}(A_{s1}+A'_{s1})/b_1=7.14\times（2463+603）/300=73\text{mm}$$

$$B_1=2\alpha_{Es}(A_{s1}h_{01}+A'_{s1}a'_{s1})/b_1=2\times7.14\times（2463\times655+603\times45）/300=78114\text{mm}^2$$

加固前原构件开裂截面换算截面的混凝土受压区高度

$$x_1=\sqrt{A_1^2+B_1}-A_1=\sqrt{73^2+78114}-73=215.9\text{mm}$$

加固前原构件开裂截面换算截面的惯性矩，据式（4-14）

$$I_{cr1}=b_1x_1^3/3+\alpha_{Es}A_{s1}(h_{01}-x_1)^2+\alpha_{Es}A'_{s1}(x_1-a'_{s1})^2$$

$$=300\times215.9^3/3+7.14\times2463\times(655-215.9)^2+7.14\times603\times(215.9-45)^2=4524.2\times10^6\text{mm}^4$$

在 M_{k1} 作用下，原构件截面受压边缘混凝土压应变

$$\varepsilon_{c1}=\frac{M_{k1}x_1}{E_cI_{cr1}}=\frac{203.0\times10^6\times215.9}{28000\times4524.3\times10^6}=0.000346$$

粘贴钢板截面积估算

假设受拉区钢筋全部屈服，则

$$\gamma_0M_d=f_{cd}bx(h-x/2)+f'_{sd}A'_s(h-a'_s)-f_{sd}A_sa_s$$

代入数据，即

$$1\times490\times10^6=11.5\times300x\times(700-x/2)+280\times603\times(700-45)-280\times2463\times45$$

求解得 $x=197.9\text{mm}$

由式（4-2），钢板的应变为：

$$\varepsilon_{sp}=\frac{\varepsilon_{cu}(\beta h-x)}{x}-\frac{\varepsilon_{c1}(h-x_1)}{x_1}=\frac{0.0033\times(0.8\times700-197.9)}{197.9}-\frac{0.000346\times(700-215.9)}{215.9}=0.00526$$

钢板的应力为

$\sigma_{sp}=E_{sp}\varepsilon_{sp}=206000\times0.00526=1083.6\text{MPa}>195\text{MPa}$，钢板达到屈服，取 $\sigma_{sp}=f_{sp}=195\text{MPa}$

由式（4-1）计算所需钢板截面积

$$A_{sp}=\frac{f_{cd1}bx-f_{sd}A_s+f'_{sd}A'_s}{f_{sp}}=\frac{11.5\times300\times197.9-280\times2463+280\times603}{195}=830.5\text{mm}^2$$

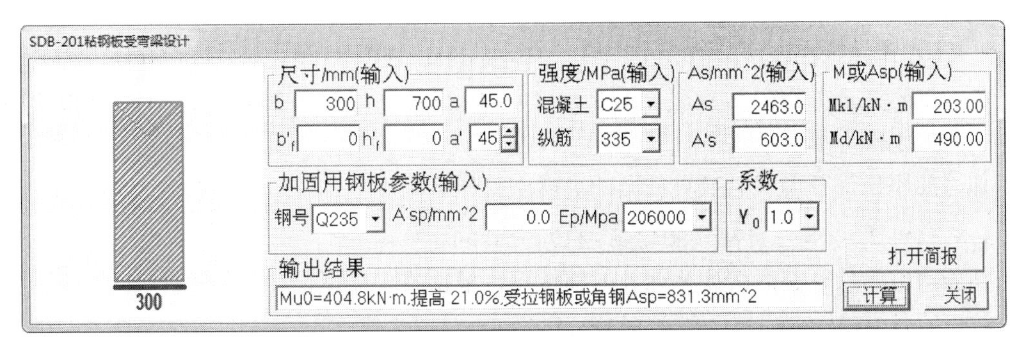

图 4-6　粘贴钢板加固矩形受弯构件正截面设计

可选择钢板总宽为 220mm，厚度为 4mm，钢板截面积 $A_{sp}=220\times4=880\text{mm}^2$。

用 SDB 软件计算本题，其输入信息和简要输出结果如图 4-6 所示。可见其计算结果与上面手算结果相同，验证了手算结果的正确性。

【例 4-2】T 形截面梁粘贴钢板加固设计算例

文献［4］第 72 页例题，某 T 形梁跨中截面如图 4-7 所示，采用 C25 混凝土，HRB335 级钢筋。受拉钢筋为 8Φ32+2Φ25（$A_{s1}=7416\text{mm}^2$），不考虑受压钢筋，结构重要性系数 $\gamma_0=1.0$。设计荷载由汽-20，挂-100 提高到公路-Ⅰ级，第一阶段弯矩组合设计值为 $M_{d1}=1095\text{kN}\cdot\text{m}$，第二阶段弯矩组合设计值为 $M_d=2450\text{kN}\cdot\text{m}$。验算原梁承载力是否满足设计要求，如不满足，试进行粘贴钢板加固设计，如图 4-7 所示。加固采用 Q235 级钢板。

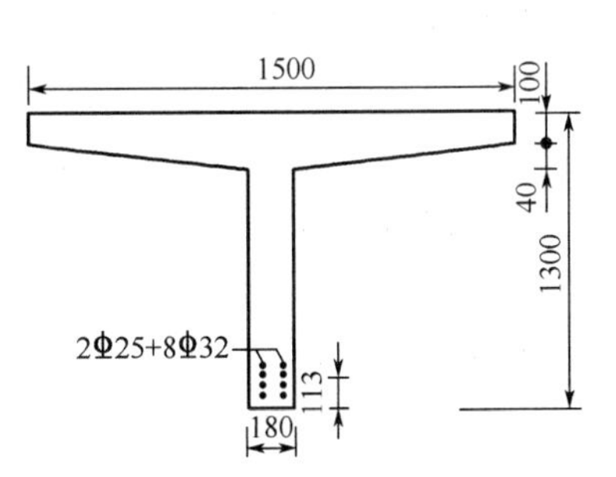

图 4-7　T 形梁跨中截面尺寸

【解】

1）原梁承载力验算

截面有效高度

$$h_0=h-a_s=1300-113=1187\text{mm}$$

钢筋与混凝土弹性模量之比

$$\alpha_{Es}=E_{s1}/E_{c1}=200000/28000=7.14$$

假设 $x>h'_f$，则混凝土受压区高度

$$x=\frac{f_{sd}A_s-f_{cd1}(b'_f-b)h'_f}{f_{cd1}b}=\frac{280\times7416-11.5\times(1500-180)\times120}{11.5\times180}=123.1\text{mm}>h'_f$$

原梁跨中截面抗弯承载力

$$M_{u1}=f_{cd1}(b'_f-b)h'_f\left(h_0-\frac{h'_f}{2}\right)+f_{cd1}bx\left(h_0-\frac{x}{2}\right)$$

$$=11.5\times(1500-180)\times120\times(1187-120/2)+11.5\times180\times123.1\times(1187-123.1/2)$$

$$=2339.7\text{kN}\cdot\text{m}<\gamma_0M_d=2450\text{kN}\cdot\text{m}。$$

可见不满足要求，需进行加固。

2）加固设计

原梁几何特性计算

$A_1=[\alpha_{Es}A_{s1}+(b'_{f1}-b_1)h'_{f1}]/b_1=[7.14\times7416+(1300-180)\times120]/180=1174\text{mm}$

$B_1=[2\alpha_{Es}A_{s1}h_{01}+(b'_{f1}-b_1)(h'_{f1})^2]/b_1=[2\times7.14\times7416\times120+(1300-180)\times120\times120]/180$

$=804248\text{mm}^2$

加固前原构件开裂截面换算截面的混凝土受压区高度

$x_1=\sqrt{A_1^2+B_1}-A_1=\sqrt{1174^2+804248}-1174=303\text{mm}$

加固前原构件开裂截面换算截面的惯性矩，根据式（4-18）

$I_{cr1}=b'_{f1}x_1^3/3+(b'_{f1}-b_1)(x_1-h'_{f1})^3/3+\alpha_{Es}A_{s1}(h_{01}-x_1)^2$

$=1500\times303^3/3+(1500-180)\times(303-120)^3/3+7.14\times7416\times(1187-303)^2$

$=52607\times10^6\text{mm}^4$

在 M_{k1} 作用下，原构件截面受压边缘混凝土压应变

$$\varepsilon_{c1}=\frac{M_{k1}x_1}{E_cI_{cr1}}=\frac{1095.0\times10^6\times303}{28000\times52607\times10^6}=0.000225$$

粘贴钢板截面积估算

假设受拉区钢筋全部屈服，则

$\gamma_0M_d=f_{cd}[bx(h-x/2)+(b'_f-b)h'_f(h-h'_f/2)]+f'_{sd}A'_s(h-a'_s)-f_{sd}A_sa_s$

代入数据，即

$1\times2450\times10^6=11.5\times[180x\times(1300-x/2)+(1500-150)\times120\times(1300-120/2)]-280\times7416\times113$

求解得 $x=169.3\text{mm}$

由式（4-2），钢板的应变为

$$\varepsilon_{sp}=\frac{\varepsilon_{cu}(\beta h-x)}{x}-\frac{\varepsilon_{c1}(h-x_1)}{x_1}=\frac{0.0033\times(0.8\times1300-169.3)}{169.3}-\frac{0.000225\times(1300-303)}{303}=0.01623$$

钢板的应力为

$\sigma_{sp}=E_{sp}\varepsilon_{sp}=206000\times0.01623=3344.2\text{MPa}>195\text{MPa}$，钢板达到屈服，取 $\sigma_{sp}=f_{sp}=195\text{MPa}$

由式（4-9）计算所需钢板截面积

$$A_{sp}=\frac{f_{cd1}[bx+(b'_f-b)h'_f]-f_{sd}A_s}{f_{sp}}=\frac{11.5\times[180\times169.3+(1500-180)\times120]-280\times7416}{195}=490.1\text{mm}^2$$

可选择钢板总宽为 160mm，厚度为 6mm，钢板截面积 $A_{sp}=160\times6=960\text{mm}^2$。

用 SDB 软件计算本题，其输入信息和简要输出结果如图 4-8 所示。可见其计算结果与上面手算结果相同，验证了手算结果的正确性。

【例 4-3】矩形截面梁粘贴钢板加固复核算例

文献［4］第 72 页例题，某钢筋混凝土矩形梁，如图 4-9 所示，采用 C25 混凝土，纵向钢筋采用 HRB335 级钢筋，未发现锈蚀。配置纵向受拉钢筋为 5Φ18（$A_{s1}=1272\text{mm}^2$），$a_s=50\text{mm}$。计算截面恒载跨中弯矩 $M_G=69.8\text{kN}\cdot\text{m}$，活载跨中弯矩 $M_q=96.6\text{kN}\cdot\text{m}$。受拉区的计算截面两侧各 1m 内有较多裂缝，静态裂缝宽度有的超过 0.25mm，拟采用在中断交通的情况下粘贴钢板加固，并使加固后构件的活载抗弯能力提高 25%，即 $M'_q=1.25\times$

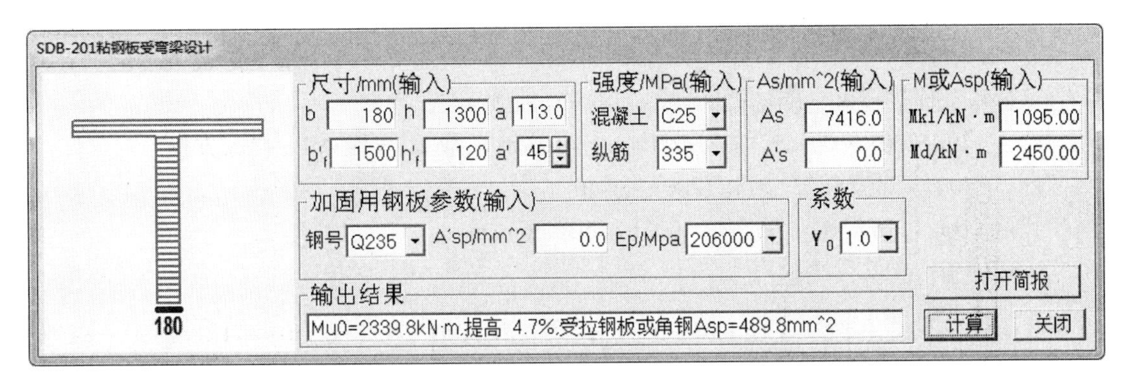

图 4-8　粘贴钢板加固 T 形受弯构件正截面设计

96.6=120.8kN·m。I 类环境条件，安全等级为二级，结构重要性系数 $\gamma_0=1.0$。已知梁底粘贴 Q235 钢板厚度 6mm、宽 200mm，截面积 $A_{sp}=1200\text{mm}^2$ 进行加固。试验算加固后梁跨中截面的正截面抗弯承载能力。

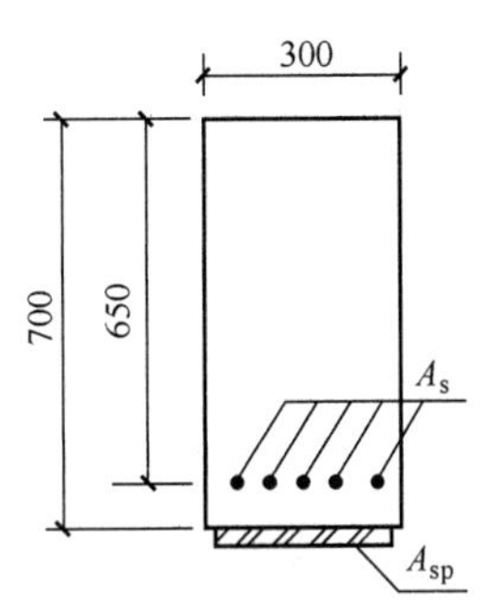

图 4-9　粘钢板加固矩形截面梁

【解】 1）加固前恒载作用下原截面混凝土和钢筋的应力

截面有效高度

$$h_0=h-a_s=700-50=650\text{mm}$$

钢筋与混凝土弹性模量之比

$$\alpha_{Es}=E_{s1}/E_{c1}=200000/28000=7.14$$

加固前原构件开裂截面换算截面的混凝土受压区高度

$$x_1=\sqrt{A_1^2+B_1}-A_1$$

$$A_1=\alpha_{Es}(A_{s1}+A'_{s1})/b_1=7.14\times(1272+0)/300=30.3\text{mm}$$

$$B_1=2\alpha_{Es}(A_{s1}h_{01}+A'_{s1}a'_{s1})/b_1=2\times7.14\times(1272\times650+0)/300=39371\text{mm}^2$$

$$x_1=\sqrt{A_1^2+B_1}-A_1=\sqrt{30.3^2+39371}-30.3=170.4\text{mm}$$

加固前原构件开裂截面换算截面的惯性矩，据式（4-14）

$$I_{cr1}=b_1x_1^3/3+\alpha_{Es}A_{s1}(h_{01}-x_1)^2+\alpha_{Es}A'_{s1}(x_1-a'_{s1})^2$$

$$=300\times170.4^3/3+7.14\times1272\times(650-170.4)^2+0=2548.6\times10^6\text{mm}^4$$

在 $M_{k1}=M_G$ 作用下，原构件截面受压边缘混凝土压应变

$$\varepsilon_{c1}=\frac{M_{k1}x_1}{E_cI_{cr1}}=\frac{69.8\times10^6\times169.2}{28000\times2548.6\times10^6}=0.000163$$

2）计算加固梁的受弯承载力

由式（4-1）、式（4-2）

$$f_{cd1}bx=f_{sd}A_s+E_{sp}\varepsilon_{sp}A_{sp}-f'_{sd}A'_s$$

$$\varepsilon_{sp}=\frac{\varepsilon_{cu}(\beta h-x)}{x}-\frac{\varepsilon_{c1}(h-x_1)}{x_1}$$

代入数据，即

$$11.5\times300x=280\times1272+206000\times\varepsilon_{sp}\times1200-280\times0$$

$$\varepsilon_{sp}=\frac{\varepsilon_{cu}(\beta h-x)}{x}-\frac{\varepsilon_{c1}(h-x_1)}{x_1}=\frac{0.0033\times(0.8\times700-x)}{x}-\frac{0.000163\times(700-170.4)}{170.4}$$

可解得截面受压区高度 $x=288.8\text{mm}$，$\varepsilon_{sp}=0.00259$

$E_{sp}\varepsilon_{sp}=206000\times0.00259=533.4\text{MPa}>f_{sp}=195\text{MPa}$，取 $\sigma_{sp}=195\text{MPa}$ 代入方程

$11.5\times300x=280\times1272+195\times1200-280\times0$

解得 $x=171.1\text{mm}$，且 $x\leqslant\xi_b h_{00}=0.56\times650=364\text{mm}$

由式(4-6)，梁受弯承载力

$M_u=f_{cd1}bx\left(h_0-\dfrac{x}{2}\right)+f'_{sd}A'_s(h_0-a'_s)+f_{sp}A_{sp}a_s=11.5\times300\times171.1\times(650-171.1/2)+0+195\times1200\times50=344.8\text{kN}\cdot\text{m}$

极限状态下弯矩组合设计值

$\gamma_0M_d=1.0\times(1.2M_G+1.4M'_q)=1.0\times(1.2\times69.8+1.4\times120.8)=252.9\text{kN}\cdot\text{m}$

$M_u>\gamma_0M_d$，满足要求。

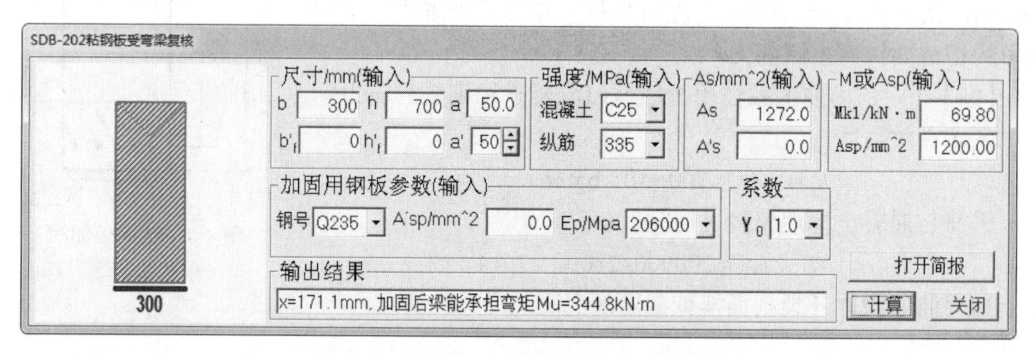

图 4-10 矩形截面双筋梁增大截面法加固复核

用 SDB 软件计算本题，其输入信息和简要输出结果如图 4-10 所示。可见其计算结果与上面手算结果相同。

【例 4-4】装配式空心板桥截面粘贴钢板加固复核算例

文献[3]第 68 页例题，某空心板跨中截面尺寸及配筋如图 4-11、图 4-12 所示，采用 C25 混凝土，HRB335 级钢筋，受拉区配置钢筋为 14 Φ 20($A_{s1}=4400\text{mm}^2$)，不考虑受压钢筋。计算跨径 $L=9.6\text{m}$，设计荷载为汽车-20 级，挂车-100。原结构 $a_{s1}=42.5\text{mm}$。由于旧路改建，原桥设计荷载等级由公路-Ⅱ级改为公路-Ⅰ级，结构重要性系数 $\gamma_0=1.0$。拟对空心板桥进行

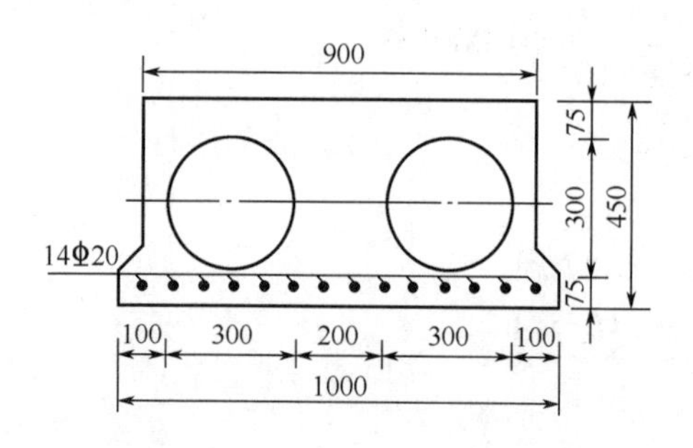

图 4-11 原梁跨中承载力验算

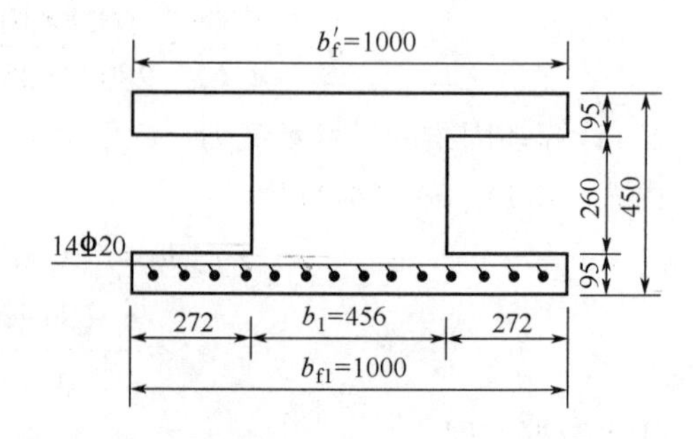

图 4-12 原梁跨中承载力验算

加固，加固方法为在板底粘贴两条宽200mm，厚4mm的Q235钢板，截面积$A_{sp}=2\times200\times4=1600mm^2$，试验算加固后空心板的抗弯承载力。已知第一阶段弯矩组合设计值$M_{d1}=113kN\cdot m$，第二阶段弯矩组合设计值$M_d=449.6kN\cdot m$

【解】由题意可知$f_{cd1}=11.5MPa$，$\xi_b=0.56$，$f_{sd1}=280MPa$，$D=300mm$，$b_f=1000mm$，$\gamma_0=1.0$。

1）原截面等效计算

将空心板截面换算为抗弯等效的I形截面（图4-12），等效计算过程见本书【例3-4】。

2）原构件正截面抗弯承载力计算

截面有效高度

$$h_{01}=h_1-a_{s1}=450-42.5=407.5mm$$

判断T形截面类型

$$f_{cd1}b_f'h_{f1}'=11.5\times1000\times95=1093\times10^3kN$$

$$f_{sd1}A_{s1}=280\times4400\ =1232\times10^3kN$$

由于$f_{cd1}b_f'h_{f1}'<f_{sd1}A_{s1}$，故为第二类T形截面。

受压区高度

$$x=\frac{f_{sd1}A_{s1}-f_{cd1}h_{f1}'(b_f'-b)}{f_{cd1}b}=\frac{280\times4400-11.5\times95\times(1000-456)}{11.5\times456}=121.6mm\leqslant\xi_bh_0$$

$$=0.56\times407.5=228.2mm$$

原截面抗弯承载力为

$$M_{u1}=f_{cd1}bx\left(h_{01}-\frac{x}{2}\right)+f_{cd1}(b_f'-b)h_{f1}'\left(h_{01}-\frac{h_{f1}'}{2}\right)$$

$$=11.5\times456\times121.6\times(407.5-121.6/2)+11.5\times(1000-456)\times95\times(407.5-95/2)=435kN\cdot m$$

$M_{u1}<\gamma_0M_d=1.0\times449.6=449.6kN\cdot m$，原结构跨中正截面承载力不满足要求，需进行加固。

3）加固后正截面承载力验算

第一阶段应力计算，即加固前恒载作用下原截面混凝土和钢筋应力

钢筋与混凝土弹性模量之比

$$\alpha_{Es}=E_{s1}/E_{c1}=200000/28000=7.14$$

加固前原构件开裂截面换算截面的混凝土受压区高度

$$A_1=[\alpha_{Es}A_{s1}+(b_{f1}'-b_1)h_{f1}']/b_1=[7.14\times4400+(1000-456)\times95]/456=182.3mm$$

$$B_1=[2\alpha_{Es}A_{s1}h_{01}+(b_{f1}'-b_1)(h_{f1}')^2]/b_1=[2\times7.14\times4400\times95+(1000-456)\times95\times95]/456$$

$$=66939mm^2$$

$$x_1=\sqrt{A_1^2+B_1}-A_1=\sqrt{182.3^2+66939}-182.3=134.2mm$$

加固前原构件开裂截面换算截面的惯性矩，据式（4-18）

$$I_{cr1}=b_{f1}'x_1^3/3+(b_{f1}'-b_1)(x_1-h_{f1}')^3/3+\alpha_{Es}A_{s1}(h_{01}-x_1)^2$$

$$=1000\times134.2^3/3+(1000-456)\times(134.2-95)^3/3+7.14\times4400\times(407.5-134.2)^2$$

$$=3142\times10^6mm^4$$

在M_{k1}作用下，原构件截面受压边缘混凝土压应变

$$\varepsilon_{c1}=\frac{M_{k1}x_1}{E_cI_{cr1}}=\frac{113\times10^6\times134.2}{28000\times3142\times10^6}=0.000172$$

4）计算加固梁的受弯承载力

由式（4-2）、式（4-9）

$$\varepsilon_{sp}=\frac{\varepsilon_{cu}(\beta h-x)}{x}-\frac{\varepsilon_{c1}(h-x_1)}{x_1}$$

$$f_{cd1}bx+f_{cd1}(b_f'-b)h_f'=f_{sd}A_s+E_{sp}\varepsilon_{sp}A_{sp}$$

代入数据，即

$$\varepsilon_{sp}=\frac{\varepsilon_{cu}(\beta h-x)}{x}-\frac{\varepsilon_{c1}(h-x_1)}{x_1}=\frac{0.0033\times(0.8\times450-x)}{x}-\frac{0.000163\times(450-134.2)}{134.2}$$

$11.5\times456x+11.5\times$（1000−456）$\times95=280\times4400+206000\times\varepsilon_{sp}\times1600$

可解得 $\varepsilon_{sp}=0.00162$

$E_{sp}\varepsilon_{sp}=206000\times0.00162=333\text{MPa}>f_{sp}=195\text{MPa}$，取 $\sigma_{sp}=195\text{MPa}$ 代入方程

$11.5\times456x+11.5\times(1000-456)\times95=280\times4400+195\times1600$

解得 $x=181.1\text{mm}$，且 $x\leqslant\xi_b h_{00}=0.56\times450=255.4\text{mm}$

由式（4-8），梁受弯承载力

$$M_u=f_{cd1}\left[bx\left(h_0-\frac{x}{2}\right)+(b_f'-b)h_f'\left(h_0-\frac{h_f'}{2}\right)\right]+f_{sp}A_{sp}a_s=11.5\times[456\times187.2\times(407.5-187.2/2)$$
$$+(1000-456)\times95\times(407.5-95/2)]+195\times1600\times42.5=528.2\text{kN}\cdot\text{m}$$

$M_u>\gamma_0 M_d=449.6\text{kN}\cdot\text{m}$，满足要求。

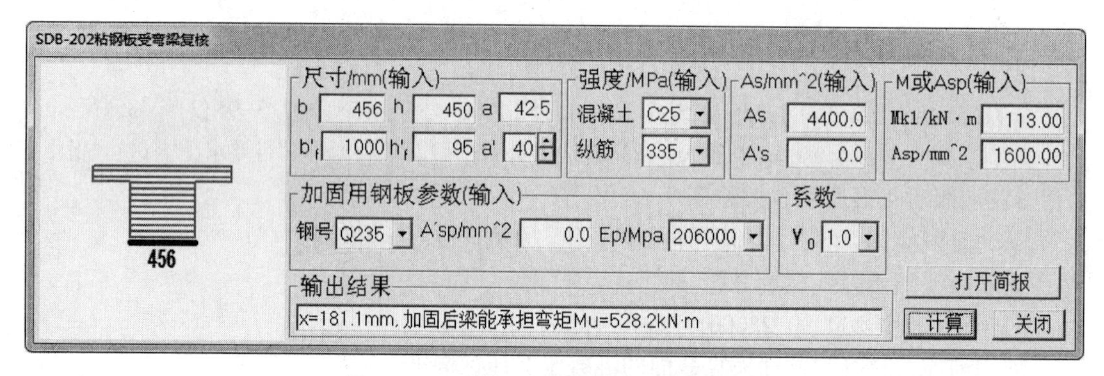

图 4-13　T 形截面梁增大截面法加固设计

用 SDB 软件计算本题，其输入信息和简要输出结果如图 4-13 所示。可见其计算结果与上面手算结果相同。

4.3　受弯构件斜截面加固计算

受弯构件粘贴钢板加固后的截面应满足下式要求：

$$\gamma_0 V_d\leqslant0.51\times10^{-3}\sqrt{f_{cu,k}}bh_0 \tag{4-20}$$

式中　b ——原构件截面宽度（mm）；

$f_{cu,k}$——原构件混凝土边长 150mm 的立方体抗压强度标准值（N/mm^2）；

h_0——原构件截面有效高度（mm），按式（4-4）计算；

V_d——加固后构件验算截面处的新旧材料有效结合后剪力组合设计值（kN）。

由于《城市桥梁结构加固技术规程》CJJ/T 239—2016 没给出采用粘贴钢板法加固钢筋混凝土受弯构件后，其斜截面受剪承载力应如何计算，这里列出《公路桥梁加固设计规范》JTG/T J22—2008 的相关内容。

钢筋混凝土受弯构件在受拉区加固后，斜截面受剪承载力按下列公式计算：

$$\gamma_0 V_d \times 10^3 \leqslant 0.45\alpha_1\alpha_3 bh_0\psi_{cs}\sqrt{(2+0.6P_2)\sqrt{f_{cu,k}}\rho_{sv}f_{sv}}+0.75f_{sb}A_{sb}\sin\theta_s+\psi_{vb}V_{d2} \tag{4-21}$$

式中　V_{d2}——加固后由后期恒载、车辆荷载及其他可变荷载作用的剪力组合设计值（kN）；

ψ_{vb}——修正系数，ψ_{vb} 计算公式为：

$$\psi_{vb}=\frac{0.8E_{sp}A_{sv2}}{E_{sv}A_{sv1}+0.707E_{sb}A_{sb}+E_{sp}A_{sv2}}$$

E_{sp}、E_{sv}、E_{sb}——分别为钢板、箍筋、弯起筋的弹性模量（MPa）；

A_{sv2}——与斜裂缝相交的同一截面后增箍筋各肢总截面面积（mm^2）；

其他符号意义见式（3-12）。

系数 ψ_{vb} 是基于剪力由与斜裂缝相交的原梁箍筋、弯起钢筋和新增箍筋（钢板）共同承担，按截面积分配到新增箍筋（钢板）的修正系数，这样的简化没考虑梁体混凝土的作用，计算结果可能偏大，故取 0.8 修正。因三者发挥作用的间距不同，从承载力的角度出发，并与式（4-21）考虑弯起筋弯起角度一致，改为下式较合理。

$$\psi_{vb}=\frac{0.8E_{sp}A_{sv2}/s_2}{E_{sv}A_{sv1}/s_1+\sin\theta_s E_{sb}A_{sb}/h_0+E_{sp}A_{sv2}/s_2} \tag{4-22}$$

式中　A_{sv2}、s_2——加固时后加箍筋的截面积、间距，当采用钢板加固时，是钢板条的截面积、间距。

以下依据此式进行计算。

【例 4-5】粘贴钢板加固受弯构件的斜截面承载力复核算例

文献［4］第 75 页例题，某钢筋混凝土矩形截面简支梁，有受压翼缘，标准跨径 15m，计算跨径 $l=14.5$m。截面尺寸 $b\times h=250$mm$\times$600mm，安全等级为二级，$\gamma_0=1.0$。采用 C25 混凝土，主筋为 HRB335 级钢筋，配筋百分率 $\rho=2.7\%$，$a_s=60$mm，无弯起钢筋，$A_{sb}=0$。箍筋为ϕ 8 双肢箍筋，截面积 $A_{sv}=100.5\text{mm}^2$，$f_{sv}=195$MPa，箍筋间距为 $s_v=100$mm。该梁支点截面剪力计算值 $V_0=\gamma_0 V_{d,0}=310$kN，相应弯矩计算值 $M_0=\gamma_0 M_{d,0}=0$。支座附近有斜裂缝，宽度小于 2mm。跨中截面剪力计算 $V_{l/2}=\gamma_0 V_{d,l/2}=80$kN，相应弯矩计算值 $M_{l/2}=\gamma_0 M_{d,l/2}=990$kN·m。由支座向跨中，剪力按直线变化，弯矩按抛物线变化。试验算距支座 $h/2$ 处斜截面抗剪承载力，若不满足，进行粘贴钢板加固设计，如图 4-14 所示。斜截面加固 Q235 钢板采取 U 形箍形式，厚 4mm，宽 150mm，相邻钢板条中心间距为 200mm，截面积$=1200\text{mm}^2$。由后期恒载、车辆荷载及其他可变荷载作用的剪力组合设计值$V_{d2}=260$kN。试验算加固后的斜截面抗剪承载能力。

【解】

1）原构件距支座 $h/2$ 处斜截面抗剪承载力复核

（1）截面尺寸检查

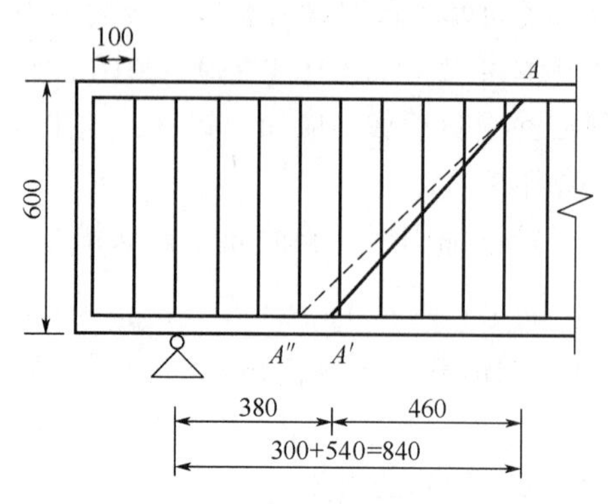

图 4-14 T 形截面梁增大截面法加固复核

$$h_0 = h - a_s = 600 - 60 = 540\text{mm}$$

距支座 $h/2$ 处斜截面剪力计算值

$$V' = (V_{d,0} - V_{d,l/2}) \times \frac{l/2 - h/2}{l/2} + V_{d,l/2} = (310 - 80) \times \frac{725 - 300}{725} + 80 = 300.5\text{kN}$$

据式（4-20）

$0.51 \times 10^{-3} \sqrt{f_{cu,k}} bh_0 = 0.51 \times 10^{-3} \times \sqrt{25} \times 250 \times 540 = 344.3\text{kN} > \gamma_0 V'$，截面尺寸满足要求。

（2）斜截面顶端位置确定

距支座 $h/2 = 300\text{mm}$ 处为斜截面底端位置，即图 4-14 中的 A''处，现向跨中方向取距离为 $h_0 = 540\text{mm}$ 的截面，可以认为验算截面的顶端就在此正截面上。

下面进行剪跨比 m 的计算

以跨中为原点，水平方向为 x 轴，向左为正，验算截面顶端位置横坐标为

$$x = l/2 - h/2 - h_0 = 7250 - 300 - 540 = 6410\text{mm}$$

斜截面顶端截面的弯矩计算值

$$M_x = M_{l/2}\left(1 - \frac{4x^2}{l^2}\right) = 990 \times \left(1 - \frac{4 \times 6410^2}{14500^2}\right) = 216.1\text{kN} \cdot \text{m}$$

斜截面顶端截面剪力计算值

$$V_x = V_{l/2} + (V_0 - V_{l/2}) \times 2x/l = 80 + (310 - 80) \times 2 \times 6410/14500 = 283.4\text{kN}$$

剪跨比 m 的计算值

$$m = \frac{M_x}{V_x h_0} = \frac{216100}{283.4 \times 540} = 1.41$$

斜截面投影长度

$$c = 0.6mh_0 = 0.6 \times 1.41 \times 540 = 457\text{mm}$$

验算斜截面的下端实际距支座中心 300+540−457=383mm，即图 4-14 中 A'处。

（3）斜截面抗剪承载力验算

斜截面处纵筋配筋率为 $P = 100\rho = 2.7 > 2.5$ 取 $P = 2.5$。

箍筋配筋率 $\rho_{sv} = \frac{A_{sv}}{bs_v} = \frac{100.5}{250 \times 100} = 0.4\%$，因是简支梁端，$\alpha_1 = 1.0$，有受压翼缘，$\alpha_3 = 1.1$。

斜截面抗剪承载力为：

$$V_1 = 0.45\times10^{-3}\alpha_1\alpha_3 bh_0\sqrt{(2+0.6P)\sqrt{f_{cu,k}}\rho_{sv}f_{sv}}+0.75\times10^{-3}f_{sb}A_{sb}\sin\theta_s$$

$$=0.45\times10^{-3}\times1\times1.1\times250\times540\times\sqrt{(2+0.6\times2.5)\sqrt{25}\times0.004\times195}+0$$

$$=246.9\text{kN}<\gamma_0 V_d=283.4\text{kN}$$

2）斜截面加固计算

斜截面加固钢板采取 U 形箍形式（$\theta_{sp}=90°$），钢板厚度 $t_{sp}=4\text{mm}$，宽 $b_{sp}=150\text{mm}$，相邻钢板条中心间距为 200mm。截面积 $A_{sp}=2t_{sp}\times b_{sp}=2\times4\times150=1200\text{mm}^2$。

ψ_{cs} 为与原梁斜裂缝有关的系数，取 0.835。由后期恒载、车辆荷载及其他可变荷载作用的剪力组合设计值为 $V_{d2}=260\text{kN}$。

按式（4-22）

$$\psi_{vb}=\frac{0.8E_{sp}A_{sv2}/s_2}{E_{sv}A_{sv1}/s_1+\sin\theta_s E_{sb}A_{sb}/h_0+E_{sp}A_{sv2}/s_2}$$

$$=\frac{0.8\times206000\times1200/200}{210000\times100.5/100+0.707\times200000\times0/540+206000\times1200/200}=0.683$$

斜截面抗剪承载力为：

$$V_u=0.45\times10^{-3}\alpha_1\alpha_3 bh_0\psi_{cs}\sqrt{(2+0.6P_2)\sqrt{f_{cu,k}}\rho_{sv}f_{sv}}+0.75\times10^{-3}f_{sb}A_{sb}\sin\theta_s+\psi_{vb}V_{d2}$$

$$=0.45\times10^{-3}\times1\times1.1\times250\times540\times0.835\times\sqrt{(2+0.6\times2.5)\sqrt{25}\times0.004\times195}+0+0.683\times260$$

$$=206.67+0+177.58=384.3\text{kN}>\gamma_0 V_d=283.4\text{kN}$$

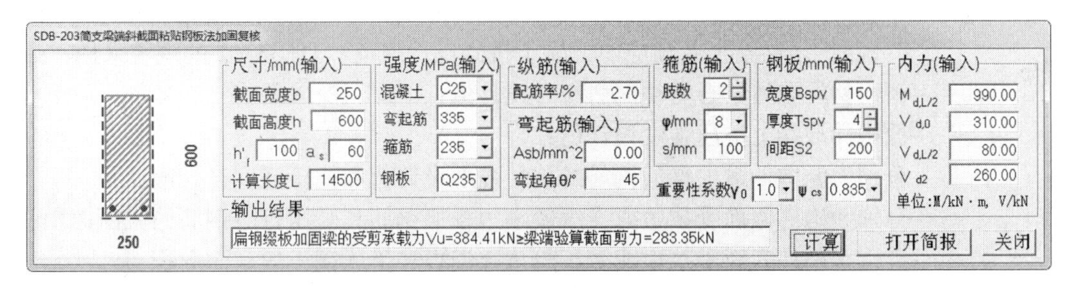

图 4-15　简支梁斜截面粘贴钢板法加固复核

加固后斜截面承载力满足要求。

用 SDB 软件计算本题，其输入信息和简要输出结果如图 4-15 所示。可见其计算结果与上面手算结果相同。

4.4　矩形截面偏心受压构件加固设计

当粘贴钢板加固钢筋混凝土偏心受压构件时，其正截面承载力（图 4-16）应按下列公式计算：

$$\gamma_0 N_d\leqslant f_{cd1}bx+f'_{sd}A'_s+f'_{sp}A'_{sp}-\sigma_s A_s-E_{sp}\varepsilon_{sp}A_{sp}\tag{4-23}$$

$$\gamma_0 N_d e_s\leqslant f_{cd1}bx\left(h_0-\frac{x}{2}\right)+f'_{sd}A'_s(h_0-a'_s)+f'_{sp}A'_{sp}h_0+E_{sp}\varepsilon_{sp}A_{sp}a_s\tag{4-24}$$

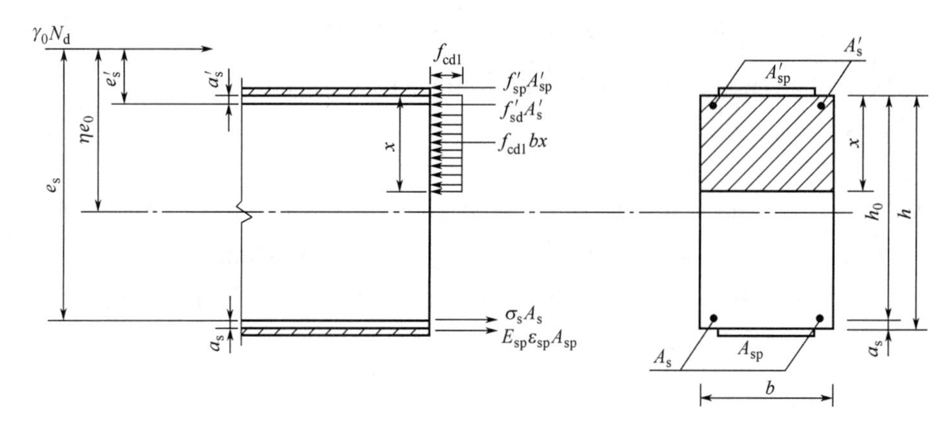

图 4-16 偏心受压构件正截面承载力计算

$$f_{cd1}bx\left(e_s-h_0+\frac{x}{2}\right)=\sigma_s A_s e_s+E_{sp}\varepsilon_{sp}A_{sp}(e_s+a_s)-f'_{sd}A'_s e'_s-f'_{sp}A'_{sp}(e'_s+a'_s) \tag{4-25}$$

$$e_s=\eta e_0+\frac{h}{2}-a_s \tag{4-26}$$

$$e'_s=\eta e_0-\frac{h}{2}+a'_s \tag{4-27}$$

$$h_0=h-a_s \tag{4-28}$$

$$e_0=M_d/N_d \tag{4-29}$$

式中 γ_0——桥梁结构的重要性系数，按现行行业标准《城市桥梁设计规范》CJJ 11 或按《公路钢筋混凝土及预应力混凝土桥涵设计规范》JTG 3362 的规定采用；

N_d——新旧材料有效结合后轴向力组合设计值；

f_{cd1}——原构件混凝土抗压强度设计值；

f_{sd}、f'_{sd}——分别为原构件纵向普通钢筋的抗拉强度设计值和抗压强度设计值；

A_s、A'_s——分别为构件截面受拉边或受压较小边普通钢筋和受压普通钢筋的截面面积；

A_{sp}、A'_{sp}——分别为构件截面受拉边或受压较小边钢板和受压钢板的截面面积；

x——等效矩形应力图形的混凝土受压区高度；

b、h——分别为原构件截面宽度和高度；

h_0——原构件截面有效高度；

a_s、a'_s——受拉区、受压区普通钢筋合力点至受拉区边缘、受压区边缘的距离；

e_s、e'_s——分别为轴向力作用点至截面受拉普通钢筋 A_s 合力点和受压普通钢筋 A'_s合力点的距离；

e_0——轴向压力对截面重心轴的偏心距；

η——偏心受压构件考虑二阶弯矩影响的轴向力偏心距增大系数，《城市桥梁结构加固技术规程》CJJ/T 239—2016 规定按该规程式（5.3.3-1）即本书式（3-26）计算，但是该式中的偏心距增大系数的修正系数与截面增大的形式有关，粘钢板加固不属于截面增大，该系数不适用，即粘贴钢板加固时，η 应按式（4-30）计算，这也可从该规程主编编写的文献［4］的算例中看出；另《公路桥梁加固设计规范》JTG/T J22—2008 也存在相同问题；

f'_{sp}——加固钢板的抗压强度设计值；

σ_s——受拉边或受压较小边的纵向普通钢筋应力；

M_d——相应于 N_d 的新旧材料有效结合后弯矩组合设计值；

E_{sp}——加固钢板的弹性模量；

ε_{sp}——构件达到承载能力极限状态时加固钢板的拉应变。

$$\eta = 1+\frac{1}{1400e_0/h_{00}}\left(\frac{l_0}{h_2}\right)^2\zeta_1\zeta_2 \tag{4-30}$$

两侧粘贴钢板加固的矩形截面偏心受压构件截面受拉边或受压较小边纵向钢筋的应力应按下列情况采用：

1　当 $\xi\leqslant\xi_b$ 时，为大偏心受压构件，截面受拉边原构件纵向普通钢筋 A_s 的应力取 $\sigma_s=f_{sd}$。

2　当 $\xi>\xi_b$ 时，为小偏心受压构件，截面受拉边原构件纵向普通钢筋 A_s 的应力可按下列公式计算：

$$\sigma_s=\varepsilon_{cu}E_s\left(\frac{\beta h_0}{x}-1\right) \tag{4-31}$$

$$-f_{sd}\leqslant\sigma_s\leqslant f_{sd} \tag{4-32}$$

$$\xi=\frac{h}{h_0} \tag{4-33}$$

式中　ε_{cu}——混凝土极限压应变，当混凝土强度等级为 C50 及以下时，取 $\varepsilon_{cu}=0.0033$；当混凝土强度等级为 C80 时，取 $\varepsilon_{cu}=0.003$；中间强度等级用线性插值求得；

E_s——原构件受拉区纵向钢筋的弹性模量；

β——截面受压区矩形应力图高度与实际受压区高度的比值，按表 4-1 选取；

x——混凝土受压区高度；

ξ——相对受压区高度。

两侧粘贴钢板加固的矩形截面偏心受压构件截面受拉边或受压较小边钢板的应力 σ_{sp} 应按下列公式计算：

$$-f_{sp}\leqslant\sigma_{sp}=\varepsilon_{sp}E_{sp}\leqslant f_{sp} \tag{4-34}$$

$$\varepsilon_{sp}=\frac{\beta h-x}{x}\varepsilon_{cu}-\varepsilon_{p1} \tag{4-35}$$

式中　ε_{sp}——截面受拉边或受压较小边钢板的应变，拉应变为正号，压应变为负号；

ε_{p1}——原构件在新旧材料有效结合前荷载作用下钢板的滞后应变，按式（4-36）计算，计算时应计入应变符号，拉应变为正号，压应变为负号；

f_{sp}——加固钢板的抗拉强度设计值。

两侧粘贴钢板加固的矩形截面偏心受压构件钢板的滞后应变 ε_{p1} 应按下列公式计算：

1　当原构件为轴心受压构件时：

$$\varepsilon_{p1}=\frac{N_{d1}}{[bh+\alpha_{Es}(A_s+A'_s)]E_c} \tag{4-36a}$$

式中　N_{d1}——新旧材料有效结合前轴力组合设计值；

α_{Es}——原构件普通钢筋与混凝土弹性模量之比；

E_c——原构件混凝土弹性模量。

2　当原构件为大偏心受压构件时：

$$\varepsilon_{p1}=\frac{h-x}{x_1}\varepsilon_{c1} \tag{4-36b}$$

式中　x_1——加固前原构件开裂截面换算截面的混凝土受压区高度；

ε_{c1}——原构件受压较大边混凝土的应变（负号），按行业标准《公路桥梁加固设计规范》JTG/T J22—2008 附录 C 的规定计算。

3　当原构件为小偏心受压构件时：

$$\varepsilon_{p1}=\varepsilon_{c1}-\frac{h}{h_0}(\varepsilon_{c1}-\varepsilon_{s1}) \tag{4-36c}$$

式中　ε_{s1}——新旧材料有效结合前原构件截面受拉边或受压较小边纵向普通钢筋的应变，按行业标准《公路桥梁加固设计规范》JTG/T J22—2008 附录 C 的规定计算。

对于小偏心受压构件，当轴向力作用在纵向普通钢筋 A_s 合力点与 A'_s合力点之间时，抗压承载力尚应符合下列规定：

$$\gamma_0 N_d e'\leqslant f_{cd1}bh\left(h'_0-\frac{h}{2}\right)+f'_{sd1}A_{s1}(h'_0-a_s)+f'_{sp}A_{sp}h'_0-f'_{sp}A'_{sp}a_s \tag{4-37}$$

注：式（4-37）引自《公路桥梁加固设计规范》JTG/T J22—2008 式（6.3.5-1），因《城市桥梁结构加固技术规程》CJJ/T 239—2016 相应公式明显有误。

$$e'=\frac{h}{2}-e_0-a'_s \tag{4-38}$$

式中　e'——轴向力作用点至截面受压较大边纵向普通钢筋 A'_s合力点的距离，计算时偏心距 e_0 可不考虑增大系数 η；

h'_0——截面受压较小边边缘至受压较大边纵向普通钢筋合力点的距离，$h'_0=h-a'_s$。

单侧粘贴钢板加固或两侧粘贴钢板加固的 I 形截面偏心受压构件，正截面承载力计算应符合现行行业标准《公路钢筋混凝土及预应力混凝土桥涵设计规范》JTG 3362—2018 第 5.3.5 条和本章的规定。

【例 4-6】大偏心受压构件粘贴钢板加固复核算例

文献［3］第 79 页例题，某钢筋混凝土偏心受压构件截面尺寸 $b\times h=400\text{mm}\times500\text{mm}$，弯矩作用平面内的计算长度 $l_{0y}=4\text{m}$，垂直于弯矩作用平面内的计算长度 $l_{0x}=5.71\text{m}$，结构重要性系数 $\gamma_0=1.0$。采用 C25 混凝土，HRB335 钢筋。受拉区钢筋为 4 Φ 22（$A_s=1520\text{mm}^2$），受压区钢筋为 3 Φ 20（$A'_s=942\text{mm}^2$），$a_s=a'_s=45\text{mm}$（图 4-17）。截面承受轴向力计算值 $N_2=\gamma_0 N_d=250\text{kN}$，弯矩计算值 $M_2=\gamma_0 M_d=230\text{kN}\cdot\text{m}$。试验算该构件是否满足承载力要求，若不满足，拟在受拉和受压侧分别粘贴 200mm×4mm 和 200mm×5mm 的 Q235 钢板进行加固。加固前原构件承受的第一阶段轴向力计算值 $N_1=\gamma_0 N_{d1}=200\text{kN}$，弯矩计算值 $M_1=\gamma_0 M_{d1}=120\text{kN}\cdot\text{m}$，试对加固后构件的承载力进行复核。

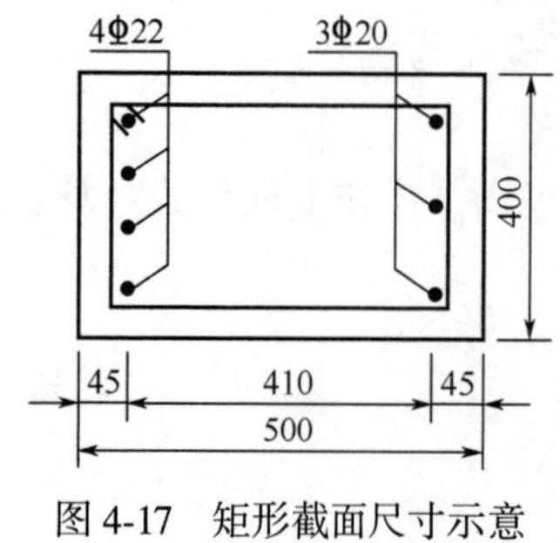

图 4-17　矩形截面尺寸示意（单位：mm）

【解】

1）原构件承载力验算

截面有效高度 $h_0=h-a_s=500-45=455\text{mm}$

钢筋与混凝土弹性模量之比 $\alpha_{Es}=E_s/E_c=200000/28000=7.14$

（1）弯矩作用平面内正截面承载力验算

$l_{0x}/b=5710/400=14.3$，查表 3-2 得轴心受压构件稳定系数 $\varphi=0.91$，则

$$N_u=0.9\varphi[f_{cd1}A_{c1}+f'_{sd}(A_s+A'_s)]$$
$$=0.9\times0.91\times[11.5\times400\times500+280\times(942+1520)]=2448.3\text{kN}>\gamma_0 N_d=250\text{kN}$$

满足要求。

（2）弯矩作用平面内正截面承载力验算

①偏心距增大系数计算

$$e_0=\frac{M_2}{N_2}=\frac{230\times10^3}{250}=920\text{mm}$$

偏心受压构件考虑附加弯矩影响的轴向压力偏心距增大系数按下式计算：

$$\zeta_1=0.2+2.7\frac{e_0}{h_{00}}=0.2+2.7\times\frac{820}{455}=5.66>1.0，取\ \zeta_1=1.0$$

$$\zeta_2=1.15-0.01\frac{l_0}{h_{00}}=1.15-0.01\times\frac{4000}{500}=1.07>1.0，取\ \zeta_2=1.0$$

则

$$\eta=1+\frac{1}{1400e_0/h_{00}}\left(\frac{l_0}{h_2}\right)^2\zeta_1\zeta_2=1+\frac{1}{1400\times920/455}\left(\frac{4000}{500}\right)^2\times1.0\times1.0=1.023$$

②大小偏心初步判定

$\eta e_0=1.023\times920=940.8>0.3h_0=0.3\times455=136.5\text{mm}$

初步判定为大偏心受压。

③混凝土受压区高度 x 计算

$$e_s=\eta e_0+\frac{h_2}{2}-a_s=1.023\times920+500/2-45=1145.8\text{mm}$$

$$e'_s=\eta e_0-\frac{h_2}{2}+a_s=1.023\times920-500/2+45=735.8\text{mm}$$

假设构件为大偏心受压构件，对 $\gamma_0 N_d$ 作用点取矩得：

$$f_{cd1}bx\left(e_s-h_0+\frac{x}{2}\right)=f_{sd}A_s e_s-f'_{sd}A'_s e'_s$$

代入数据，即：

$11.5\times400x\ (1145.8-455+x/2)=280\times1520\times1145.8-280\times942\times735.8$

解得 $x=86.9\text{mm}$，$x\leqslant\xi_0 h_0=0.56\times455=254.8\text{mm}$，故为大偏心受压构件。

④承载力验算

$$N_u=f_{cd1}bx+f'_{sd}A'_s-f_{sd}A_s$$
$$=11.5\times400\times86.9+280\times942-280\times1520=237\ 988\ \text{N}=238.0\text{kN}<\gamma_0 N_d=250\text{kN}$$

故原构件不满足承载力要求，需要加固。

2）钢板的滞后应变计算

（1）偏心距增大系数 η_1

由于 $l_{0y}/h=4\,000/500=8$，故 $\eta_1=1.0$。

（2）判断加固前构件的大小偏心

构件全截面换算截面面积

$A_0=bh+(\alpha_{Es}-1)(A_s+A_s')=400\times500+(7.14-1)\times(1520+942)=215\,000\text{mm}^2$

构件截面受压较大边至换算截面重心轴的距离

$$y'=\frac{bh^2/2(\alpha_{Es}-1)[A_s'a_s'+A_s(h-a_s)]}{A_0}$$

$$=\frac{400\times500^2/2+(7.14-1)\times[942\times45+1520\times(500-45)]}{215000}=253.4\text{mm}$$

构件截面受压较小边（或受拉边）至换算截面重心轴的距离

$y=h-y'=500-253.4=246.6\text{mm}$

构件全截面换算截面对换算截面重心轴的惯性矩

$$I_0=b(y'^3+y^3)/3+(\alpha_{Es}-1)[A_s'(y'-a_s')^2+A_s(y-a_s)^2]$$
$$=400\times(253.4^3+246.6^3)/3+(7.14-1)\times[942\times(253.4-45)^2+1520\times(246.6-45)^2]$$
$$=4.8\times10^9\text{mm}^4$$

截面核心距

$$a=\frac{I_0}{A_0y'}=\frac{4.8\times10^9}{215000\times253.4}=88.1\text{mm}$$

轴向力作用点至混凝土截面重心轴的距离

$$e=\frac{M_{d1}}{N_{d1}}=\frac{120\times10^3}{200}=600\text{mm}$$

轴向力作用点至换算截面重心轴的距离

$$e_0=e+y'-\frac{h}{2}=600+253.4-\frac{500}{2}=603.4\text{mm}$$

判断大小偏心

$$\eta_1e_0=1\times603.4=603.4\text{mm}>a=88.1\text{mm}$$

故原构件为大偏心受压构件。

（3）矩形截面受压区高度 x_1 的计算

轴向力 N_{d1} 作用点至截面受压边缘的距离

$$e_N=e-\frac{h}{2}=600-\frac{500}{2}=350\text{mm}$$

受拉区纵向钢筋重心至 N_{d1} 作用点的距离

$$g_{s1}=h_0+e_N=455+350=805\text{mm}$$

受压区纵向钢筋重心至 N_{d1} 作用点的距离

$$g_{s1}'=a_s'+e_N=45+350=395\text{mm}$$

由下式求解 x_1

$$Ax_1^3+Bx_2^2+Cx_1+D=0$$

式中 $A=b=400\text{mm}$

$$B=3be_N=3\times400\times350=420000\text{mm}^2$$

$$C=6\alpha_{Es}(A_s g_{s1}-A'_s g'_1)=6\times7.14\times(1520\times805-942\times395)=68.387\times10^6\mathrm{mm}^3$$

$$D=-6\alpha_{Es}(A_s h_0 g_{s1}-A'_s a'_s g'_{s1})$$
$$=-6\times7.14\times(1520\times455\times805-942\times45\times395)=-24.6\times10^9\mathrm{mm}^4$$

解得：$x_1=165.5\mathrm{mm}$

（4）原截面受压较大边缘混凝土的应力应变计算

原构件开裂截面换算截面面积

$A_0=bx_1+\alpha_{Es}A_s+（\alpha_{Es}-1）A'_s=400\times165.5+7.14\times1520+（7.14-1）\times942=82844\mathrm{mm}^2$

开裂截面换算截面重心轴至截面受压边缘的距离

$$y'=\frac{bx_1^2/2+\alpha_{Es}A'_s a'_s+(\alpha_{Es}-1)A_s h_{01}}{A_{01}}$$
$$=\frac{400\times165.5^2/2+7.14\times942\times45+(7.14-1)\times1520\times455}{82844}=121.1\mathrm{mm}$$

开裂截面换算截面重心轴至截面受拉边缘的距离

$$y=h-y'=500-121.1=378.9\mathrm{mm}$$

开裂截面换算截面惯性矩

$$I_{cr}=b[y'^3+(x_1-y')^3]/3+(\alpha_{Es}-1)A'_s(y'-a'_s)^2+\alpha_{Es}A_s(y-a_s)^2$$
$$=400\times[121.1^3+(165.5-121.1)^3]/3+(7.14-1)\times942\times(121.1-45)^2+7.14\times1520\times(378.9-45)^2$$
$$=1.49\times10^9\mathrm{mm}^4$$

轴向力作用点至原构件开裂截面换算截面重心轴距离

$$e_0=y'+e_N=121.1+350=471.1\mathrm{mm}$$

原截面受压边缘混凝土应力

$$\sigma_{c1}=-\frac{N_{d1}}{A_{01}}-\eta_1\frac{N_{d1}e_0y'}{I_{cr}}=-\frac{200000}{82844}-1\times\frac{200000\times471.1\times121.1}{1.49\times10^9}=-10.06\mathrm{N/mm}^2$$

原截面受压边缘混凝土压应变

$$\varepsilon_{c1}=\sigma_{c1}/E_c=-10.06/28000=-0.000359$$

（5）钢板滞后应变

$$\varepsilon_{p1}=\frac{h-x_1}{x_1}\varepsilon_{c1}=-\frac{500-165.1}{165.1}\times(-0.000359)=0.000726$$

3）加固后承载力验算

已知在受拉侧粘贴钢板截面面积为：$A_{sp}=800\mathrm{mm}^2$，在受压侧粘贴钢板截面面积为：$A'_{sp}=1000\mathrm{mm}^2$。

（1）加固后构件大小偏心判断

先假定加固后构件为大偏心受压构件，则 $\sigma_s=f_{sd}=280\mathrm{N/mm}^2$。

联立求解式（4-25）和式（4-35），代入数据，即

$$11.5\times400x(1145.8-455+x/2)$$
$$=280\times1520\times1145.8+206000\varepsilon_{sp}\times800\times(1145.8+45)-280\times942\times735.8-195\times1000\times(735.8-45)$$

$$\varepsilon_{sp}=\frac{0.8\times500-x}{x}\times0.0033-0.000726$$

解得 $\varepsilon_{sp}=0.00283$，则 $E_{sp}\varepsilon_{sp}=206000\times0.00283=583\mathrm{N/mm}^2>195\mathrm{N/mm}^2$，钢板已经屈

服，取 $\sigma_{sp}=f_{sp}=195\text{N/mm}^2$，代入上面两式中的第一式，重新求解，得 $x=101.1\text{mm}$，$x\leqslant \xi_b h_0=0.56\times455=254.8\text{mm}$，故为大偏心受压构件，原假定正确。

（2）承载力验算

根据式（4-23），并考虑大偏心受压特征

$$N_u=f_{cd1}bx+f'_{sd}A'_s+f'_{sp}A'_{sp}-f_{sd}A_s-f_{sp}A_{sp}$$
$$=11.5\times400\times102.5+280\times942+195\times1000-280\times1520-195\times800=342.1\text{kN}>\gamma_0 N_d$$
$$=250\text{kN}$$

满足要求。使用SDB软件计算输入数据和简要结果展示见图4-18，可见其与手算结果相同。

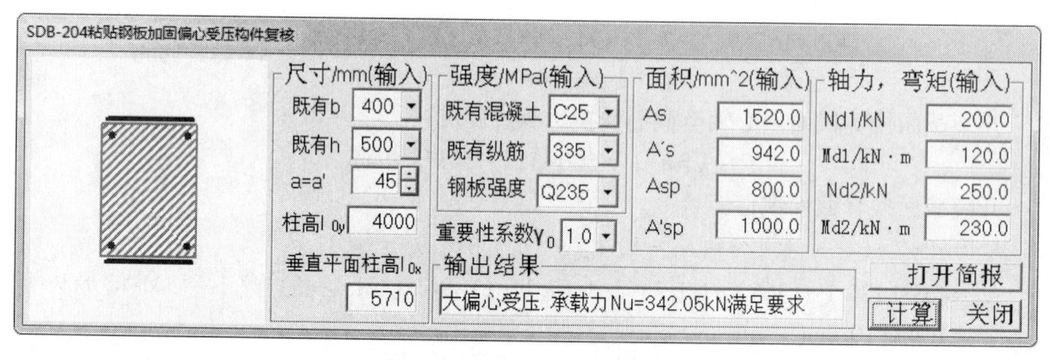

图4-18 大偏心受压柱承载力复核

【例4-7】小偏心受压构件粘贴钢板加固复核算例

文献［4］第83页例题，某钢筋混凝土偏心受压构件截面尺寸 $b\times h=400\text{mm}\times600\text{mm}$，弯矩作用平面内和垂直于弯矩作用平面内的构件计算长度 l_0 均为4.5m，结构重要性系数 $\gamma_0=1.0$。采用C25混凝土，HRB335钢筋。受拉区钢筋为4 Φ 14（$A_s=616\text{mm}^2$），受压区钢筋为4 Φ 16（$A'_s=804\text{mm}^2$），$a_s=a'_s=40\text{mm}$（图4-19）。截面承受轴向力计算值 $N_2=\gamma_0 N_d=1900\text{kN}$，弯矩计算值 $M_2=\gamma_0 M_d=260\text{kN}\cdot\text{m}$。试验算该构件是否满足承载力要求，若不满足，拟在受拉和受压侧各粘贴200mm×6mm的Q235钢板进行加固，试对加固后构件的承载力进行复核。已知第一阶段轴向力计算值 $N_1=\gamma_0 N_{d1}=1450\text{kN}$，弯矩计算值 $M_1=\gamma_0 M_{d1}=140\text{kN}\cdot\text{m}$。

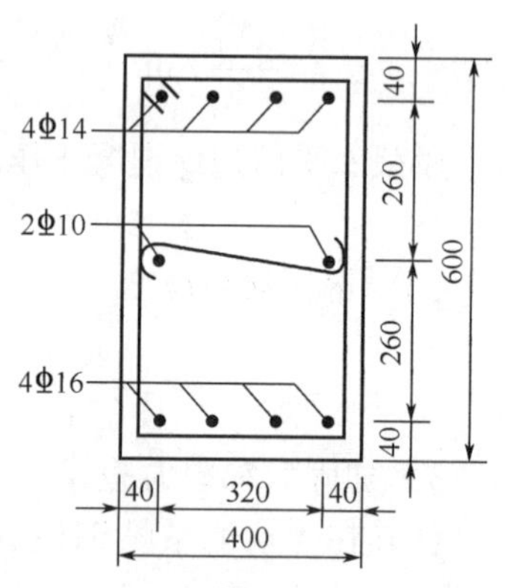

图4-19 矩形截面尺寸示意（单位：mm）

【解】

1）原构件承载力验算

截面有效高度 $h_0=h-a_s=600-40=560\text{mm}$

钢筋与混凝土弹性模量之比 $\alpha_{Es}=E_s/E_c=200000/28000=7.14$

（1）弯矩作用平面内正截面承载力验算

$l_{0x}/b=4500/400=11.25$，查表3-2得轴心受压构件稳定系数 $\varphi=0.96$，则

$$N_u=0.9\varphi[f_{cd1}A_{c1}+f'_{sd}(A_s+A'_s)]$$

$=0.9\times0.96\times[11.5\times400\times600+280\times(616+804)]=2731.7\text{kN}>\gamma_0 N_d=1900\text{kN}$

满足要求。

（2）弯矩作用平面内正截面承载力验算

①偏心距增大系数计算

$$e_0=\frac{M_d}{N_d}=\frac{260\times10^3}{1900}=136.8\text{mm}$$

偏心受压构件考虑二阶弯矩影响的轴向压力偏心距增大系数按下式计算：

$$\zeta_1=0.2+2.7\frac{e_0}{h_0}=0.2+2.7\times\frac{136.8}{560}=0.86$$

$\zeta_2=1.15-0.01\dfrac{l_0}{h}=1.15-0.01\times\dfrac{4500}{600}=1.07>1.0$，取$\zeta_2=1.0$

则

$$\eta=1+\frac{1}{1400e_0h_0}\left(\frac{l_0}{h}\right)^2\zeta_1\zeta_2=1+\frac{1}{1400\times136.8/560}\left(\frac{4500}{600}\right)^2\times0.86\times1.0=1.141$$

②大小偏心初步判定

$$\eta e_0=1.141\times136.8=156.1\leqslant0.3h_0=0.3\times560=168.0\text{mm}$$

初步判定为小偏心受压。

③混凝土受压区高度 x 计算

$$e_s=\eta e_0+\frac{h_2}{2}-a_s=1.141\times136.8+600/2-40=416.2\text{mm}$$

$$e_s'=\eta e_0-\frac{h_2}{2}+a_s'=1.141\times136.8-600/2+40=-103.8\text{mm}$$

假设构件为小偏心受压构件，对 A_s'合力点取矩得

$$\gamma_0N_de_s'\leqslant f_{cd1}bx\left(\frac{x}{2}-a_s'\right)-E_s\varepsilon_{su}\left(\frac{\beta h_0}{x}-1\right)A_s\ (h_0-a_s')$$

代入数据，即

$$1\times1900000\times(-103.8)=11.5\times400x(x/2-40)-200000\times0.0033\times\left(\frac{0.8\times560}{x}-1\right)\times616\times(560-40)$$

解方程，得 $x=367.5\text{mm}$，$x>\xi_bh_0=0.56\times560=313.6\text{mm}$，故为小偏心受压构件，原假设正确。

④受拉钢筋应力计算

$$\sigma_s=E_s\varepsilon_{su}\left(\frac{\beta h_0}{x}-1\right)=200000\times0.0033\times\left(\frac{0.8\times560}{367.5}-1\right)=144.6\text{MPa}$$

⑤承载力验算

$N_u=f_{cd1}bx+f_{sd}'A_s'-\sigma_sA_s$

$=11.5\times400\times367.5+280\times804-144.6\times616=1826.6\text{kN}<\gamma_0N_d=1900\text{kN}$

原构件不满足承载力提高要求，需要加固。

2）钢板的滞后应变计算

（1）偏心距增大系数 η_1

由于 $l_0/h=4500/600=7.5<8$，故 $\eta_1=1.0$。

（2）判断加固前构件的大小偏心

构件全截面换算截面面积

$$A_0=bh+(\alpha_{Es}-1)(A_s+A_s')=400\times600+(7.14-1)\times(616+804)=248700\text{mm}^2$$

构件截面受压较大边至换算截面重心轴的距离

$$y'=\frac{bh^2/2+(\alpha_{Es}-1)[A_s'a_s'+A_s(h-a_s)]}{A_0}$$

$$=\frac{400\times600^2/2+(7.14-1)\times[804\times40+616\times(600-40)]}{248700}=298.8\text{mm}$$

构件截面受压较小边（或受拉边）至换算截面重心轴的距离

$y=h-y'=600-298.8=301.2\text{mm}$

构件全截面换算截面对换算截面重心轴的惯性矩

$$I_0=b(y'^3+y^3)/3+(\alpha_{Es}-1)[A_s'(y'-a_s')^2+A_s(y-a_s)^2]$$

$$=400\times(301.2^3+298.8^3)/3+(7.14-1)\times[804\times(298.8-40)^2+616\times(301.2-40)^2]$$

$$=7.79\times10^9\text{mm}^4$$

截面核心距

$$a=\frac{I_0}{A_0y'}=\frac{7.79\times10^9}{248700\times298.8}=104.8\text{mm}$$

轴向力作用点至混凝土截面重心轴的距离

$$e=\frac{M_{d1}}{N_{d1}}=\frac{140\times10^3}{1450}=96.6\text{mm}$$

轴向力作用点至换算截面重心轴的距离

$$e_0=e+y'-\frac{h}{2}=96.6+298.8-\frac{600}{2}=95.3\text{mm}$$

判断大小偏心

$$\eta_1e_0=1\times95.3=95.3\text{mm}<a=104.8\text{mm}$$

由原构件为小偏心受压构件。

（3）原截面受压较大边缘混凝土应力与应变计算

$$\sigma_{c1}=-\frac{N_{d1}}{A_{01}}-\eta_1\frac{N_{d1}e_0y'}{I_0}=-\frac{1450000}{248700}-1\times\frac{1450000\times95.3\times298.8}{7.79\times10^9}=-11.13\text{N/mm}^2$$

原截面受压较大边缘混凝土压应变

$$\varepsilon_{c1}=\sigma_{c1}/E_c=-11.13/28000=-0.000398$$

（4）原截面受压较小边钢筋应力与应变计算

$$\sigma_{s1}=\alpha_{Es}\left[-\frac{N_{d1}}{A_{01}}-\eta_1\frac{N_{d1}e_0\ (y-a_s)}{I_0}\right]$$

$$=7.14\times\left[-\frac{1450000}{248700}-1\times\frac{1450000\times95.3\times\ (301.2-40)}{7.79\times10^9}\right]=-74.76\text{N/mm}^2$$

则钢筋应变

$$\varepsilon_{s1}=\sigma_{s1}/E_s=-74.76/200000=-0.00037$$

（5）钢板滞后应变

$$\varepsilon_{p1}=\varepsilon_{c1}-\frac{h}{h_0}（\varepsilon_{c1}-\varepsilon_{s1}）=-0.000398-\frac{600}{560}\times（-0.000398+0.00037）$$

$$=-0.000372$$

3）加固后承载力验算

已知在受拉侧和在受压侧粘贴钢板截面面积为：

$$A_{sp}=A'_{sp}=200\times6=1200\text{mm}^2。$$

（1）加固后构件大小偏心判断

先假定加固后构件为小偏心受压构件，轴向力对截面重心轴的偏心距为 $e_0=136.8\text{mm}$，轴向力作用点在 A_s 合力与 A'_s合力之间，偏心距 e_0 可不考虑增大系数 η_1

$$e_s=e_0+\frac{h}{2}-a_s=136.8+600/2-40=396.8\text{mm}^2$$

$$e'=\frac{h}{2}-e_0-a'_s=600/2-136.8-40=123.2\text{mm}$$

假设 $x/2>e'+a'_s$，对 γ_0N_d 取矩

$$f_{cd1}bx\left(\frac{x}{2}-e'-a'_s\right)=\sigma_sA_se_s+E_{sp}\varepsilon_{sp}A_{sp}（e_s+a_s）+f'_{sd}A'_se'-f'_{sp}A'_{sp}(e'+a'_s)$$

受拉钢筋应力

$$\sigma_s=E_s\varepsilon_{su}\left(\frac{\beta h}{x}-1\right)$$

钢板拉应变

$$\varepsilon_{sp}=\frac{\beta h-x}{x}\varepsilon_{cu}-\varepsilon_{p1}$$

代入数据，即

$$11.5\times400x(x/2-123.2-40)=\sigma_s\times616\times396.8+206000\times\varepsilon_{sp}\times1200\times(396.8+40)+280\times804\times123.2+195\times1200\times(123.2+40)$$

$$\sigma_s=200000\times0.0033\times\left(\frac{0.8\times560}{x}-1\right)$$

$$\varepsilon_{sp}=\frac{0.8\times600-x}{x}\times0.0033-(-0.000372)$$

将上面三式联立，求解得

$x=450.5\text{mm}$，$x>\xi_bh_0=0.56\times560=313.6\text{mm}$，故为小偏心受压构件，原假设正确。

受拉或受压较小边钢筋应力 $\sigma_s=-5.12\text{N/mm}^2$（负表受压）

钢板拉应变 $\varepsilon_{sp}=0.000580$，则 $\sigma_{sp}=E_{sp}\varepsilon_{sp}=206000\times0.000580=121.2\text{MPa}$

（2）承载力验算

$$N_u=f_{cd1}bx+f'_{sd}A'_{sp}+f'_{sp}A'_{sp}-\sigma_sA_s-\sigma_{sp}A_{sp}$$

$$=11.5\times400\times451.5+280\times804+195\times1200-(-512)\times616-121.2\times1200=2388.3\text{kN}>\gamma_0N_d$$

$$=1900\text{kN}$$

满足要求。使用 SDB 软件计算输入数据和简要结果展示见图 4-20，可见其与手算结果

相同。

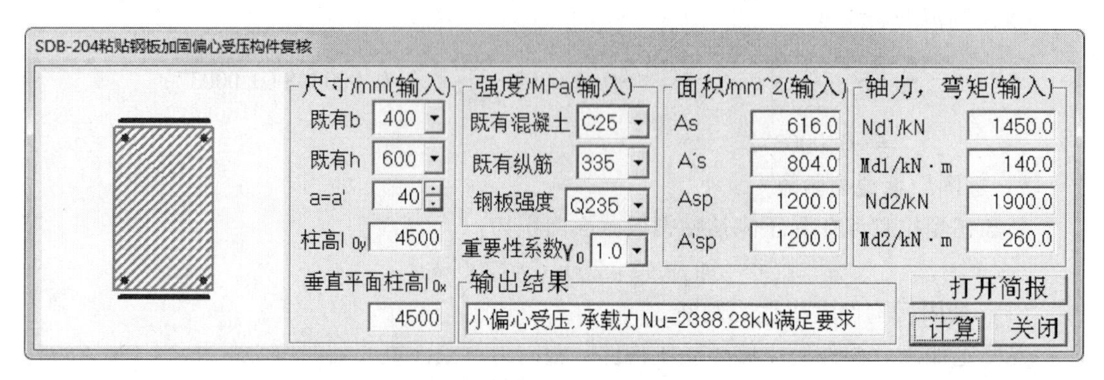

图 4-20 小偏心受压柱承载力复核

4.5 矩形截面受拉构件加固设计

当两侧粘贴钢板加固轴心受拉构件时，其正截面承载力（图 4-21）应按下列公式计算：

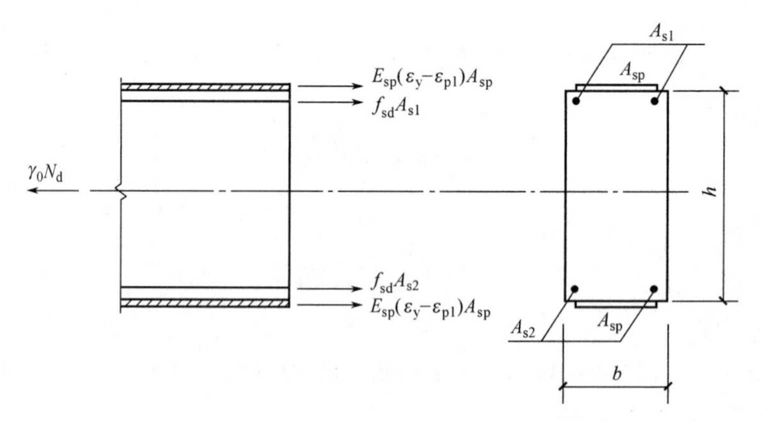

图 4-21 轴心受拉构件正截面承载力计算

$$\gamma_0 N_{d2} \leqslant f_{sd} A_s + E_{sp}(\varepsilon_y - \varepsilon_{p1}) A_{sp} \tag{4-39}$$

$$\varepsilon_{p1} = \frac{N_{d1}}{E_s A_s} \tag{4-40}$$

$$\varepsilon_y = \frac{f_{sd}}{E_s} \tag{4-41}$$

式中 N_{d2}——新旧材料有效结合后轴向力组合设计值；

N_{d1}——新旧材料有效结合前轴向力组合设计值；

f_{sd}——原构件纵向普通钢筋的抗拉强度设计值；

A_s——原构件纵向普通钢筋全部截面面积；

A_{sp}——钢板全部截面面积；

E_s——原构件纵向普通钢筋的弹性模量；

E_{sp}——加固钢板的弹性模量；

ε_y——与原构件受拉普通钢筋强度设计值相对应的应变；

ε_{p1}——原构件在第一阶段荷载作用下受拉边钢板的滞后应变。

两侧粘贴钢板加固矩形截面，当轴向拉力 N_d 位于 A_b 和 A_{bp} 的合力与 A_{tp} 和 A_t 的合力之间时，属于小偏心受拉构件，其正截面承载力（图 4-22）应按下列公式计算：

$$\gamma_0 N_{d2} \leqslant f_{sd} A_b + E_s(\varepsilon_{t1}+\varepsilon_{t2}) A_t + E_{sp}\varepsilon_{tp} A_{tp} + E_{sp}\varepsilon_{bp} A_{bp} \tag{4-42}$$

$$\gamma_0 N_{d2} e_{b2} \leqslant E_s(\varepsilon_{t1}+\varepsilon_{t2}) A_t h_s + E_{sp}\varepsilon_{tp} A_{tp}(h_s+a_t) - E_{sp}\varepsilon_{bp} A_{bp} a_b \tag{4-43}$$

$$\gamma_0 N_{d2} e_{t2} \leqslant f_{sd} A_b h_s + E_{sp}\varepsilon_{bp} A_{bp}(h_s+a_b) - E_{sp}\varepsilon_{tp} A_{tp} a_t \tag{4-44}$$

钢筋和钢板的应变应按下列公式计算：

$$\varepsilon_{b1} = \frac{1}{1+\alpha_1}\frac{N_{d1}}{E_s A_b} \tag{4-45}$$

$$\varepsilon_{t1} = \frac{\alpha_1}{1+\alpha_1}\frac{N_{d1}}{E_s A_t} \tag{4-46}$$

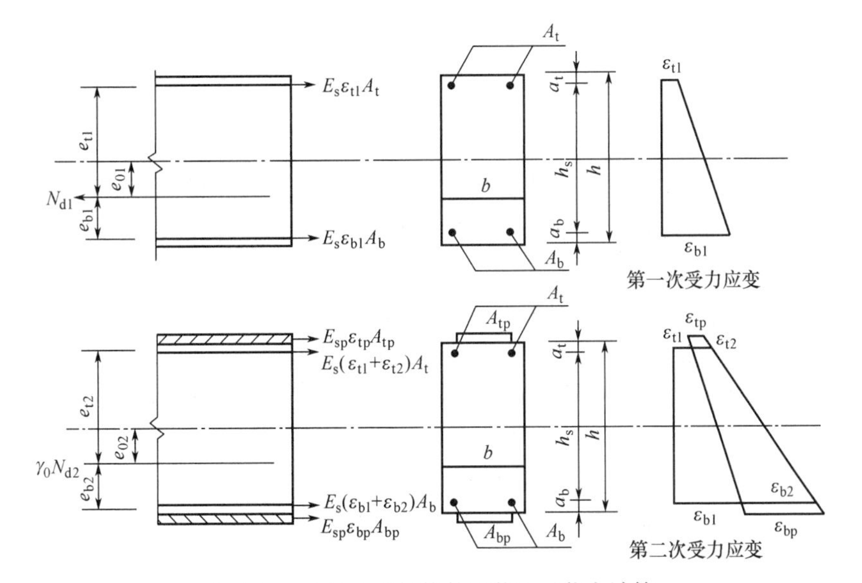

图 4-22　小偏心受拉构件正截面承载力计算

$$\varepsilon_{b2} = \frac{f_{sd}}{E_s} - \frac{1}{1+\alpha_1}\frac{N_{d1}}{E_s A_b} \tag{4-47}$$

$$\varepsilon_{t2} = \frac{\alpha_2\zeta\dfrac{f_{sd}}{E_s} + \psi[\zeta_b(\beta_b+\alpha_2+\alpha_2\beta_b)(1+\beta_b)+\zeta_t(1+\beta_t+\alpha_2\beta_t)\beta_t]\varepsilon_{b2} - \varepsilon_{t1}}{1+\psi[\zeta_b(\beta_b+\alpha_2+\alpha_2\beta_b)\beta_b+\zeta_t(1+\beta_t+\alpha_2\beta_t)(1+\beta_t)]} \tag{4-48}$$

$$\varepsilon_{tp} = (1+\beta_t)\varepsilon_{t2} - \beta_t\varepsilon_{b2} \tag{4-49}$$

$$\varepsilon_{bp} = (1+\beta_b)\varepsilon_{b2} - \beta_b\varepsilon_{t2} \tag{4-50}$$

$$e_{0i} = \frac{M_{di}}{N_{di}} \tag{4-51}$$

$$e_{ti} = \frac{2e_{0i}}{1-\alpha_i} \tag{4-52}$$

$$e_{bi}=\frac{2\alpha_i e_{0i}}{1-\alpha_i} \tag{4-53}$$

$$0\leqslant\alpha_i=\frac{e_{bi}}{e_{ti}}\leqslant 1 \tag{4-54}$$

$$\beta_b=\frac{a_b}{h_s} \tag{4-55}$$

$$\beta_t=\frac{a_t}{h_s} \tag{4-56}$$

$$\zeta=\frac{A_b}{A_t} \tag{4-57}$$

$$\zeta_t=\frac{A_{tp}}{A_t} \tag{4-58}$$

$$\zeta_b=\frac{A_{bp}}{A_t} \tag{4-59}$$

$$\psi=\frac{E_{sp}}{E_s} \tag{4-60}$$

式中 γ_0——桥梁结构的重要性系数，按现行行业标准《城市桥梁设计规范》CJJ 11 或按《公路钢筋混凝土及预应力混凝土桥涵设计规范》JTG 3362 的规定采用；

N_{d2}——新旧材料有效结合后轴向力组合设计值；

N_{d1}——原构件新旧材料有效结合前轴向力组合设计值；

f_{sd}——原构件纵向普通钢筋的抗拉强度设计值；

A_t——原构件上缘纵向普通钢筋的截面面积；

A_b——原构件下缘纵向普通钢筋的截面面积；

A_{tp}、A_{bp}——分别为上缘和下缘加固钢板的截面面积；

h——原构件矩形截面的高度；

a_t、a_b——分别为上缘和下缘普通钢筋合力点至边缘的距离；

h_s——上缘和下缘普通钢筋合力点的距离；

e_{0i}——轴向力对截面重心轴的偏心距，第一次受力时 $i=1$，第二次受力时 $i=2$；

e_{ti}、e_{bi}——分别为轴向力作用点至截面上缘和下缘的受拉普通钢筋合力点的距离；

E_{sp}——加固钢板的弹性模量；

ε_{tp}、ε_{bp}——构件达到承载能力极限状态时，两侧加固钢板的拉应变，其值不应大于钢板极限应变；

α_i——轴向力作用点至截面上缘和下缘受拉普通钢筋合力点的距离的比值；

β_t、β_b——分别为上缘和下缘普通钢筋合力点至边缘的距离与作用点至截面上缘受拉普通钢筋合力点的距离的比值；

ζ、ζ_b、ζ_t——分别为下缘钢筋截面面积、上缘和下缘加固钢板的截面面积与上缘钢筋截面面积的比值；

ψ——加固钢板与原结构钢筋弹性模量的比值。

式（4-52）、式（4-53）、式（4-54）即是《城市桥梁结构加固技术规程》CJJ/T 239—2016 式（6.2.4-12）、式（6.2.4-13）、式（6.2.4-14）。三式是个死循环，由式（4-52）、式（4-53）看要确定 e_{ti}、e_{bi}，须先确定 α_i，可由式（4-54）知，要确定 α_i 须先确定 e_{ti}、e_{bi}。为克服此，我们废除式（4-52）、式（4-53）（从下面的算例中也可看出此二式是错误的），从图 4-22 中求出 e_{ti}、e_{bi}。另式（4-54）中 α_i 上边界应是 <1，$\alpha_i=1$ 对应着轴心受拉，不在偏心受拉的讨论范围。

从图 4-22 可确定拉力至截面两侧原纵筋合力间距离 e_{t1}、e_{b1}，拉力至截面两侧原纵筋和加固钢板合力间距离 e_{t2}、e_{b2}，公式如下：

$$e_{t1}=e_{01}+\frac{h}{2}-a_t \tag{4-61}$$

$$e_{b1}=\frac{h}{2}-a_b-e_{01} \tag{4-62}$$

$$e_{t2}=e_{02}+\frac{h}{2}-a_{tt} \tag{4-63}$$

$$e_{b2}=\frac{h}{2}-a_{bb}-e_{02} \tag{4-64}$$

式中　a_{tt}——截面上侧原纵筋和截面上侧加固钢板合力点至混凝土截面上边缘的距离；

a_{bb}——截面下侧原纵筋和截面下侧加固钢板合力点至混凝土截面下边缘的距离。

两侧粘贴钢板加固截面，当轴向拉力 N_d 不位于 A_{tp} 和 A_t 的合力与 A_{bp} 和 A_b 的合力之间时，属大偏心受拉构件，其正截面承载力（图 4-23）应按下列公式计算：

$$\gamma_0N_d\leqslant f_{sd}A_b+E_{sp}\varepsilon_{bp}A_{bp}-f_{cd}bx-f'_{sd}A_t-f'_{sp}A_{tp} \tag{4-65}$$

$$\gamma_0N_de_s\leqslant f_{cd}bx\left(h_0-\frac{x}{2}\right)+f'_{sd}A_t(h_0-a_t)+f'_{sp}A_{tp}h_0+E_{sp}\varepsilon_{bp}A_{bp}a_b \tag{4-66}$$

$$e_s=e_0-\frac{h}{2}+a_b \tag{4-67}$$

$$2a_t\leqslant x\leqslant\xi_bh_0 \tag{4-68}$$

$$x<2a_t \tag{4-69}$$

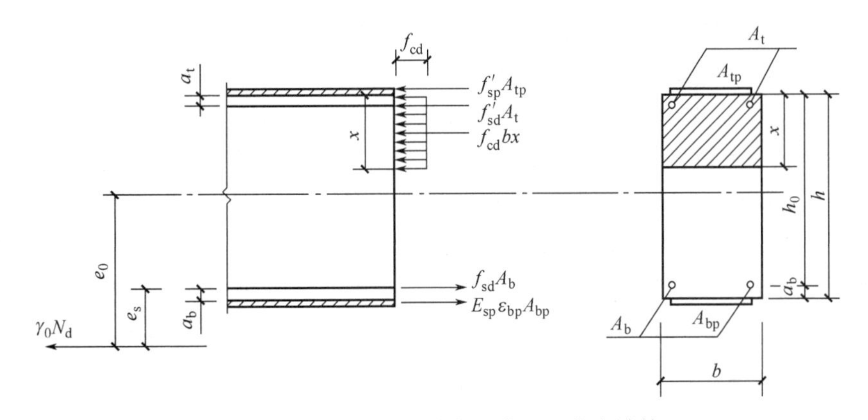

图 4-23　大偏心受拉构件正截面承载力计算

1 当混凝土受压区高度 x 符合式（4-68）时，加固钢板的拉应变 ε_{bp} 应按式（4-2）计算。

2 当混凝土受压区高度 x 符合式（4-69）时，加固钢板的拉应变 ε_{bp} 应按式（4-70）计算。

式中 f_{cd}——原构件混凝土抗压强度设计值；

f_{sd}、f'_{sd}——分别为原构件纵向普通钢筋的抗拉强度设计值和抗压强度设计值；

A_b、A_t——分别为原构件截面受拉边和受压纵向普通钢筋的截面面积；

A_{bp}、A_{tp}——分别为构件截面受拉和受压钢板的截面面积；

x——混凝土受压区高度；

f'_{sp}——加固钢板的抗压强度设计值；

ε_{bp}——构件达到承载能力极限状态时，加固钢板的拉应变；

ξ_b——相对界限受压区高度，按原构件混凝土和受拉普通钢筋强度级别，应按现行行业标准《公路钢筋混凝土及预应力混凝土桥涵设计规范》JTG 3362 规定选用。

两侧粘贴钢板加固的矩形截面大偏心受拉构件截面受拉边钢板的应变 ε_{bp} 应按下列公式计算：

$$\varepsilon_{bp}=\frac{\varepsilon_{cu}(\beta h-x)}{x}-\frac{\varepsilon_{c1}(h-x_1)}{x_1}\leqslant\frac{f_{sp}}{E_{sp}} \tag{4-70}$$

$$\varepsilon_{c1}=\frac{N_{d1}e_0x_1}{E_cI_{cr}} \tag{4-71}$$

$$e_0=\frac{M_{d1}}{N_{d1}} \tag{4-72}$$

式中 f_{sp}——加固钢板的抗拉强度设计值；

x_1——加固前原构件开裂截面换算截面的混凝土受压区高度；

β——截面受压区矩形应力图高度与实际受压区高度的比值，按表 4-1 采用；

E_c——原构件混凝土的弹性模量；

E_{sp}——加固钢板的弹性模量；

I_{cr}——加固前原构件开裂截面换算截面的惯性矩；

e_0——轴向力对截面重心轴的偏心距；

ε_{c1}——在 $N_{d1}e_0$ 作用下，原构件截面上边缘混凝土压应变。

【例 4-8】轴心受拉构件粘贴钢板加固设计和复核算例

文献［3］第 88 页例题，已知一轴心受拉构件，截面尺寸 $b\times h=300\text{mm}\times450\text{mm}$，结构重要性系数 $\gamma_0=1.0$。采用 C25 混凝土，HRB335 钢筋。受拉钢筋总面积为 $A_s=1884\text{mm}^2$（图 4-24）。构件承受轴力计算值 $N_2=\gamma_0N_d=600\text{kN}$。试验算原构件承载力，若不满足设计要求，拟采用粘贴 Q235 钢板进行加固设计，已知第一阶段轴力计算值 $N_1=\gamma_0N_{d1}=450\text{kN}$。

【解】

1）原构件承载力验算

$N_u = f_{sd}A_s = 280\times1884 = 527.52\text{kN} < \gamma_0 N_d = 600\text{kN}$

原构件不满足设计要求，需要进行加固。

2）加固计算

与原构件受拉普通钢筋强度设计值相对应的应变为

$$\varepsilon_y = f_{sd}/E_s = 280/200000 = 0.001400$$

原构件在第一阶段荷载作用下受拉边钢板的滞后应变为

$$\varepsilon_{p1} = \frac{N_{d1}}{E_s A_s} = \frac{450000}{1884\times200000} = 0.001194$$

由式（4-39），当构件轴力为 N_d 时，所需钢板总面积为：

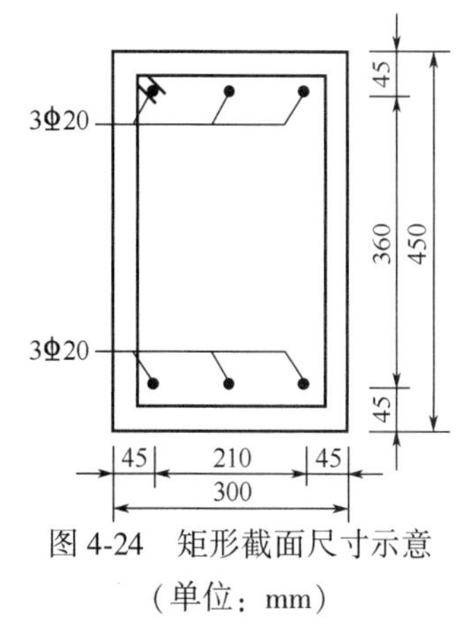

图4-24　矩形截面尺寸示意（单位：mm）

$$A_{sp} = \frac{\gamma_0 N_d - f_{sd}A_s}{E_{sp}(\varepsilon_y - \varepsilon_{p1})} = \frac{1\times600000 - 280\times1884}{206000\times(0.001400 - 0.001194)} = 1710.2\text{mm}^2$$

用SDB软件计算本题，其输入信息和简要输出结果如图4-25所示。可见其计算结果与上面手算结果相同。如在构件两侧（较短边）粘贴钢板，钢板宽250mm，厚5mm，钢板截面积为 $2\times250\times5 = 2500\text{mm}^2$。粘贴钢板加固后构件承载力为：

$$\begin{aligned} N_u &= f_{sd}A_s + E_{sp}(\varepsilon_y - \varepsilon_{p1})A_{sp} \\ &= 280\times1884 + 206000\times(0.001400 - 0.001194)\times2500 = 633.47\text{kN} \end{aligned}$$

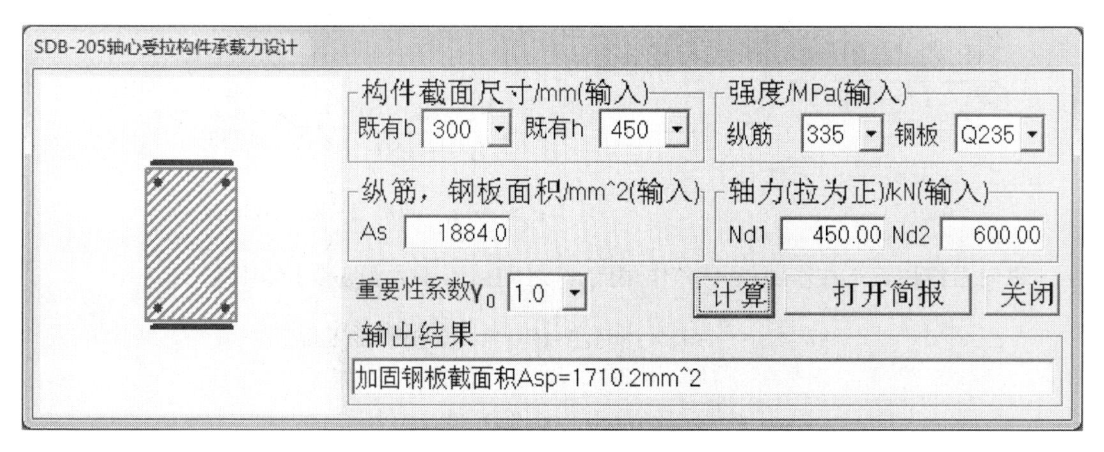

图4-25　轴心受拉构件粘贴钢板加固正截面承载力设计

用SDB软件计算本题，其输入信息和简要输出结果如图4-26所示。可见其计算结果与上面手算结果相同。

【例4-9】大偏心受拉构件粘贴钢板加固复核算例

文献［3］第90页例题，偏心受拉构件截面尺寸 $b\times h = 350\text{mm}\times600\text{mm}$，结构重要性系数 $\gamma_0 = 1.0$。采用C25混凝土，HRB335钢筋（$A_b = 1964\text{mm}^2$，$A_t = 308\text{mm}^2$），$a_t = a_b = 40\text{mm}$，如图4-27所示。截面承受轴向力计算值 $N_2 = \gamma_0 N_d = 150\text{kN}$，弯矩计算值为 $M_2 = \gamma_0 M_d = 280\text{kN}\cdot\text{m}$。验算该构件是否满足承载力要求，若不满足，拟在受拉和受压侧分别粘贴200mm×6mm、150mm×3mm的Q235钢板进行加固。截面承受的

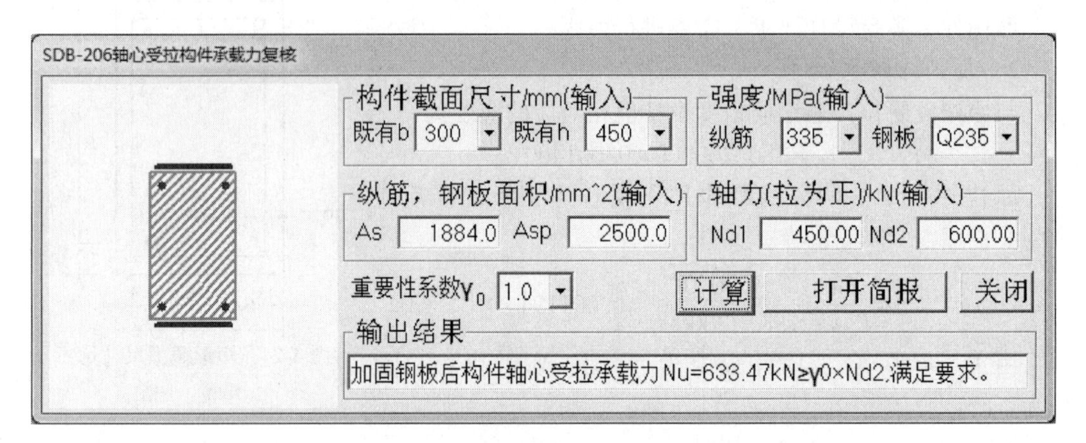

图 4-26 轴心受拉构件粘贴钢板加固正截面承载力复核

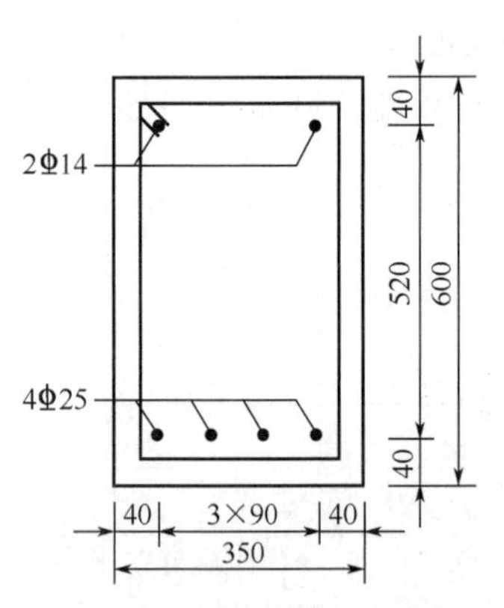

图 4-27 矩形截面尺寸示意（单位：mm）

第一阶段轴力计算值 $N_1=\gamma_0 N_{d1}=150\text{kN}$，弯矩计算值为 $M_1=\gamma_0 M_{d1}=120\text{kN}\cdot\text{m}$。试对加固后构件的承载力进行复核。

【解】

1）原构件承载力验算

截面有效高度

$$h_0=h-a_s=600-40=560\text{mm}$$

偏心距为

$$e_0=\frac{M_d}{N_d}=\frac{280\times10^3}{150}=1866.7\text{mm}$$

$$e_0>\frac{h}{2}-a_b=600/2-40=260\text{mm}$$

纵向力作用点不在作用点 A_t 和作用点 A_b 之间，属于大偏心受拉构件。

$$e_s=e_0-\frac{h}{2}+a_b=1866.7-600/2+40=1606.7\text{mm}$$

$$e_s'=e_0+\frac{h}{2}-a_t=1866.7+600/2-40=2126.7\text{mm}$$

由力平衡关系得

$$\gamma_0 N_d=f_{sd}A_b-f_{sd}'A_t-f_{cd}bx$$

代入数据得

$1\times150000=280\times1964-280\times308-11.5\times350x$

解得 $x=77.9\text{mm}<2a_t=80\text{mm}$，近似取 $x=2a_t$ 进行承载力计算。

$$M_u=f_{sd}A_b\ (h_0-a_t)\ =280\times1964\times\ (560-40)\ =285.96\text{kN}\cdot\text{m}$$

作用弯矩

$$\gamma_0 N_d e_s'=1\times150000\times2126.7=319\text{kN}\cdot\text{m}$$

$M_u<\gamma_0 N_d e_s'$，承载力不满足要求，故需要加固。

2）截面特性计算

钢筋与混凝土弹性模量之比

$$\alpha_{Es}=E_s/E_c=200000/28000=7.143$$

开裂截面受压区混凝土高度

$$A_1=\alpha_{Es}A_b/b=7.143\times1964/350=40.1\text{mm}$$

$$B_1=2\alpha_{Es}A_bh_0/b=2\times7.143\times1964\times560/350=44891.4\text{mm}^2$$

$$x_1=\sqrt{A_1^2+B_1}-A_1=\sqrt{40.1^2+44891.4}-40.1=175.6\text{mm}$$

开裂截面惯性矩

$$I_{cr}=bx_1^3+\alpha_{Es}A_b(h_0-x_1)^2$$
$$=350\times175.6^3/3+7.143\times1964\times(560-175.6)^2=2.70\times10^9\text{mm}^4$$

3）受拉侧钢板应力计算

受拉侧钢板截面积 $A_{bp}=200\times6=1200\text{mm}^2$，受压侧钢板截面积 $A_{tp}=150\times3=450\text{mm}^2$

原构件偏心距

$$e_0=\frac{M_{d1}}{N_{d1}}=\frac{120\times10^3}{150}=800\text{mm}$$

原构件截面混凝土压应变

$$\varepsilon_{c1}=\frac{N_{d1}e_0x_1}{E_cI_{cr}}=\frac{150\times800\times175.6}{28000\times2.70\times10^9}=0.000278$$

对 γ_0N_d 作用点取矩得

$$f_{sd}A_be_s+E_{sp}\varepsilon_{bp}A_{bp}(e_s-a_b)=f_{cd}bx\left(e_s'-\frac{x}{2}\right)+f_{sd}'A_te_s'+f_{sp}'A_{tp}(e_s'+a_t)$$

钢板应变

$$\varepsilon_{bp}=\frac{\varepsilon_{cu}(\beta h-x)}{x}-\frac{\varepsilon_{c1}(h-x_1)}{x_1}$$

代入数据得

$280\times1964\times1606.7+206000\varepsilon_{bp}\times1200\times(1606.7-40)=11.5\times350x(2126.7-x/2)+280\times308\times2126.7+195\times450\times(2126.7+40)$

$$\varepsilon_{bp}=\frac{0.0033\times(0.8\times600-x)}{x}-\frac{0.000278\times(600-175.6)}{175.6}$$

联立求解上两式，得 $x=214.5\text{mm}$，$\varepsilon_{bp}=0.003412$，$E_{sp}\varepsilon_{bp}=206000\times0.003412=702.9\text{MPa}>f_{sp}$，取 $\sigma_{bp}=f_{sp}=195\text{MPa}$。

将 $\sigma_{bp}=195\text{MPa}$ 代入上式，二次求解，得 $x=94.8\text{mm}$，可知 $2a_t=80\text{mm}<x\leqslant\xi_bh_0=313.6\text{mm}$。

4）承载力计算

$$N_u=f_{sd}A_b+\sigma_{bp}A_{bp}-f_{cd}bx-f_{sd}'A_t-f_{sp}'A_{tp}$$
$$=280\times1964+195\times1200-11.5\times350\times99.4-280\times308-195\times450$$
$$=228.2\text{kN}>\gamma_0N_d=150\text{kN}$$

加固后构件的抗拉承载力满足设计要求。

用 SDB 软件计算本题，其输入信息和简要输出结果如图 4-28 所示。可见其计算结果与上面手算结果相同。

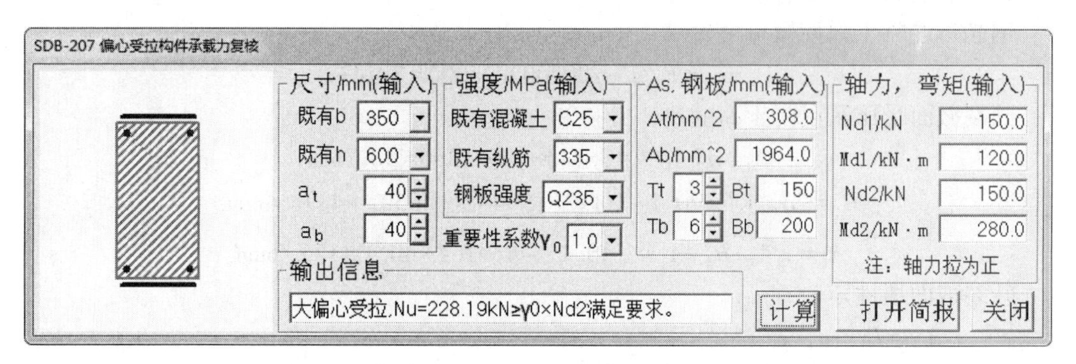

图 4-28 粘贴钢板加固大偏心受拉构件承载力复核

【例 4-10】小偏心受拉构件粘贴钢板加固复核算例

偏心受拉构件截面尺寸 $b\times h=350\text{mm}\times600\text{mm}$，结构重要性系数 $\gamma_0=1.0$。采用 C25 混凝土，HRB335 钢筋（$A_b=1964\text{mm}^2$，$A_t=308\text{mm}^2$），$a_t=a_b=40\text{mm}$，如图 4-27 所示。截面承受轴向力计算值 $N_2=\gamma_0N_d=500\text{kN}$，弯矩计算值为 $M_2=\gamma_0M_d=80\text{kN}\cdot\text{m}$。验算该构件是否满足承载力要求，若不满足，拟在受拉和受压侧分别粘贴 200mm×6mm、150mm×3mm 的 Q235 钢板进行加固。截面承受的第一阶段轴力计算值 $N_1=\gamma_0N_{d1}=400\text{kN}$，弯矩计算值为 $M_1=\gamma_0M_{d1}=60\text{kN}\cdot\text{m}$。试对加固后构件的承载力进行复核。

【解】

1. 原构件承载力验算

截面有效高度

$$h_0=h-a_b=600-40=560\text{mm}$$

偏心距为

$$e_0=\frac{M_d}{N_d}=\frac{80\times10^3}{500}=160\text{mm}$$

$e_0<\frac{h}{2}-a_b=600/2-40=260\text{mm}$，纵向力作用点在作用点 A_t 和作用点 A_b 之间，属于小偏心受拉构件。

$$e_t=e_0+\frac{h}{2}-a_t=160+600/2-40=420\text{mm}$$

$$e_b=\frac{h}{2}-e_0-a_b=600/2-160-40=100\text{mm}$$

截面上侧受拉时的受弯承载力

$$M_{ut}=f_{sp}A_t(h_0-a_b)=280\times308\times(560-40)=44.84\text{kN}\cdot\text{m}$$

截面上侧受拉时的弯矩作用

$$\gamma_0N_de_b=1.0\times500000\times100=50.00\text{kN}\cdot\text{m}$$

$\gamma_0N_de_b>M_{ut}$，不满足要求。

截面下侧受拉时的受弯承载力

$$M_{ub}=f_{sp}A_b(h_0'-a_b)=280\times1964\times(560-40)=285.96\text{kN}\cdot\text{m}$$

截面下侧受拉时的弯矩作用

$$\gamma_0N_de_t=1.0\times500000\times420=210.00\text{kN}\cdot\text{m}$$

$\gamma_0N_de_t\leqslant M_{ub}$，满足要求。

原截面有一个侧面纵筋不能承担 N_d 的拉力作用，需要加固。

2. 加固后构件承载力计算

（1）判断大小偏心受拉

A_t 和 A_{tp} 的合力至构件截面混凝土上边缘距离 a_{tt}

$$a_{tt}=\frac{A_t\left(a_t+T_t/2\right)+A_{tp}\times0}{A_t+A_{tp}}-T_t/2=\frac{308\times\left(40+3/2\right)+450\times0}{308+450}-3/2=15.4\text{mm}$$

A_b 和 A_{bp} 的合力至构件截面混凝土下边缘距离 a_{bb}

$$a_{bb}=\frac{A_b\left(a_b+T_b/2\right)+A_{bp}\times0}{A_b+A_{bp}}-T_b/2=\frac{1964\times\left(40+6/2\right)+1200\times0}{1964+1200}-6/2=23.7\text{mm}$$

$e_0\leqslant\frac{h}{2}-a_{bb}=600/2-23.7=276.3\text{mm}$，纵向力作用点在 A_t 和 A_{tp} 的合力点与 A_b 和 A_{bp} 的合力点之间，属于小偏心受拉构件。

（2）截面特性计算

$$h_s=h-a_t-a_b=600-40-40=520\text{mm}$$

$$e_{01}=\frac{M_{d1}}{N_{d1}}=\frac{60\times10^3}{400}=150\text{mm}$$

$$e_{t1}=e_{01}+\frac{h}{2}-a_t=150+600/2-40=410\text{mm}$$

$$e_{b1}=\frac{h}{2}-a_b-e_{01}=600/2-150-40=110\text{mm}$$

$$\alpha_1=\frac{e_{b1}}{e_{t1}}=\frac{110}{410}=0.268$$

$$e_{02}=\frac{M_d}{N_d}=\frac{80\times10^3}{500}=160\text{mm}$$

$$e_{t2}=e_{02}+\frac{h}{2}-a_{tt}=160+600/2-15.4=444.6\text{mm}$$

$$e_{b2}=\frac{h}{2}-a_{bb}-e_{02}=600/2-160-23.7=116.3\text{mm}$$

$$\alpha_2=\frac{e_{b2}}{e_{t2}}=\frac{116.3}{444.6}=0.262$$

$$\psi=\frac{E_{sp}}{E_s}=\frac{206\,000}{200\,000}=1.03$$

$$\beta_b=\frac{a_b}{h_s}=\frac{40}{520}=0.077；\ \beta_t=\frac{a_t}{h_s}=\frac{40}{520}=0.077$$

$$\zeta=\frac{A_b}{A_t}=\frac{1964}{308}=6.377;\ \zeta_t=\frac{A_{tp}}{A_t}=\frac{450}{308}=1.461;\ \zeta_b=\frac{A_{bp}}{A_t}=\frac{1200}{308}=3.896$$

（3）截面承载力计算

$$\varepsilon_{b1}=\frac{1}{1+\alpha_1}\frac{N_{d1}}{E_sA_b}=\frac{1}{1+0.268}\times\frac{400\ 000}{200\ 000\times1964}=0.000803$$

$$\varepsilon_{t1}=\frac{\alpha_1}{1+\alpha_1}\frac{N_{d1}}{E_sA_t}=\frac{0.268}{1+0.268}\times\frac{400\ 000}{200\ 000\times308}=0.001374$$

$$\varepsilon_{b1}=\frac{f_{sd}}{E_s}-\varepsilon_{b1}=\frac{280}{200\ 000}-0.000803=0.000597$$

$$\varepsilon_{t2}=\frac{\alpha_2\zeta\frac{f_{sd}}{E_s}+\psi[\zeta_b(\beta_b+\alpha_2+\alpha_2\beta_b)(1+\beta_b)+\zeta_t(1+\beta_t+\alpha_2\beta_t)\beta_t]\varepsilon_{b2}-\varepsilon_{t1}}{1+\psi[\zeta_b(\beta_b+\alpha_2+\alpha_2\beta_b)\beta_b+\zeta_t(1+\beta_t+\alpha_2\beta_t)(1+\beta_t)]}$$

其中：$\zeta_b(\beta_b+\alpha_2+\alpha_2\beta_b)=3.896\times(0.077+0.262+0.262\times0.077)=1.397$

$\zeta_t(1+\beta_t+\alpha_2\beta_t)=1.461\times(1+0.077+0.262\times0.077)=1.603$

$$\varepsilon_{t2}=\frac{0.262\times6.377\times280/200000+1.03\times[1.397\times(1+0.077)+1.603\times0.077]\times0.000597-0.001374}{1+1.03\times[1.397\times0.077+1.603\times(1+0.077)]}$$

$=0.000679$

$\varepsilon_{tp}=(1+\beta_t)\varepsilon_{t2}-\beta_t\varepsilon_{b2}=(1+0.077)\times0.000679-0.077\times0.000597=0.000686$

$\varepsilon_{bp}=(1+\beta_b)\varepsilon_{b2}-\beta_b\varepsilon_{t2}=(1+0.077)\times0.000597-0.077\times0.000679=0.000591$

截面上侧受拉时的受弯承载力

$M_{ut}=E_s(\varepsilon_{t1}+\varepsilon_{t2})A_th_s+E_{sp}\varepsilon_{tp}A_{tp}(h_s+a_t)-E_{sp}\varepsilon_{bp}A_{bp}a_b$

$=200000\times(0.001374+0.000679)\times308\times520+206000\times0.000686\times450\times(520+40)$

$-206000\times0.000591\times1200\times40=95.53\text{kN}\cdot\text{m}$

截面上侧受拉时的弯矩作用

$$\gamma_0N_{d2}e_{b2}=1.0\times500000\times116.3=58.15\text{kN}\cdot\text{m}$$

$\gamma_0N_de_b\leqslant M_{ut}$，满足要求。

截面下侧受拉时的受弯承载力

$M_{ub}=f_{sd}A_bh_s+E_{sp}\varepsilon_{bp}A_{bp}(h_s+a_b)-E_{sp}\varepsilon_{tp}A_{tp}a_t$

$=280\times1964\times520+206000\times0.000591\times1200\times(520+40)-206000\times0.000686\times450\times40$

$=365.23\text{kN}\cdot\text{m}$

截面下侧受拉时的弯矩作用

$$\gamma_0N_{d2}e_{t2}=1.0\times500000\times444.6=222.32\text{kN}\cdot\text{m}$$

$\gamma_0N_{d2}e_{t2}\leqslant M_{ub}$，满足要求。

加固后截面受拉承载力

$N_u=f_{sd}A_b+E_s(\varepsilon_{t1}+\varepsilon_{t2})A_t+E_{sp}\varepsilon_{tp}A_{tp}+E_{sp}\varepsilon_{bp}A_{bp}$

$=280\times1964+200000\times(0.001374+0.000679)\times308+206000\times0.000686\times450$

$+206000\times0.000591\times1200=885\text{kN}$

用 SDB 软件计算本题，其输入信息和简要输出结果如图 4-29 所示。可见其计算结果与上面手算结果相同。

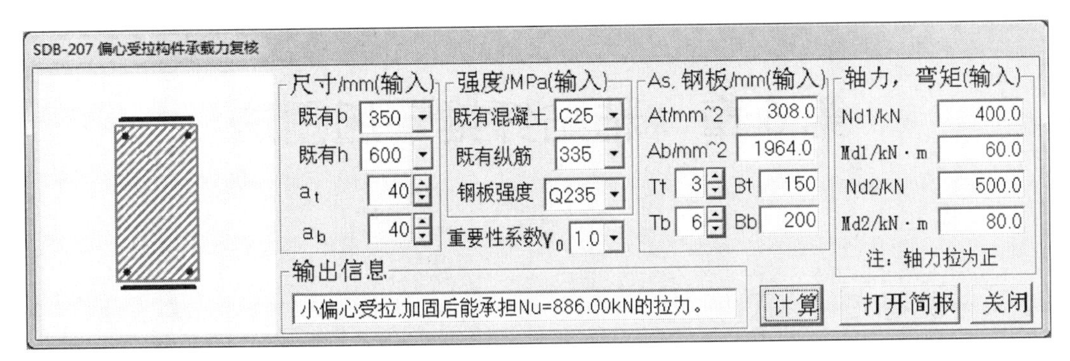

图4-29　粘贴钢板加固大偏心受拉构件承载力复核

本章参考文献

[1] 中华人民共和国行业标准. 城市桥梁结构加固技术规程 CJJ/T 239—2016 [S]. 北京：中国建筑工业出版社，2016.

[2] 中华人民共和国行业推荐性标准. 公路桥梁加固设计规范 JTG/T J22—2008 [S]. 北京：人民交通出版社，2008.

[3] 邬晓光，白青侠，雷自学. 公路桥梁加固设计规范应用计算示例 [M]. 北京：人民交通出版社，2011.

[4] 安关峰. 城市桥梁结构加固技术指南 [M]. 北京：中国建筑工业出版社，2015.

第5章 粘贴纤维带加固法

5.1 一般规定

1 当加固钢筋混凝土受弯、受压及受拉构件时，可采用粘贴纤维带加固法。

2 当采用粘贴纤维带时，被加固构件现场实测的混凝土强度等级不宜低于C20，纤维带与混凝土表面的正拉结强度不应低于1.5MPa，且应满足拉拔实验要求，试验方法应符合现行国家标准《混凝土结构加固设计规范》GB 50367的规定。

3 粘贴在混凝土构件表面上的纤维带应进行防护处理。表面防护材料应对纤维及胶粘剂无害，且应与胶粘剂粘结可靠。

4 纤维带、结构胶粘剂和表面防护材料的性能及使用环境等均应符合《城市桥梁结构加固技术规程》CJJ/T 239—2016[1] 第4.5节、第4.6节和第4.9节的规定。

5.2 受弯构件加固设计

当采用纤维带加固受弯构件时，应验算正截面和斜截面，且斜截面不应先于正截面发生破坏。

对受弯构件进行正截面抗弯加固设计时，除应符合现行行业标准《公路钢筋混凝土及预应力混凝土桥涵设计规范》JTG 3362相关规定外，尚应符合下列规定：

1 纤维带应力 σ_f 应为其拉应变 ε_f 与弹性模量 E_f 的乘积。当达到正截面承载能力极限状态时，ε_f 应按平截面假定确定，但不应超过其允许值 $[\varepsilon_f]$。

2 达到正截面承载能力极限状态时，纤维带与混凝土之间不得发生粘结剥离破坏。

对矩形截面或翼缘位于受拉边的钢筋混凝土T形截面受弯构件，在受拉面粘贴加固时，正截面承载力（图5-1）应按下列公式计算：

1 当混凝土受压区高度 $\xi_{fb}h<x<\xi_b h_0$ 时：

$$\gamma_0 M_d \leqslant f_{cd}bx\left(h_0-\frac{x}{2}\right)+f'_{sd}A'_s(h_0-a'_s)+E_f\varepsilon_f A_f a_s \tag{5-1}$$

对翼缘位于受压区的第二类T形截面（即截面受压区高度大于翼缘厚度）受弯构件，

$$\gamma_0 M_d \leqslant f_{cd}bx\left(h_0-\frac{x}{2}\right)+f_{cd}(b'_f-b)h'_f\left(h_0-\frac{h'_f}{2}\right)+f'_{sd}A'_s(h_0-a'_s)+E_f\varepsilon_f A_f a_s \tag{5-1'}$$

混凝土受压区高度 x 和受拉面纤维带拉应变 ε_f 应按下列公式联立求解：

$$f'_{sd}A'_s+f_{cd}bx=f_{sd}A_s+E_f\varepsilon_f A_f \tag{5-2}$$

对翼缘位于受压区的第二类T形截面受弯构件，

$$f'_{sd}A'_s+f_{cd}bx+f_{cd}(b'_f-b)h'_f=f_{sd}A_s+E_f\varepsilon_f A_f \tag{5-2'}$$

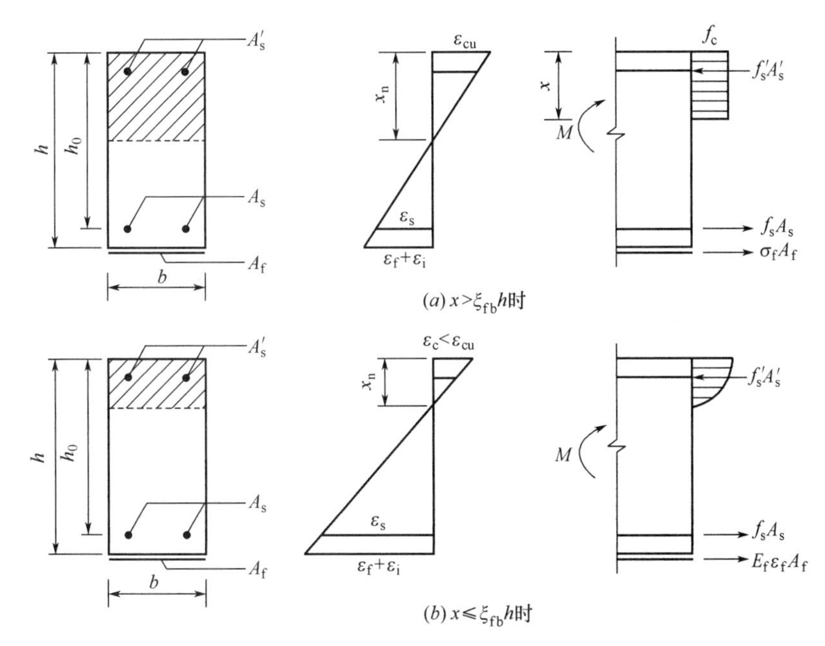

图 5-1　粘贴纤维带的矩形截面正截面受弯承载力计算

$$(\varepsilon_{cu}+\varepsilon_f+\varepsilon_1)x=0.8\varepsilon_{cu}h \tag{5-3}$$

2　当受压区高度 $x\leqslant\xi_{fb}h$ 时：

$$\gamma_0 M_d\leqslant f_{sd}A_s(h_0-0.5\xi_{fb}h)+E_f\varepsilon_f A_f h(1-0.5\xi_{fb}) \tag{5-4}$$

$$\xi_{fb}=\frac{0.8\varepsilon_{cu}}{\varepsilon_{cu}+[\varepsilon_f]+\varepsilon_1} \tag{5-5}$$

$$[\varepsilon_f]=\kappa_m\varepsilon_{fu} \tag{5-6}$$

$$\kappa_{m1}=\begin{cases}1-\dfrac{n_f E_f t_f}{428000} & n_f E_f t_f\leqslant 214000\\ \dfrac{107000}{n_f E_f t_f} & n_f E_f t_f>214000\end{cases} \tag{5-7}$$

3　当混凝土受压区高度 $x\leqslant 2a'_s$ 时：

$$\gamma_0 M_d\leqslant f_{sd}A_s(h_0-a'_s)+E_f\varepsilon_f A_f(h-a'_s) \tag{5-8}$$

4　加固前在初始弯矩 M_{k1} 作用下，截面受拉边缘混凝土的初始应变 ε_1（纤维带的滞后应变）应按下式计算：

$$\varepsilon_1=\frac{M_{k1}(h_0-x_1)}{E_c I_{cr}} \tag{5-9}$$

式中　A_f——受拉面粘贴的纤维带的截面面积，对任意一层纤维带，从其与构件表面的粘贴终端算起，锚板沿纤维带长度范围内，该层纤维带的面积不计入 A_f；

f_{cd}——原构件混凝土抗压强度设计值，根据现场检测强度推算值按现行行业标准《公路钢筋混凝土及预应力混凝土桥涵设计规范》JTG 3362 确定；

b、h——原构件截面宽度和高度；

h_0——原构件截面有效高度；

M_{k1}——包括恒载和新旧材料有效结合前的施工荷载产生的弯矩，当小于未加固截面受弯承载力的20%时，可忽略二次受力的影响；

E_f——纤维带的弹性模量；

ε_f——纤维带的拉应变；

ξ_{fb}——纤维带达到其允许拉应变与混凝土压坏同时发生时的界限相对受压区高度；

ε_1——计入二次受力影响时，加固前构件在初始弯矩作用下，截面受拉边缘混凝土的初始应变，当不计二次受力时，取0；

$[\varepsilon_f]$——纤维带的允许拉应变，且不大于纤维带极限拉应变 ε_{fu} 的2/3和0.007两者中的较小值，ε_{fu} 为纤维带的极限拉应变；

x_1——加固前原构件开裂截面换算截面的混凝土受压区高度，按本书式（4-10）或式（4-15）计算；

I_{cr}——加固前原构件开裂截面换算截面的惯性矩（mm^4），按本书式（4-14）或式（4-18）计算；

E_c——原构件混凝土的弹性模量（N/mm^2）；

n_f——纤维带的层数；

t_f——每层纤维带的厚度；

κ_m——纤维带强度折减因子，取 κ_{m1} 与 κ_{m2} 中的较小值，κ_{m1} 应按公式（5-7）计算，κ_{m2} 应按表5-1取值；当时 $\kappa_m>0.9$，取 $\kappa_m=0.9$。

当翼缘位于受压区的T形截面受弯构件在其受拉面粘贴纤维带时，其正截面承载力应按如上介绍和现行行业标准《公路钢筋混凝土及预应力混凝土桥涵设计规范》JTG 3362的规定计算。

正截面受弯承载力计算时，构件加固后受压区高度 x 不宜大于 $0.8\xi_b h_0$，其中加固前界限相对受压区高度 ξ_b 应按现行行业标准《公路钢筋混凝土及预应力混凝土桥涵设计规范》JTG 3362的规定确定。

纤维带粘贴于受拉区的梁侧时，正截面受弯承载力应按式（5-1）~式（5-7）计算，其中 h 采用纤维带截面面积形心至梁受压区边缘的距离 h_{f0} 代替，并将侧面纤维带的截面面积乘以折减系数（$1-0.5h_f/h$）。其中为侧面纤维带的粘贴高度。

纤维带环境影响折减系数 κ_{m2} **表5-1**

环境分类	片材类型	折减系数
Ⅰ类	碳纤维	0.85
	芳纶纤维	0.75
	玻璃纤维	0.65
Ⅱ、Ⅲ、Ⅳ类	碳纤维	0.85
	芳纶纤维	0.70
	玻璃纤维	0.50

加固后的受弯构件截面尺寸应满足下式要求：

$$\gamma_0 V_d \leqslant 0.51\times10^{-3}\psi_c\sqrt{f_{cu,k}}bh_0 \tag{5-10}$$

式中 ψ_c——截面翼缘扩大系数，对T形、Ⅰ形截面取 $\psi_c=1.1$，其余截面取 $\psi_c=1$。

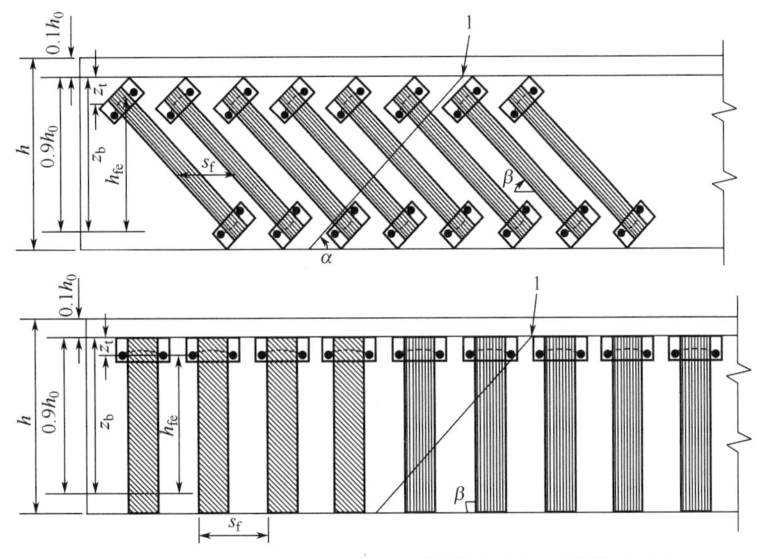

图 5-2　粘贴端部绕锚板自锁的纤维带抗剪加固设计示意图

1—剪切裂缝端部

当采用粘贴端部绕锚板自锁的纤维带对受弯构件进行斜截面抗剪加固设计时，其斜截面承载力（图 5-2）计算应满足下列公式要求：

$$\gamma_0 V_d \times 10^3 \leqslant 0.43\alpha_1\alpha_3 b h_0 \psi_{cs}\sqrt{(2+0.6P_2)\sqrt{f_{cu,k}}\rho_{sv}f_{sv}}+0.75f_{sd}A_{sb}\sin\theta_b+V_f \tag{5-11}$$

$$V_f = 2f_{fe}n_f t_f b_f \frac{h_{fe}(\sin\beta+\cos\beta)}{s_f} \tag{5-12}$$

$$f_{fe} = D_f\sigma_{f,max} \tag{5-13}$$

$$D_f = \frac{1+\zeta}{2} \tag{5-14}$$

$$\zeta = \frac{z_t}{z_b} \tag{5-15}$$

$$h_{fe} = z_b - z_t \tag{5-16}$$

$$s_f \leqslant s_{f,max} = \frac{h_{fe}(1+\cot\beta)}{2} \tag{5-17}$$

$$\sigma_{f,max} = \begin{cases} 0.8\dfrac{f_{fk}}{\gamma_f}, & \dfrac{f_{fk}}{E_f} \leqslant \varepsilon_{max} \\ 0.8\dfrac{\varepsilon_{max}E_f}{\gamma_f}, & \dfrac{f_{fk}}{E_f} > \varepsilon_{max} \end{cases} \tag{5-18}$$

式中　ψ_{cs}——与原梁斜裂缝有关的修正系数，加固前未出现斜裂缝时，取 $\psi_{cs}=1.0$；斜裂缝宽度小于 0.2mm 时，取 $\psi_{cs}=0.835$；斜裂缝宽度大于 0.2mm 时，取 $\psi_{cs}=0.78$；

A_{sb}——弯起钢筋截面面积（mm^2）；

θ_b——弯起钢筋与梁纵轴的夹角（≤90°）；

V_f——纤维带贡献的设计受剪承载力（N）；

f_{fe}——加固梁达极限承载力时与剪切裂缝相交的纤维带的平均有效拉应力（N/mm^2）；

n_f——纤维带层数；

t_f——每层纤维带的厚度（mm）；

b_f——纤维带宽度（mm）；

β——纤维方向与梁纵轴夹角（°）；

D_f——纤维带应变分布系数；

z_t——纤维带有效上端至剪切裂缝上端的垂直高差（mm），假设剪切裂缝终止于梁受压区边缘向下 $0.1h_0$ 处，其中 h_0 为有效梁高，取梁受压区边缘至纵向受拉钢筋中心线间距；纤维带有效上端取上部自锁锚板的两锚栓连线中点；

z_b——纤维带有效下端至剪切裂缝上端的垂直高差（mm），当采用 U 形箍时，有效下端取纵筋中心线；当采用侧面粘贴上下锚固时，有效下端比实际下端高 $(h-h_0)$，其中 h 为梁高（mm）；

h_{fe}——纤维带有效高度（mm）；

s_f——纤维带沿梁水平纵向的中心间距（mm）；

$\sigma_{f,max}$——纤维带允许最大拉应力（N/mm^2）；

f_{fk}——纤维带抗拉强度标准值（N/mm^2），依据纤维带分组按《城市桥梁结构加固技术规程》CJJ/T 239—2016[1] 第 4.5.2 条规定的最低值取用；

γ_f——纤维带的材料抗拉强度分项系数，取 1.25；

E_f——纤维带弹性模量（N/mm^2）；

$s_{f,max}$——纤维最大允许应变标准值，对碳纤维可取 0.015，对于玻璃纤维可取 0.044；

α_1——异号弯矩影响系数，计算简支梁和连续梁近边支座梁段的受剪承载力时，$\alpha_1=1.0$；计算连续梁和悬臂梁近中间支点梁段的受剪承载力时，$\alpha_1=0.9$；

α_3——受压翼缘的影响系数，对矩形截面 $\alpha_3=1.0$；对具有受压翼缘的 T 形或 I 形截面，取 $\alpha_3=1.1$。

【例 5-1】 矩形截面梁粘贴纤维布加固设计算例

文献［3］第 104 页例题，矩形截面梁尺寸 $b\times h=250mm\times450mm$。采用 C25 混凝土，HRB335 钢筋。截面配置受拉钢筋为 4 Φ 20（$A_s=1256mm^2$），受压钢筋为 2 Φ 12（$A'_s=226mm^2$），$a_s=45mm$，$a'_s=40mm$。Ⅰ类环境条件，安全等级为二级。现将截面弯矩组合设计值提高至 140kN · m，加固前恒载作用下跨中弯矩为 11.3kN · m。试采用粘贴碳纤维复合材料进行加固设计。

【解】 1）原梁承载力验算

截面有效高度：

$$h_0=h-a_s=450-45=405mm$$

混凝土受压区高度：

$$x=\frac{f_{sd}A_s-f'_{sd}A'_s}{f_{cd}b}=\frac{280\times1256-280\times226}{11.5\times250}=100.3mm>2a'_s$$

原梁跨中截面抗弯承载力：

$$M_{u1}=f_{cd}bx\left(h_0-\frac{x}{2}\right)+f'_{sd}A'_s(h_0-a'_s)$$

$$=11.5\times250\times100.3\times(405-100.3/2)+280\times226\times(405-40)=125.43kN\cdot m<\gamma_0M_d$$

$=140\text{kN}\cdot\text{m}$。

可见不满足要求，需进行加固。

2）加固前原构件恒载作用下跨中截面混凝土压应变

钢筋与混凝土弹性模量之比

$$\alpha_{Es}=E_{s1}/E_{c1}=200000/28000=7.143$$

据 CJJ/T 239—2016 式（6.2.4），原构件开裂矩形换算截面的混凝土受压区高度

$A_1=\alpha_{Es}(A_s+A_s')/b=7.143\times(1256+226)/250=42.34\text{mm}$

$B_1=2\alpha_{Es}(A_s h_0+A_s' a_s')/b=2\times7.143\times(1256\times405+226\times40)/250=29584.6\text{mm}^2$

加固前原构件开裂截面换算截面的混凝土受压区高度

$$x_1=\sqrt{A_1^2+B_1}-A_1=\sqrt{42.34^2+29584.6}-42.34=134.8\text{mm}$$

加固前原构件开裂截面换算截面的惯性矩，据式（4-14）

$I_{cr1}=bx_1^3/3+\alpha_{Es}A_s\ (h_0-x_1)^2+\alpha_{Es}A_s'(x_1-a_s')^2$

$=250\times134.8^3/3+7.143\times1256\times\ (405-134.8)^2+7.143\times226\times\ (134.8-40)^2$

$=873.62\times10^6\text{mm}^4$

加固前原构件恒载作用下跨中截面混凝土压应变

$$\varepsilon_1=\frac{M_{k1}\ (h-x)}{E_c I_{cr}}=\frac{13.6\times10^6\times\ (450-134.8)}{28000\times873.62\times10^6}=0.000175$$

3）粘贴纤维复合材料面积的估算

根据所用纤维材料弹性模量，单层的厚度，并假设粘贴单层，

$$n_f E_f t_f=1\times240000\times0.167=40080\text{N/mm}$$

$$n_f E_f t_f\leqslant214000,\ \kappa_{m1}=1-\frac{n_f E_f t_f}{428000}=1-\frac{40080}{428000}=0.906$$

查表 5-1，得 $\kappa_{m2}=0.85$

纤维带强度折减因子取 κ_{m1}，κ_{m2} 较小值，即 $\kappa_m=0.85$

纤维带的极限拉应变 $\varepsilon_{fu}=\dfrac{f_{ftk}}{E_f}=\dfrac{3400}{240000}=0.0142$

$[\varepsilon_f]\ =\kappa_m\varepsilon_{fu}=0.013>\min\ (\dfrac{2}{3}\varepsilon_{fu},\ 0.007)\ =0.007$，取 $[\varepsilon_f]\ =0.007$

由式（5-5），计算

$$\xi_{fb}=\frac{0.8\varepsilon_{cu}}{\varepsilon_{cu}+\ [\varepsilon_f]\ +\varepsilon_1}=\frac{0.8\times0.0033}{0.0033+0.007+0.000175}=0.252$$

$$\xi_{fb}h=0.252\times450=113.4\text{mm}$$

假定 $x>\xi_{fb}h$，当只在梁底粘贴纤维复合材料进行加固时，根据受弯构件破坏时应力应变图，对纤维复合材料重心列出力矩方程式得到：

$$M\leqslant f_{cd}bx\left(h-\frac{h}{2}\right)+f_{sd}'A_s'(h-a_s')\ \ +f_{sd}A_s a_s$$

M 已知，上式两边取等号，可导出

$$x=h\left[1-\sqrt{1-2\frac{M+f_{sd}A_s a_s-f_{sd}'A_s'(h-a_s')}{f_{sd}bh^2}}\right]$$

代入数据，即

$$x=450\times\left[1-\sqrt{1-2\times\frac{140\times10^{6}+280\times1256\times45-280\times226\times(450-40)}{11.5\times250\times450^{2}}}\right]=115.1\text{mm}$$

$\xi_{fb}h<x<\xi_b h_0=0.56\times405=227\text{mm}$

由式（5-3）计算纤维应变

$$\varepsilon_f=\frac{0.8\varepsilon_{cu}h}{x}-\varepsilon_1-\varepsilon_{cu}=\frac{0.8\times0.0033\times450}{115.1}-0.000175-0.0033=0.00684$$

代入式（5-2）得纤维复合材料截面积

$$A_f=\frac{f'_{sd}A'_s+f_{cd}bx-f_{cd}A_s}{E_f\varepsilon_f}=\frac{280\times226+11.5\times250\times115.1-280\times1256}{240000\times0.00684}=25.9\text{mm}^2$$

需要粘贴的纤维布宽度为 $B_f=A_f/t_f=25.9/0.167=155.1\text{mm}$。

用 SDB 软件计算本题，其输入信息和简要输出结果如图 5-3 所示。可见其计算结果与上面手算结果相同，验证了手算结果的正确性。

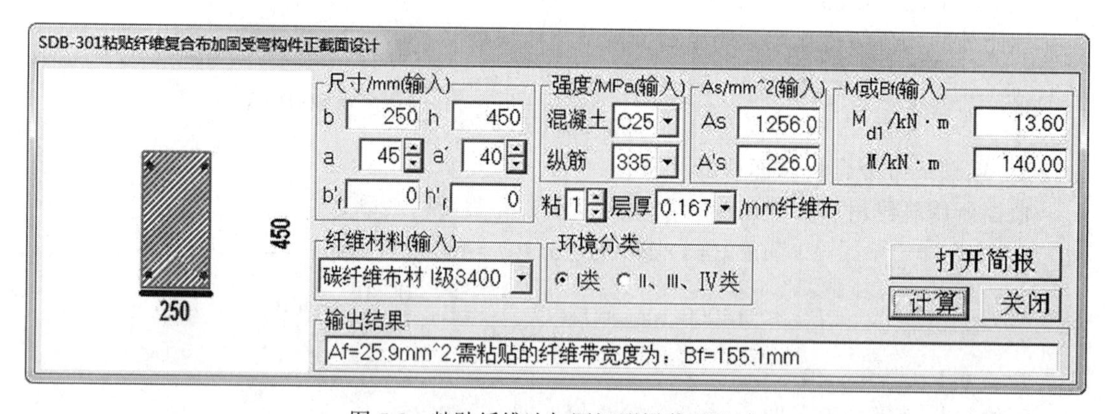

图 5-3 粘贴纤维法加固矩形梁截面设计

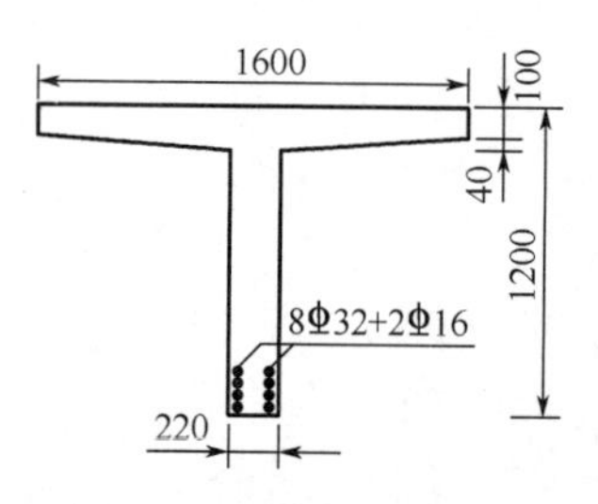

图 5-4 T 梁跨中截面图

【例 5-2】T 形截面梁粘贴纤维板加固设计计算例

文献［3］第 106 页例题，某钢筋混凝土简支梁 T 截面如图 5-4 所示，截面高度 $h=1200\text{mm}$，翼缘有效宽度 $b'_f=1600\text{mm}$，肋板宽度 $b=220\text{mm}$，采用 C25 混凝土，HRB335 级钢筋，截面纵向受拉钢筋为 8 Φ 32+2 Φ 16（$A_{s1}=6837\text{mm}^2$）$a_s=106\text{mm}$。Ⅰ类环境条件，安全等级为二级。荷载等级提高后，跨中截面处弯矩设计值 $M_d=2150\text{kN}\cdot\text{m}$。验算截面的抗弯承载能力，若不满足，试采用粘贴纤维复合材料法进行加固设计，加固前恒载作用下跨中截面处弯矩 $M_{GK}=418.3\text{kN}\cdot\text{m}$。纤维板材厚度 $t_f=1.2\text{mm}$，弹性模量 $E_f=1.6\times10^5\text{MPa}$，抗拉强度标准值为 2400MPa。

【解】 1）原梁承载力验算

截面有效高度：$h_0=h-a_s=1200-106=1094\text{mm}$

翼缘厚度取平均厚度：$h'_f=\frac{140+100}{2}=120\text{mm}$

混凝土受压区高度：$x=\dfrac{f_{sd}(A_s-A'_s)}{f_{sd}b'_f}=\dfrac{280\times(6837-0)}{11.5\times1600}=104.0\text{mm}<h'_f$

原梁跨中截面抗弯承载力：

$$M_{u1}=f_{cb}b'_fx\left(h_0-\frac{x}{2}\right)=11.5\times1600\times104\times(1094-104/2)=1994.72\text{kN}\cdot\text{m}$$

2）截面加固设计

钢筋与混凝土弹性模量之比：$\alpha_{Es}=E_{s1}/E_{c1}=200000/28000=7.143$

在梁底粘贴的碳纤维带截面面积为：$A_f=B_ft_f=200\times1.2=240\text{mm}^2$

①加固前原构件恒载作用下跨中截面混凝土压应变

假设开裂截面受压区高度 $x_1>h'_f$，根据 CJJ/T 239—2016 式（6.2.5），计算 x_1 如下：

$A_1=[\alpha_{Es}A_s+(b'_f-b)h'_f]/b=[7.143\times6837+(1600-220)\times120]/220=974.7\text{mm}$

$B_1=[2\alpha_{Es}A_sh_0+(b'_f-b)h'^2_f]/b=[2\times7.143\times6837\times1094+(1600-220)\times120^2]/220$

$=576021\text{mm}^2$

加固前原构件开裂截面换算截面的混凝土受压区高度

$$x_1=\sqrt{A_1^2+B_1}-A_1=\sqrt{974.7^2+576021}-974.7=260.6\text{mm}$$

符合假定的 $x_1>h'_f$

加固前原构件开裂截面换算截面的惯性矩，根据式（4-18）

$I_{cr}=b'_fx_1^3/3-(b'_f-b_1)(x_1-h'_f)^3/3+\alpha_{Es}A_s(h_0-x_1)^2$

$=1600\times260.6^3/3-(1600-220)\times(260.6-120)^3/3+7.143\times6837\times(1094-260.6)^2$

$=42.08\times10^9\text{mm}^4$

第一阶段弯矩

$M_{d1}=\gamma_GM_{GK}=1.2\times418.3=502.4\text{kN}\cdot\text{m}$

加固前在第一阶段弯矩作用下跨中截面受拉边缘混凝土的初始应变为

$$\varepsilon_1=\frac{M_{d1}(h-x_1)}{E_cI_{cr}}=\frac{502.4\times10^6\times(1200-260.6)}{28000\times42.08\times10^9}=0.0004005$$

②粘贴纤维复合材料面积 A_f 的估算

假设粘贴一层I级碳纤维板材，厚度 $t_f=1.2\text{mm}$，弹性模量 $E_f=1.6\times10^5\text{MPa}$，抗拉强度标准值为 2400MPa。

$$n_fE_ft_f=1\times160000\times1.2=192000\text{N/mm}$$

$$n_fE_ft_f\leqslant214000,\text{故 }\kappa_{m1}=1-\frac{n_fE_ft_f}{428000}=1-\frac{192000}{428000}=0.551$$

查表 5-1，得I类环境条件下碳纤维 $\kappa_{m2}=0.85$

纤维带强度折减因子取 κ_{m1}，κ_{m2} 较小值，即 $\kappa_m=0.551$

纤维带的极限拉应变 $\varepsilon_{fu}=\dfrac{f_{ftk}}{E_f}=\dfrac{2400}{160000}=0.015$

$[\varepsilon_f]=\kappa_m\varepsilon_{fu}=0.551\times0.015=0.00827>\min(\frac{2}{3}\varepsilon_{fu},0.007)=0.007$，取 $[\varepsilon_f]=0.007$

由式（5-5），计算

$$\xi_{fb}=\frac{0.8\varepsilon_{cu}}{\varepsilon_{cu}+[\varepsilon_f]+\varepsilon_1}=\frac{0.8\times0.0033}{0.0033+0.007+0.0004005}=0.247$$

假定 $x\leqslant h_f'$，且 $x>\xi_{fb}h$，由下式求解混凝土受压区高度：

$$M=f_{cd}b_f'x\left(h-\frac{x}{2}\right)-f_{sd}A_sa_s$$

代入数据，即

$$2150\times10^6=11.5\times1600x(1200-x/2)-280\times6837\times106$$

解得 $x=111.8\text{mm}<h_f'$，$x<\xi_{fb}h=0.247\times1200=296\text{mm}$，表明纤维板材在达到允许应变时，受压区混凝土应变尚未达到 ε_{cu}。

当仅在梁底粘贴时，由式(5-4)可得

$$A_f=\frac{\gamma_0M_d-f_{sd}A_s(h_0-0.5\xi_{fb}h)}{E_f\varepsilon_fh(1-0.5\xi_{fb})}=\frac{1\times2150\times10^6-280\times6837\times(1094-0.5\times0.247\times1200)}{160000\times0.007\times1200(1-0.5\times0.247)}$$

$$=288.1\text{mm}^2$$

则需要粘贴宽度 $B_f=A_f/t_f=288.1/1.2=240\text{mm}$。

用 SDB 软件计算本题，其输入信息和简要输出结果如图 5-5 所示。可见其计算结果与上面手算结果相同，验证了手算结果的正确性。

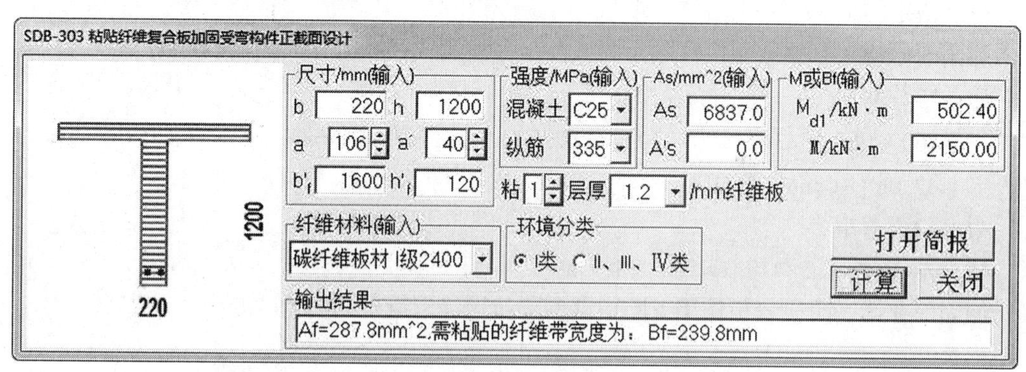

图 5-5 粘贴纤维法加固 T 形梁截面设计

【例 5-3】预制空心板粘贴纤维布加固复核算例

文献［3］第 99 页例题，预制钢筋混凝土简支空心板，截面尺寸如图 5-6 所示，顶板宽度为 900mm，板间设同等级混凝土浇缝，截面高度 $h=600\text{mm}$，采用 C25 混凝土，HRB335 钢筋。截面受拉钢筋为 10 Φ 25（$A_s=4909\text{mm}^2$），$a_s=45\text{mm}$，I类环境条件，安全等级为二级。由于桥梁设计荷载等级提高，拟在板底粘贴一层总宽度为 300mm 的I级纤维布进行加固，纤维布计算厚度 $t_f=0.167\text{mm}$，弹性模量 $E_f=2.4\times10^5\text{MPa}$，抗拉强度标准值为 3400MPa。加固前恒载作用下跨中截面处弯矩 $M_{GK}=97.8\text{kN}\cdot\text{m}$。试验算加固后截面的抗弯承载能力。

【解】 1）原梁承载力验算

截面有效高度：

$$h_0=h-a_s=600-45=555\text{mm}$$

混凝土受压区高度：

$$x=\frac{f_{sd}(A_s-A_s')-f_{cd}(b_f'-b)h_f'}{f_{cd}b}=\frac{280\times(4909-0)-11.5\times(1000-426)\times104}{11.5\times426}=140.4\text{mm}>h_f'$$

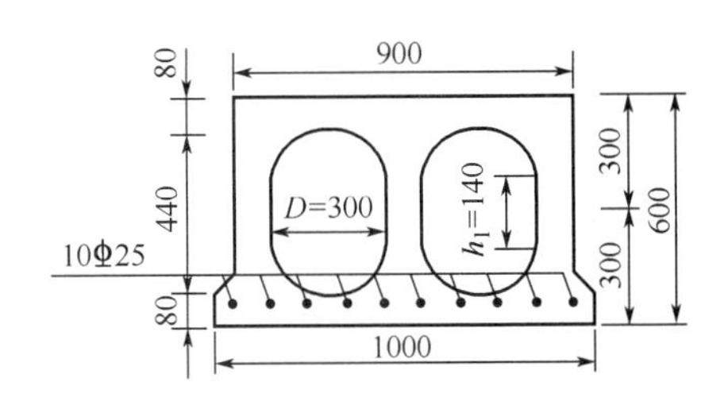

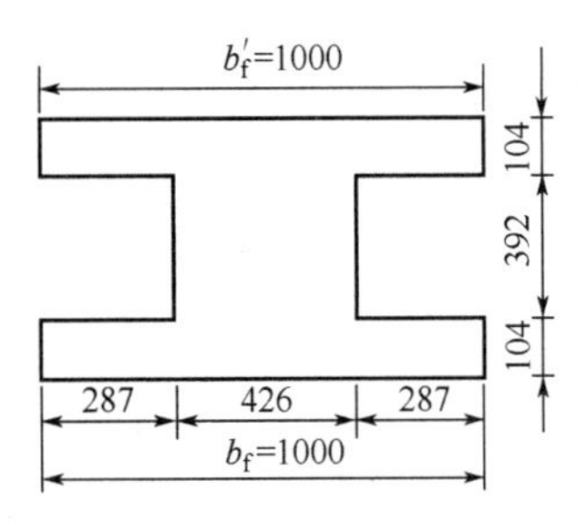

图 5-6　截面尺寸图（单位：mm）

原梁跨中截面抗弯承载力：

$$M_{u1}=f_{cd}bx\left(h_0-\frac{x}{2}\right)+f_{cd}(b_f'-b)h_f'\left(h_0-\frac{h_f'}{2}\right)$$
$$=11.5\times426\times140.4\times(555-140.4/2)+11.5\times(1000-426)\times104\times(555-104/2)$$
$$=678.76\text{kN}\cdot\text{m}$$

2）加固前原构件恒载作用下跨中截面混凝土压应变

钢筋与混凝土弹性模量之比

$$\alpha_{Es}=E_{s1}/E_{c1}=200000/28000=7.143$$

据 CJJ/T 239—2016 式（6.2.5），原构件开裂矩形换算截面的混凝土受压区高度

$A_1=[\alpha_{Es}A_s+(b_f'-b)h_f']/b=[7.143\times4909+(1000-426)\times104]/426=222.4\text{mm}$

$B_1=[2\alpha_{Es}A_sh_0+(b_f'-b)h_f'^2]/b=[2\times7.143\times4909\times555+(1000-426)\times104^2]/426$

$=105938.4\text{mm}^2$

加固前原构件开裂截面换算截面的混凝土受压区高度

$$x_1=\sqrt{A_1^2+B_1}-A_1=\sqrt{222.4^2+105938.4}-222.4=171.8\text{mm}$$

符合假定的 $x_1>h_f'$。

加固前原构件开裂截面换算截面的惯性矩，根据式（4-18）

$I_{cr}=b_f'x_1^3/3-(b_f'-b_1)(x_1-h_f')^3/3+\alpha_{Es}A_s(h_0-x_1)^2$

$=1000\times171.8^3/3-(1000-426)\times(171.8-104)^3/3+7.143\times4909\times(555-171.8)^2$

$=6.78\times10^6\text{mm}^4$

第一阶段弯矩

$$M_{d1}=\gamma_GM_{GK}=1.2\times97.8=117.4\text{kN}\cdot\text{m}$$

加固前在第一阶段弯矩作用下跨中截面受拉边缘混凝土的初始应变为

$$\varepsilon_1=\frac{M_{d1}\ (h-x_1)}{E_cI_{cr}}=\frac{117.4\times10^6\times\ (600-171.8)}{28000\times6.78\times10^6}=0.0002648$$

3）ξ_{fb} 的计算

$$n_fE_ft_f=1\times240000\times0.167=40080\text{N/mm}$$

$$n_fE_ft_f\leqslant214000，故\ \kappa_{m1}=1-\frac{n_fE_ft_f}{428000}=1-\frac{40080}{428000}=0.906$$

查表 5-1，得 I 类环境条件下碳纤维 $\kappa_{m2}=0.85$

纤维带强度折减因子取 κ_{m1}，κ_{m2} 较小值，即 $\kappa_m=0.85$

纤维带的极限拉应变 $\varepsilon_{fu}=\dfrac{f_{ftk}}{E_f}=\dfrac{3400}{240000}=0.0142$

$[\varepsilon_f]=\kappa_m\varepsilon_{fu}=0.012>\min\left(\dfrac{2}{3}\varepsilon_{fu},\ 0.007\right)=0.007$，取 $[\varepsilon_f]=0.007$

由式（5-5），计算

$$\xi_{fb}=\frac{0.8\varepsilon_{cu}}{\varepsilon_{cu}+[\varepsilon_f]+\varepsilon_1}=\frac{0.8\times0.0033}{0.0033+0.007+0.000265}=0.250$$

4）正截面承载力验算

假设受压区高度 $x>h_f'$，且 $x>\xi_{fb}h=0.250\times600=150$mm，按下式求解受压区高度和碳纤维布应变

$$f_{cd}bx+f_{cd}(b_f'-b)h_f'=f_{sd}A_s+E_f\varepsilon_fA_f$$
$$(\varepsilon_{cu}+\varepsilon_f+\varepsilon_1)x=0.8\varepsilon_{cu}h$$

代入数据，即

$11.5\times426x+11.5\times(1000-426)\times104=280\times4909+240000\varepsilon_f\times50.1$

$(0.0033+\varepsilon_f+0.0002648)x=0.8\times0.0033\times600$

联立以上两式求得：$x=156.5$mm，$\varepsilon_f=0.00656<[\varepsilon_f]=0.007$

$$\xi_{fb}h=150\text{mm}<x<\xi_bh_0=0.56\times555=310.8\text{mm}$$

截面抗弯承载力为：

$$M_u=f_{cd}bx\left(h_0-\frac{x}{2}\right)+f_{cd}(b_f'-b)h_f'\left(h_0-\frac{h_f'}{2}\right)+f_{sd}'A_s'(h_0-a_s')+E_f\varepsilon_fA_fa_s$$
$$=11.5\times426\times156.5\times(555-156.5/2)+11.5\times(1000-426)\times104\times(555-104/2)+0+240000\times0.00656\times300\times0.167\times45=714.43\text{kN}\cdot\text{m}。$$

用 SDB 软件计算本题，其输入信息和简要输出结果如图 5-7 所示。可见其结果与上面手算结果相同。

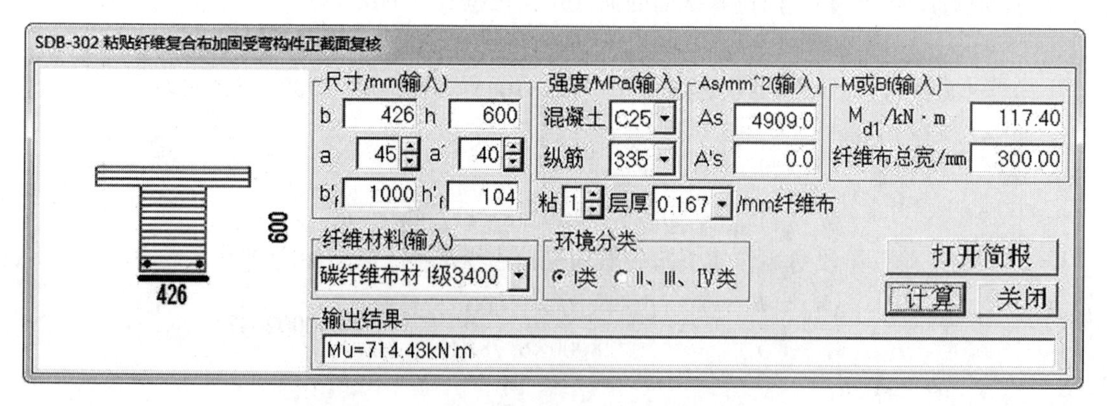

图 5-7 空心截面板粘贴纤维法加固复核

【例 5-4】T 形截面梁粘贴纤维板加固复核算例

文献［3］第 101 页例题，某钢筋混凝土简支梁 T 截面如图 5-8 所示，截面高度 $h=1200$mm，翼缘有效宽度 $b_f'=1600$mm，肋板宽度 $b=220$mm，采用 C25 混凝土，HRB335 级钢筋，截面纵向受拉钢筋为 8Φ32+2Φ16（$A_{s1}=6837\text{mm}^2$），$a_s=106$mm。Ⅰ类环境条件，

安全等级为二级。荷载等级提高后，在梁底粘贴了一层总宽度为 200mm 的Ⅰ级碳纤维板材进行加固，纤维板材厚度 $t_f=1.2$mm，弹性模量 $E_f=1.6\times10^5$MPa，抗拉强度标准值为 2400MPa。加固前恒载作用下跨中截面处弯矩 $M_{GK}=418.3$kN·m。试验算加固后截面的抗弯承载能力。

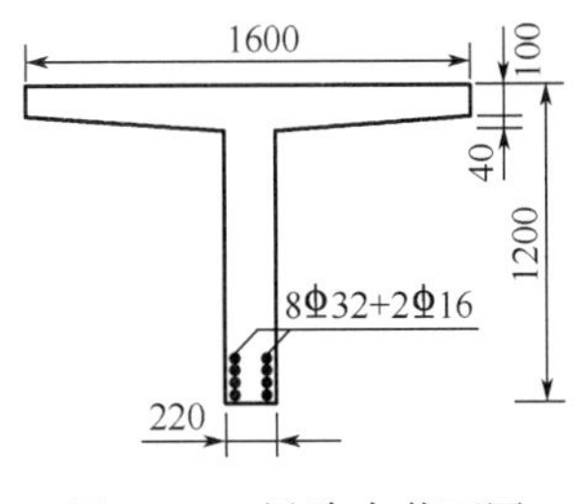

图 5-8　T 梁跨中截面图

【**解**】1）原梁承载力验算

截面有效高度：$h_0=h-a_s=1200-106=1094$mm

翼缘厚度取平均厚度：$h_f'=\dfrac{140+100}{2}=120$mm

混凝土受压区高度：$x=\dfrac{f_{sd}(A_s-A_s')}{f_{cd}b_f'}=\dfrac{280\times(6837-0)}{11.5\times1600}=104.0\text{mm}<h_f'$

原梁跨中截面抗弯承载力：

$$M_{u1}=f_{cd}b_f'x\left(h_0-\frac{x}{2}\right)=11.5\times1600\times104\times(1094-104/2)=1994.72\text{kN}\cdot\text{m}$$

2）计算加固梁的受弯承载力

钢筋与混凝土弹性模量之比：$\alpha_{Es}=E_{s1}/E_{c1}=200000/28000=7.143$

在梁底粘贴的碳纤维带截面面积为：$A_f=B_ft_f=200\times1.2=240\text{mm}^2$

①加固前原构件恒载作用下跨中截面混凝土压应变

假设开裂截面受压区高度 $x_1>h_f'$，根据 CJJ/T 239—2016 式（6.2.5），计算 x_1 如下：

$A_1=[\alpha_{Es}A_s+(b_f'-b)h_f']b=[7.143\times6837+(1600-220)\times120]/220=974.7\text{mm}$

$B_1=[2\alpha_{Es}A_sh_0+(b_f'-b)h_f'^2]/b=[2\times7.143\times6837\times1094+(1600-220)\times120^2]/220$

$=576021\text{mm}^2$

加固前原构件开裂截面换算截面的混凝土受压区高度

$$x_1=\sqrt{A_1^2+B_1}-A_1=\sqrt{974.7^2+576021}-974.7=260.6\text{mm}$$

符合假定的 $x_1>h_f'$。

加固前原构件开裂截面换算截面的惯性矩，根据式（4-18）

$I_{cr}=b_f'x_1^3/3-(b_f'-b_1)(x_1-h_f')^3/3+\alpha_{Es}A_s(h_0-x_1)^2$

$=1600\times260.6^3/3-(1600-220)\times(260.6-120)^3/3+7.143\times6837\times(1094-260.6)^2$

$=42.08\times10^9\text{mm}^4$

第一阶段弯矩

$M_{d1}=\gamma_GM_{GK}=1.2\times418.3=502.4\text{kN}\cdot\text{m}$

加固前在第一阶段弯矩作用下跨中截面受拉边缘混凝土的初始应变为

$$\varepsilon_1=\frac{M_{d1}(h-x_1)}{E_cI_{cr}}=\frac{502.4\times10^6\times(1200-260.6)}{28000\times42.08\times10^9}=0.0004005$$

②ξ_{fb} 的计算

$$n_fE_ft_f=1\times160000\times1.2=192000\text{N/mm}$$

$$n_fE_ft_f\leqslant214000,\text{故 }\kappa_{m1}=1-\frac{n_fE_ft_f}{428000}=1-\frac{192000}{428000}=0.551$$

查表 5-1，得 I 类环境条件下碳纤维 $\kappa_{m2}=0.85$

纤维带强度折减因子取 κ_{m1}，κ_{m2} 较小值，即 $\kappa_m=0.551$

纤维带的极限拉应变 $\varepsilon_{fu}=\dfrac{f_{ftk}}{E_f}=\dfrac{2400}{160000}=0.015$

$[\varepsilon_f]=\kappa_m\varepsilon_{fu}=0.551\times0.015=0.00827>\min(\dfrac{2}{3}\varepsilon_{fu},0.007)=0.007$，取 $[\varepsilon_f]=0.007$

由式(5-5)，计算

$$\xi_{jb}=\frac{0.8\varepsilon_{cu}}{\varepsilon_{cu}+[\varepsilon_f]+\varepsilon_1}=\frac{0.8\times0.0033}{0.0033+0.007+0.0004005}=0.247$$

③正截面承载力验算

假设受压区高度 $x>h_f'$，且 $x>\xi_{fb}h=0.247\times1200=296.1\text{mm}$，按下式求解受压区高度和碳纤维布应变

$$f_{cd}bx+f_{cd}(b_f'-b)h_f'=f_{sd}A_s+E_f\varepsilon_fA_f$$
$$(\varepsilon_{cu}+\varepsilon_f+\varepsilon_1)x=0.8\varepsilon_{cu}h$$

代入数据，即

$11.5\times220x+11.5\times(1600-220)\times120=280\times6837+160000\varepsilon_f\times240$

$(0.0033+\varepsilon_f+0.0004005)x=0.8\times0.0033\times1200$

联立以上两式求得：$x=194.7\text{mm}$，$\varepsilon_f=0.0126>[\varepsilon_f]=0.007$，取 $\varepsilon_f=0.007$

$$x\leqslant\xi_{fb}h=296.1\text{mm}$$

由式(5-4)，截面抗弯承载力为：

$M_u=f_{sd}A_s(h_0-0.5\xi_{fb}h)+E_f\varepsilon_fA_fh(1-0.5\xi_{fb})$

$=280\times6837\times(1094-296.1/2)+160000\times0.007\times240\times1200\times(1-0.247/2)$

$=2093.7\text{kN}\cdot\text{m}$

用 SDB 软件计算本题，其输入信息和简要输出结果如图 5-9 所示。可见其结果与上面手算结果相同。

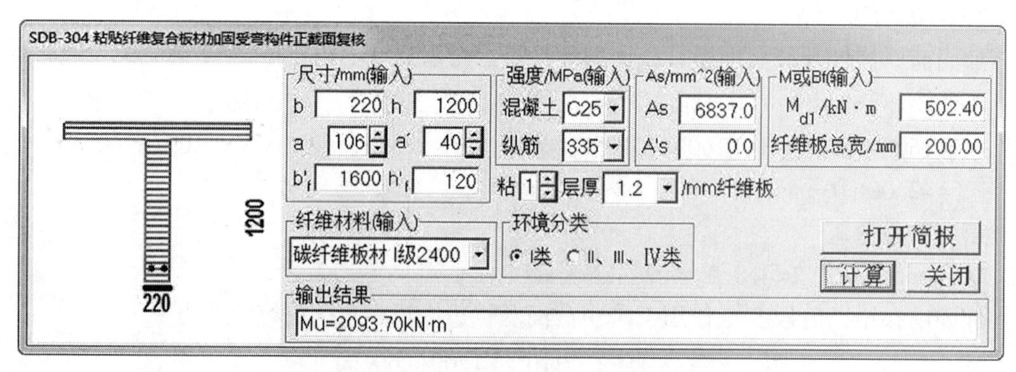

图 5-9 矩形截面双筋梁增大截面法加固复核

【例 5-5】粘贴纤维法加固矩形梁斜截面承载力复核算例

文献［4］第 95 页例题，某钢筋混凝土矩形截面简支梁，截面尺寸 $b\times h=250\text{mm}\times400\text{mm}$。采用 C30 混凝土，保护层厚度为 25mm，纵筋和箍筋采用 HRB335 级钢筋；截面纵筋配置为 4Φ25（$A_s=1963\text{mm}^2$）+2Φ25（$A_s'=982\text{mm}^2$），箍筋配置为Φ6@200；I 类环

境条件，安全等级为二级；斜截面上的最大剪力设计值 $V_d=120\text{kN}$。验算斜截面承载力。若不满足要求，试采用有端锚碳纤维带进行加固设计。

【解】由题意可知 $\gamma_0=1.0$。

1）原截面承载力复核

截面有效高度：$h_0=h-a_s=400-38=362\text{mm}$

对于简支梁，$\alpha_1=1.0$；无受压翼缘矩形截面 $\alpha_3=1.0$。

纵向受拉钢筋配筋百分率 $\rho=\dfrac{A_s}{bh_0}=\dfrac{1963}{250\times362}=0.0217$；$P=100\rho=2.17$

斜截面内箍筋配筋率计算：

对于双肢箍：$A_{sv}=2\times\dfrac{\pi\times6.5^2}{4}=66.4\text{mm}^2$

$$\rho_{sv}=\frac{A_{sv}}{s_v b}=\frac{66.4}{200\times250}=1.328\times10^{-3}$$

加固前梁的斜截面承载力计算（根据《公路钢筋混凝土及预应力混凝土桥涵设计规范》JTG 3362—2018）：

$$\begin{aligned}V_{cs}&=0.45\times10^{-3}\alpha_1\alpha_3 bh_0\sqrt{(2+0.6P)\ \sqrt{f_{cu,k}}\rho_{sv}f_{sv}}\\&=0.45\times10^{-3}\times1\times1\times250\times362\times\sqrt{(2+0.6\times2.17)\ \sqrt{30}\times0.001328\times280}\\&=105\text{kN}<\gamma_0 V_d=120\text{kN}\end{aligned}$$

原梁斜截面抗剪承载力不足，需要进行加固。

2）加固设计

采用端锚碳纤维带进行抗剪加固时，选用一级碳纤维布，厚度为 0.167mm，裁剪成 50mm 宽条带，梁侧锚板锚固点位于梁顶下侧 70mm 处，梁侧两端锚固的单层碳纤维带，纤维方向与梁纵轴夹角 $\beta=90°$。

对于一级碳纤维布：$f_{fk}=3400\text{MPa}$，$E_f=2.4\times10^5\text{MPa}$，$\gamma_f=1.25$

梁在加固前由于承载力不足已发生开裂，且斜裂缝宽度大于 0.2mm，则 $\psi_{cs}=0.835$。

在加固设计中考虑由原梁提供的抗剪承载力计算，根据式（5-11）：

$$\begin{aligned}V_{cs}&=0.43\times10^{-3}\alpha_1\alpha_3 bh_0\psi_{cs}\sqrt{(2+0.6P)\ \sqrt{f_{cu,k}}\rho_{sv}f_{sv}}\\&=0.43\times10^{-3}\times1\times1\times250\times362\times0.835\times\sqrt{(2+0.6\times2.17)\ \sqrt{30}\times0.001328\times280}\\&=84.5\text{kN}\end{aligned}$$

纤维带最大允许拉应力计算：

$$\frac{f_{fk}}{E_f}=\frac{3400}{2.4\times10^5}=0.014<\varepsilon_{max}=0.015$$

$$\sigma_{f,max}=0.8\frac{f_{fk}}{\gamma_f}=0.8\times\frac{3400}{1.25}=2176\text{MPa}$$

纤维带有效高度

$$z_t=70-0.1h_0=70-0.1\times362=33.8\approx34\text{mm};$$

为与文献例题数值相同，采用侧面粘贴上下锚固 $z_b=0.9h_0=326\text{mm}$；

$$\zeta=\frac{z_t}{z_b}=\frac{34}{326}=0.10$$

纤维带有效高度 $h_{fe}=z_b-z_t=326-34=292\text{mm}$

$$D_f=\frac{1+\zeta}{2}=\frac{1+0.10}{2}=0.55$$

纤维带有效应力计算：

$$f_{fe}=D_f\sigma_{f,max}=0.55\times2176=1197\text{MPa}$$

令 $\gamma_0V_d=V_{cs}+V_f$，则 $V_f=\gamma_0V_d-V_{cs}=1.0\times120-84.5=35.5\text{kN}$

由式（5-12）

$$s_f=2f_{fe}n_ft_fb_f\frac{h_{fe}}{V_f}=2\times1197\times1\times0.167\times50\times\frac{292}{35500}=164.4\text{mm}$$

验算条带最大间距要求：

$$164.4\text{mm}>s_{f,max}=\frac{h_{fe}(1+\cot\beta)}{2}=\frac{292}{2}=146\text{mm}$$

不满足最大间距要求，需要缩小纤维带间距，现取条带间距为 140mm，则加固后抗剪承载力为：

$$V_u=V_{cs}+V_f=V_{cs}+2f_{fe}n_ft_fb_f\frac{h_{fe}}{s_f}=84500+2\times1197\times1\times0.167\times50\times\frac{292}{140}=126193\text{N}$$

$V_u>\gamma_0V_d=120\text{kN}$，满足要求。

用 SDB 软件计算本题，其输入信息和简要输出结果如图 5-10 所示。可见其结果与上面手算结果相同。

SDB-305 受弯构件斜截面粘贴纤维带加固复核
尺寸/mm(输入)
截面宽度b 250
截面高度h 400
h'f 0 as 38
强度/MPa(输入)
混凝土 C30
弯起筋 335
箍筋 335
纵筋(输入)
配筋率/% 2.170
弯起筋(输入)
Asb/mm^2 0.0
弯起角θ/° 45
箍筋(输入)
肢数 2
φ/mm 6.5
s/mm 200
纤维带/mm(输入)
层数Nf 1
采用U形箍布置
层厚Tf 0.167
Zt 34 Zb 326
带宽Bf 50
Sf 140 β/° 90
纤维材料(输入) 碳纤维布材 I级3400
重要性系数γ0 1.0 ψcs 0.835
剪力(输入)
Vd /kN 120.00
输出结果
加固梁的受剪承载力Vu=126.11kN≥梁端验算截面剪力=120.00kN
计算
打开简报
关闭
400
250

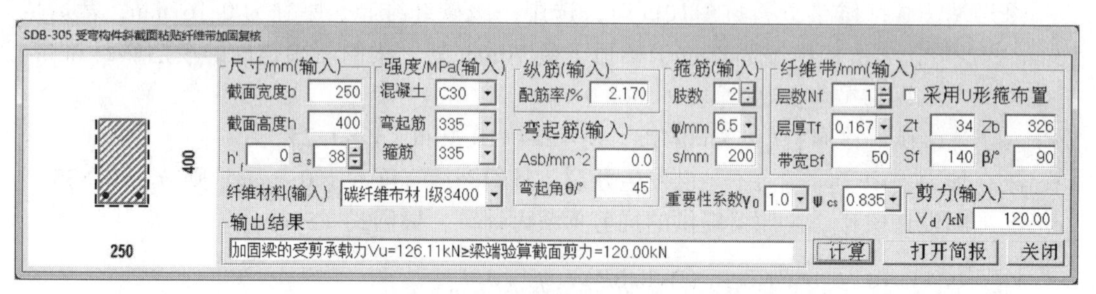

图 5-10　粘贴纤维法加固矩形梁斜截面承载力复核

软件输入对话框（图 5-10）须注意的两点：①如输入的纤维带间距 Sf 过大（大于 $s_{f,max}$）软件计算时将采用 $s_{f,max}$ 值继续计算，并在结果中给出提示，如图 5-11 所示。

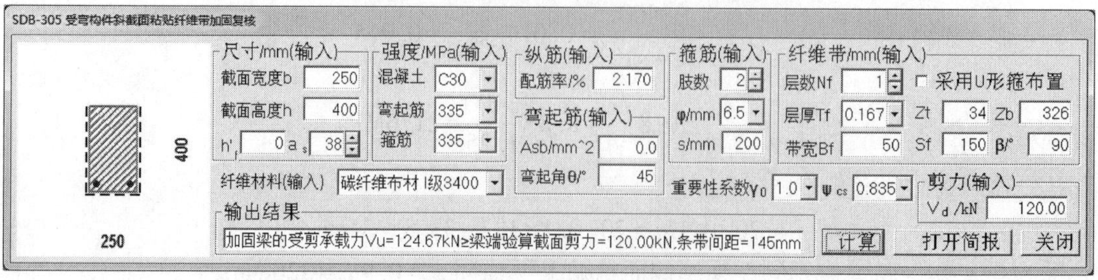

SDB-305 受弯构件斜截面粘贴纤维带加固复核
尺寸/mm(输入)
截面宽度b 250
截面高度h 400
h'f 0 as 38
强度/MPa(输入)
混凝土 C30
弯起筋 335
箍筋 335
纵筋(输入)
配筋率/% 2.170
弯起筋(输入)
Asb/mm^2 0.0
弯起角θ/° 45
箍筋(输入)
肢数 2
φ/mm 6.5
s/mm 200
纤维带/mm(输入)
层数Nf 1
采用U形箍布置
层厚Tf 0.167
Zt 34 Zb 326
带宽Bf 50
Sf 150 β/° 90
纤维材料(输入) 碳纤维布材 I级3400
重要性系数γ0 1.0 ψcs 0.835
剪力(输入)
Vd /kN 120.00
输出结果
加固梁的受剪承载力Vu=124.67kN≥梁端验算截面剪力=120.00kN,条带间距=145mm
计算
打开简报
关闭
400
250

图 5-11　粘贴纤维法加固矩形梁斜截面承载力复核（软件自动修改 Sf）

②对话框（图 5-10）中 Zt、Zb 是自梁顶面向下丈量的距离。当选取了“采用 U 形箍布置”，输入的 Zb 不再起作用，软件按“取梁下端纵筋中心线”至梁顶距离取用。

5.3　受压构件加固设计

轴心受压构件承载力加固计算应符合下列规定：

1　纤维带可粘贴成封闭环形或螺旋状，对符合下列条件的轴心受压构件进行加固：

1）长细比 $l/d \leqslant 12$ 的圆形截面柱；

2）长细比 $l/b \leqslant 14$、截面高宽比 $h/b \leqslant 1.5$ 的正方形或矩形截面柱。

2　环向围束加固的轴心受压构件，其正截面承载力应按下列公式计算：

$$\gamma_0 N_d \leqslant 0.9[(f_{cd}+4\sigma_l)A_{cor}+f'_{sd}A'_s] \quad (5\text{-}19)$$

$$\sigma_l = 0.5\beta_c k_c \rho_f E_f \varepsilon_{fe} \quad (5\text{-}20)$$

式中　f_{cd}——原构件混凝土轴心抗压强度设计值；

σ_l——有效约束应力；

A_{cor}——环向围束内混凝土面积（图 5-12）；圆形面积 $A_{cor}=\pi D^2/4$，正方形和矩形截面：$A_{cor}=bh-(4-\pi)r^2$；

D——圆形截面柱的直径；

b——正方形截面边长或矩形截面的宽度；

h——矩形截面高度；

r——截面棱角的圆化半径（倒角半径）；

β_c——混凝土强度影响系数：当混凝土强度等级不超过 C50 时，$\beta_c=1.0$，当混凝土强度等级为 C80 时，$\beta_c=0.8$，其间按线性内插法确定；

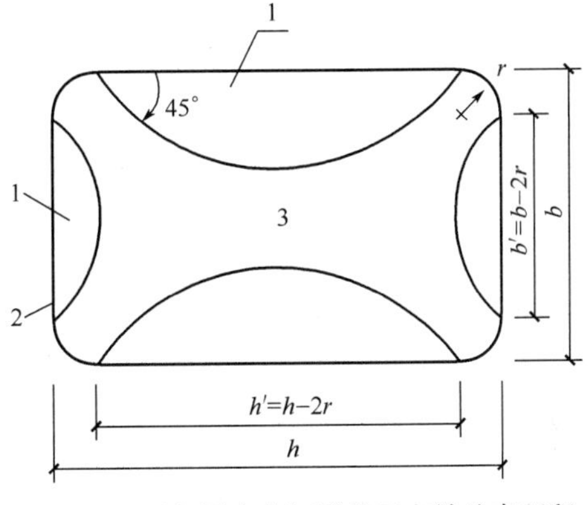

图 5-12　环向围束内矩形截面有效约束面积

1—无效约束面积；2—环向围束；3—有效约束面积

k_c——环向围束的有效约束系数，按式（5-21）计算；

ρ_f——环向围束体积比，按式（5-22）或式（5-23）计算；

E_f——纤维带的弹性模量；

ε_{fe}——纤维带的有效拉应变设计值；重要构件取 $\varepsilon_{fe}=0.0035$。

环向围束的计算参数 k_c 和 ρ_f，应按下列规定确定：

1）有效约束系数 k_c 值的确定：

①圆形截面柱：$k_c=0.95$；

②正方形和矩形截面柱，应按下式计算：

$$k_c = 1-\frac{(b-2r)^2+(h-2r)^2}{3A_{cor}(1-\rho_s)} \quad (5\text{-}21)$$

式中　ρ_s——柱中纵向钢筋的配筋率。

2）环向围束体积比 ρ_f 值的确定：

对圆形截面柱：

$$\rho_f = 4n_f t_f / D \tag{5-22}$$

对正方形和矩形截面柱：

$$\rho_f = 2n_f t_f (b+h) / A_{cor} \tag{5-23}$$

式中 n_f——纤维复合材的层数；

t_f——纤维复合材每层厚度。

大偏心受压构件加固提高正截面承载力时，纤维带应粘贴在构件受拉区表面，纤维方向应沿受拉方向；大偏心受压构件加固提高斜截面承载力时，纤维带应粘贴成环形。

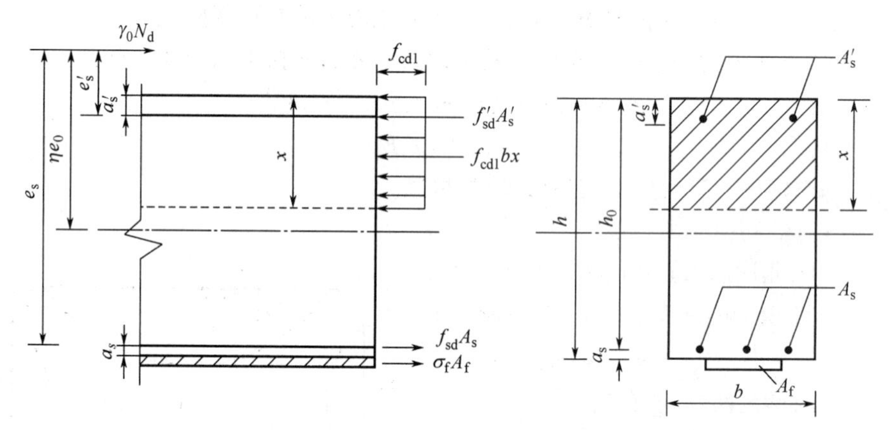

图 5-13 大偏心受压构件正截面承载力计算

当矩形截面大偏心受压构件加固时，其正截面承载力（图 5-13）应按下列公式计算：

$$\gamma_0 N_d \leqslant f_{cd} bx + f'_{sd} A'_s - f_{sd} A_s - \sigma_f A_f \tag{5-24}$$

$$\gamma_0 N_d e_s \leqslant f_{cd} bx \left(h_0 - \frac{x}{2}\right) + f'_{sd} A'_s (h_0 - a'_s) + \sigma_f A_f a_s \tag{5-25}$$

$$f_{cd} bx \left(e_s - h_0 + \frac{x}{2}\right) = f_{sd} A_s e_s + \sigma_f A_f (e_s - a_s) + f'_{sd} A'_s e'_s \tag{5-26}$$

$$e_s = \eta e_0 + \frac{h}{2} - a_s \tag{5-27}$$

$$e'_s = \eta e_0 - \frac{h}{2} + a'_a \tag{5-28}$$

式中 f_{cd}——原构件混凝土轴心抗压强度设计值；

η——偏心受压构件计入二阶弯矩影响的轴向压力偏心距增大系数，《城市桥梁结构加固技术规程》CJJ/T 239—2016 规定按该规程式（5.3.3.-1）即本书式（3-25）计算；

A_f——纤维带截面面积；

σ_f——纤维带应力计算值，按平截面假定计算。

【例 5-6】轴心受压矩形柱纤维复合材加固复核算例

文献［4］第 97 页例题，某矩形截面轴心受压柱，计算长度为 3.6m，截面尺寸 $b \times h =$ 300mm×350mm。原柱采用 C25 混凝土，HRB335 级钢筋。纵向钢筋为 8 Φ 22（$A'_s =$

3041mm²)，如图 5-14 所示。I 类环境条件，安全等级为二级。荷载等级提高后，截面轴向压力设计值 $N_d=2200kN$。验算截面承载力，若不满足，试采用粘贴纤维复合材料进行加固设计。

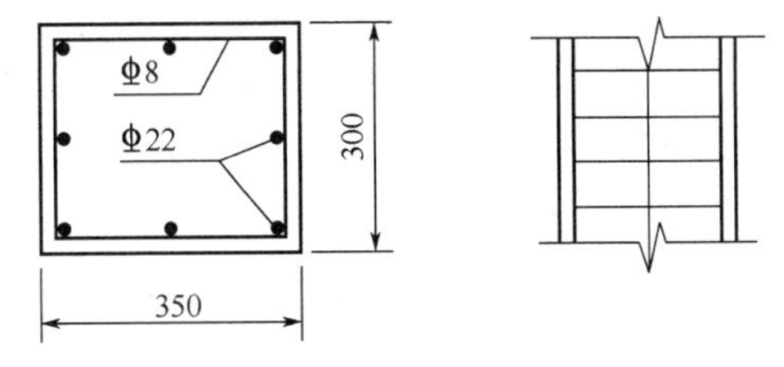

图 5-14　双侧加厚矩形截面梁

【解】

1）原柱承载力复核

$l_0/b=3600/300=12$ 查表 3-2 得稳定系数 $\varphi=0.95$

构件毛截面面积 $A=b\times h=300\times350=105000mm^2$

纵向钢筋配筋率 $\rho_s=A'_s/A=3041/105000=0.029$

截面承载力为：

$N_u=0.9\varphi A(f_{cd}+\rho_s f'_{sd})=0.9\times0.95\times105000\times(11.5+0.029\times280)=1761.4kN<\gamma_0N_d=2200kN$

承载力不满足要求，需要进行加固。

2）加固计算

该柱，$l_0/b=3600/300=12<14$ 且 $h/b=350/300=1.17<1.5$，故可采用环向围束法加固。

取圆化半径为 $r=30mm>25mm$

原构件有效截面面积为：$A_{cor}=bh-(4-\pi)r^2=300\times350-(4-\pi)\times30^2=104227mm^2$

有效约束系数：$k_c=1-\dfrac{(b-2r)^2+(h-2r)^2}{3A_{cor}(1-\rho_s)}=1-\dfrac{(300-2\times30)^2+(350-2\times30)^2}{3\times104227\times(1-0.029)}=0.533$

令：$\gamma_0N_d=0.9[(f_{cd}+4\sigma_l)A_{cor}+f'_{sd}A'_s]$

可得：$\sigma_l=\dfrac{\gamma_0N_d}{3.6A_{cor}}-\dfrac{f'_{sd}A'_s}{4A_{cor}}-\dfrac{f_{cd}}{4}=\dfrac{1.0\times2200000}{3.6\times104227}-\dfrac{280\times3041}{4\times104227}-\dfrac{11.5}{4}=0.0946MPa$

由公式（5-20）和公式（5-23）可得粘贴纤维复合材料层数为：

$$n_f=\frac{\sigma_lA_{cor}}{\beta_ck_cE_f\varepsilon_{fe}t_f(b+h)}=\frac{0.946\times104227}{1\times0.533\times2.3\times10^5\times0.0035\times0.167\times(300+350)}=2.1\text{，取 }n_f=3$$

环向围束体积比：

$\rho_f=2n_ft_f(b+h)/A_{cor}=2\times3\times0.167\times(300+350)/104227=0.00625$

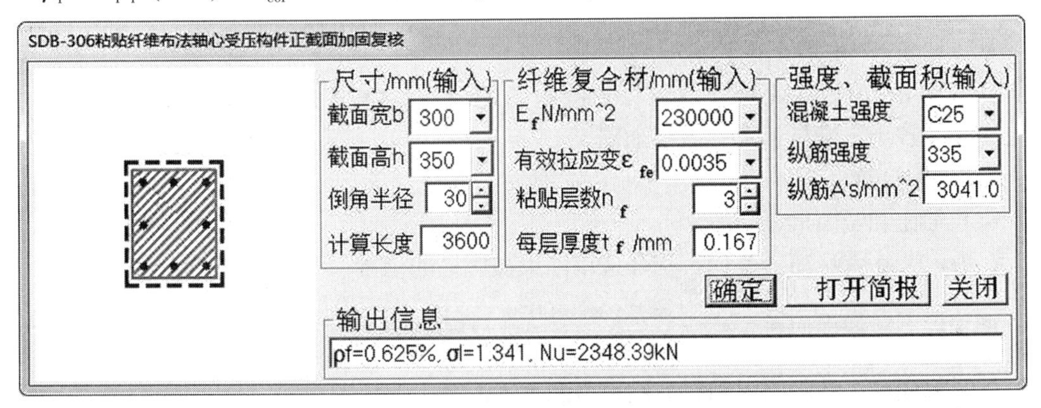

图 5-15　T 形截面梁增大截面法加固复核

由式（5-20）可得有效约束应力：

$\sigma_l = 0.5\beta_c k_c \rho_f E_f \varepsilon_{fe} = 0.5\times1\times0.533\times0.00625\times230000\times0.0035 = 1.341\text{MPa}$

加固后正截面受压承载力为：

$0.9[(f_{cd}+4\sigma_l)A_{cor}+f'_{sd}A'_s] = 0.9\times[(11.5+4\times1.341)\times104227+280\times3041] = 2348.4\text{kN}$

用 SDB 软件计算本题，其输入信息和简要输出结果如图 5-15 所示。可见其计算结果与上面手算结果相同。

【例 5-7】轴心受压圆形柱纤维复合材加固复核算例

文献［3］第 118 页例题，钢筋混凝土偏心受压构件截面尺寸 $D=400\text{mm}$，计算长度 $l_0=2.75\text{m}$，混凝土强度等级为 C25，截面配筋 6 Φ 16（HRB335 级钢，$A'_s=1206\text{mm}^2$），纵筋保护层厚度 30mm，螺旋箍筋直径 $d=10\text{mm}$，间距 $s=60\text{mm}$，箍筋采用 R235 级钢。荷载等级提高后，截面轴向力组合设计值 N 为 2150kN。验算截面承载力，若不满足，试采用碳纤维围束加固方法，试进行加固设计。

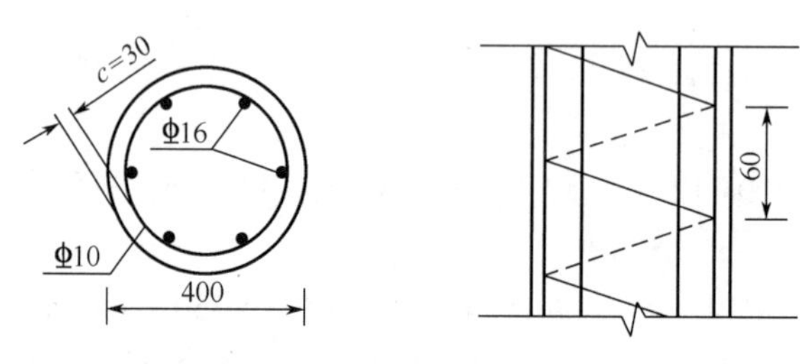

图 5-16 原柱轴心受压承载力

【解】 1）原柱承载力复核

①确定是否考虑间接钢筋

$l_0/D=2750/400=6.9\leqslant12$，符合考虑间接钢筋的条件。$l_0/D=6.9\leqslant7$，稳定系数 $\varphi=1$。

②计算间接钢筋

$A_{ss0}=\dfrac{\pi d_{cor}A_{ss1}}{s}=\dfrac{\pi\times340\times78.5}{60}=1398.2\text{mm}^2\geqslant0.25A'_s=301.5\text{mm}^2$，符合间接配筋条件。

③考虑间接钢筋柱能承受的最大压力

原构件有效截面面积：$A_{cor}=\dfrac{\pi d_{cor}^2}{4}=\dfrac{\pi\times340^2}{4}=90792\text{mm}^2$。

$N_u=0.9\ (f_{cd}A_{cor}+f'_{sd}A'_s+2\alpha f_{sv}A_{ss0})$

$=0.9\times(11.5\times90792+280\times1206+2\times1\times195\times1398.2)=1734\text{kN}<2150\text{kN}$

可见承载力不满足要求，需要加固。

2）加固计算

柱长细比和截面尺寸：

$l_0/D=2750/400=6.9\leqslant12$，符合采用围束加固柱的范围。

原构件有效截面面积：$A_{cor}=\dfrac{\pi D^2}{4}=\dfrac{\pi\times400^2}{4}=125664\text{mm}^2$。

圆形截面柱，环向围束的有效约束系数 $k_c=0.95$

令：$\gamma_0 N_d=0.9\ [\ (f_{cd}+4\sigma_l)\ A_{cor}+f'_{sd}A'_s]$

可得：

$$\sigma_l=\frac{1}{4}\left[\left(\frac{N}{0.9}-f'_{sd}A'_s\right)/A_{cor}-f_{cd}\right]=\frac{1}{4}\times\left[\left(\frac{2150000}{0.9}-280\times1256\right)/125664-11.5\right]=1.178\text{MPa}$$

选取计算厚度 $t_f=0.167$mm 的 I 级纤维布进行环向围束加固，纤维复合材料有效拉应变 $\varepsilon_{fe}=0.0035$，弹性模量 $E_f=240000$MPa，由公式（5-20）和公式（5-22）可得粘贴纤维复合材料层数为：

$$n_f=\frac{\sigma_l D}{2\beta_c k_c E_f \varepsilon_{fe} t_f}=\frac{1.178\times400}{2\times1\times0.95\times2.4\times10^5\times0.0035\times0.167}=1.77\text{，取 } n_f=2$$

3）加固后承载力计算

环向围束体积比：

$$\rho_f=4n_ft_f/D=4\times2\times0.167/400=0.00334$$

由式（5-20）可得有效约束应力：

$$\sigma_l=0.5\beta_ck_c\rho_fE_f\varepsilon_{fe}=0.5\times1\times0.95\times0.00334\times240000\times0.0035=1.333\text{MPa}$$

加固后正截面受压承载力为：

$$0.9[(f_{cd}+4\sigma_l)A_{cor}+f'_{sd}A'_s]=0.9\times[(11.5+4\times1.333)\times125664+280\times1206]=2208.0\text{kN}$$

$N_u>2150$kN，满足设计要求。

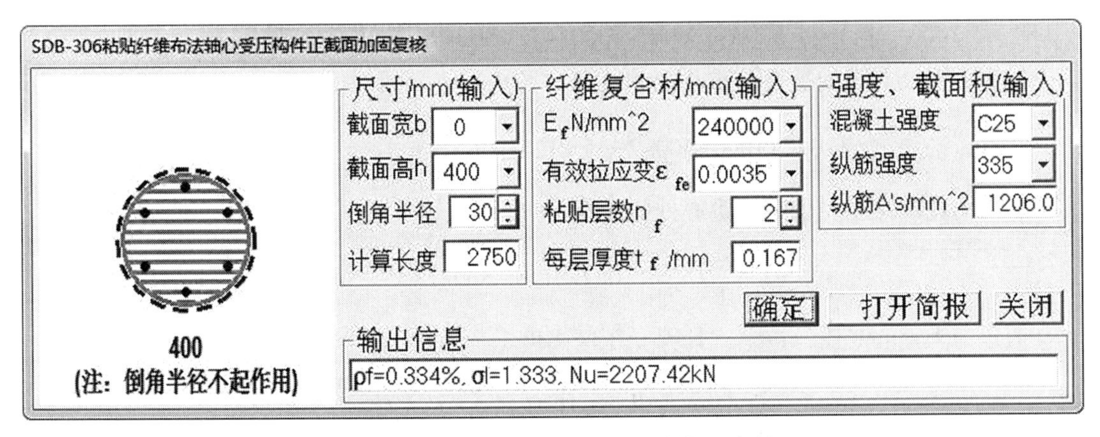

图 5-17　纤维复合材轴心受压构件加固复核

使用 SDB 软件计算对话框输入信息和最终计算结果如图 5-17 所示，可见其与手算结果相同。

【例 5-8】大偏心受压柱纤维复合材加固复核算例

文献［3］第 118 页例题，某矩形截面轴心受压柱，截面尺寸 $b\times h=400\text{mm}\times500\text{mm}$，弯矩作用平面内计算长度 $l_0=6$m，采用 C25 混凝土，HRB335 级钢筋；截面受压区钢筋面积 $A'_s=942.6\text{mm}^2$（3 Φ 20），受拉区钢筋面积 $A_s=1257\text{mm}^2$（4 Φ 20），$a_s=a'_s=45$mm，如图 5-18 所示。I 类环境条件，安全等级为二级，荷载等级提高后，构件作用的弯矩组合设计值 $M_d=200\text{kN}\cdot\text{m}$，轴力组合设计值 $N_d=200$kN。验算原截面的承载力，若不满足，拟在截面受拉边粘贴 2 层总宽度

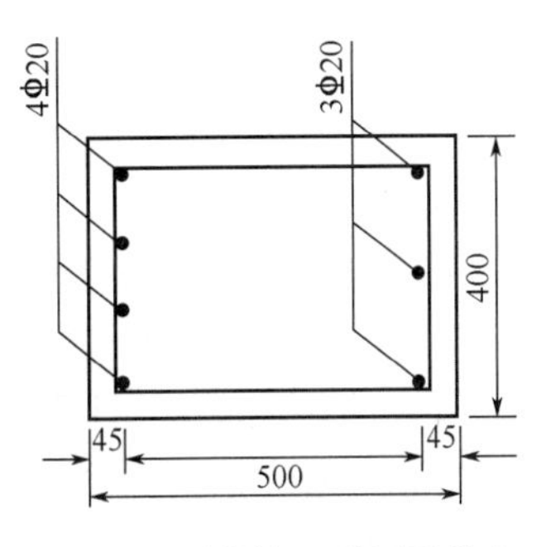

图 5-18　原柱轴心受压承载力

为 380mm 的Ⅰ级碳纤维布进行加固，碳纤维布计算厚度 $t_f=0.167$mm，抗拉强度标准值为 3400MPa，弹性模量 $E_f=240000$MPa，加固前截面承受的轴力设计值 $N_{d1}=40$kN，弯矩设计值 $M_{d1}=50$kN·m。加固后截面承载力能否满足要求？

【解】1）原柱承载力复核

截面有效高度

$$h_0=h-a_s=500-45=455\text{mm}$$

轴向力偏心距为

$$e_0=\frac{M_d}{N_d}=\frac{200\times10^3}{200}=1000\text{mm}$$

偏心受压构件考虑二阶弯矩影响的轴向压力偏心距增大系数按下式计算：

$$\zeta_1=0.2+2.7\frac{e_0}{h_0}=0.2+2.7\times\frac{1000}{455}=6.134>1.0\text{，取}\zeta_1=1.0$$

$$\zeta_2=1.15-0.01\frac{l_0}{h}=1.15-0.01\times\frac{6000}{500}=1.03>1.0\text{，取}\zeta_2=1.0$$

则

$$\eta=1+\frac{1}{1400e_0/h_0}\left(\frac{l_0}{h}\right)\zeta_1\zeta_2=1+\frac{1}{1400\times1000/455}\left(\frac{6000}{500}\right)^2\times1.0\times1.0=1.047$$

轴向力作用点至受拉钢筋重心处的距离

$$e_s=\eta e_0+\frac{h_2}{2}-a_s=1.047\times1000+500/2-45=1252\text{mm}$$

轴向力作用点至受压钢筋重心处的距离

$$e_s'=\eta e_0-\frac{h_2}{2}+a_s'=1.047\times1000-500/2+45=842\text{mm}$$

假定为大偏心受压，按下式计算受压区高度 x

$$f_{cd}bx\left(e_s-h_0+\frac{x}{2}\right)=f_{sd}A_se_s-f'_{sd}A'_se'_s$$

代入数据，即：

$11.5\times400x\times(1252-455+x/2)=280\times1257\times1252-280\times942.6\times842$

解得 $x=57.5\text{mm}<\xi_bh_0=0.56\times455=255\text{mm}$，故为大偏心受压构件。

$x=57.5\text{mm}<2a_s'$，取 $x=2a_s'=90\text{mm}$，

截面承载力为

$$N_u\frac{f_{sd}A(h_0-a_s')}{e_s'}=\frac{280\times1257\times(455-45)}{842}=171423\text{N}<\gamma_0N_d=200\text{kN}$$

原构件不满足承载力提高要求，需要加固。

2）加固后承载力验算

（1）滞后应变 ε_{p1} 计算

偏心距增大系数 η_1 计算

因是非对称加固（只受拉侧粘纤维），$\psi_q=1.2$，且近似取 $h_0=h_{00}$，由本书式（3-25）

$$\eta=\left[1+\frac{1}{1400e_0/h_{00}}\left(\frac{l_0}{h_2}\right)\zeta_1\zeta_2\right]\psi_q=1.047\times1.2=1.256$$

（2）判断加固前构件的大小偏心

钢筋与混凝土弹性模量之比：$\alpha_{Es}=E_{s1}/E_{c1}=200000/28000=7.143$

构件全截面换算截面面积

$A_0=b\times h+(\alpha_{Es}-1)\times(A_s+A_s')=400\times500+(7.143-1)\times(1257+942.6)=213512mm^2$

截面受压较大边至换算截面重心轴的距离

$$y'=\frac{bh^2/2+(\alpha_{Es}-1)[A_s'a_s'+A_s(h-a_s)]}{A_0}$$

$$=\frac{400\times500^2/2+(7.143-1)\times[942.6\times45+1257\times(500-45)]}{213512}=251.9mm$$

构件截面受压较小边（或受拉边）至换算截面重心轴的距离

$$y=h-y'=500-251.9=248.1mm$$

构件全截面换算截面对换算截面重心轴的惯性矩

$I_0=b(y'^3+y^3)/3+(\alpha_{Es}-1)[A_s'(y'-a_s')^2+A_s(y-a_s)^2]$

$=400\times(248.1^3+251.9^3)/3+(7.143-1)\times[942.6\times(251.9-45)^2+1257\times(248.1-45)^2]$

$=4.73\times10^9mm^4$

截面核心距

$$a=\frac{I_0}{A_0y'}=\frac{4.73\times10^9}{213512\times251.9}=88.0mm$$

轴向力作用点至混凝土截面重心轴的距离

$$e=\frac{M_{d1}}{N_{d1}}=\frac{50\times10^3}{40}=1250mm$$

轴向力作用点至换算截面重心轴的距离

$$e_0=e+y'-\frac{h}{2}=1250+251.9-\frac{500}{2}=1251.9mm$$

判断大小偏心

$\eta_1e_0=1.256\times1251.9=1572.5mm>a=88mm$，为大偏心受压构件。

（3）N_{d1} 作用下开裂截面受压区高度 x_1 的计算

轴向力 N_{d1} 作用点至截面受压区边缘的距离

$$e_N=e-\frac{h}{2}=1250-500/2=1000mm$$

受拉区纵向钢筋重心至 N_{d1} 作用点的距离

$$g_{s1}=h_0+e_N=455+1000=1455mm$$

受压区纵向钢筋重心至 N_{d1} 作用点的距离

$$g_{s1}'=a_s'+e_N=45+1000=1045mm$$

由下式求解 x_1

$$Ax_1^3+Bx_1^2+Cx_1+D=0$$

式中　$A=b=400mm$

$B=3be_N=3\times400\times1000=1200000\text{mm}^2$

$C=6\alpha_{Es}(A_sg_{s1}+A'_sg'_{s1})=6\times7.143\times(1257\times1455+942.6\times1045)=120.598\times10^6\text{mm}^3$

$D=-6\alpha_{Es}(A_sh_0g_{s1}+A'_sa'_sg'_{s1})$

$=-6\times7.143\times(1257\times455\times1455-942.6\times45\times1045)=-37.564\times10^9\text{mm}^4$

解得：$x_1=131.5\text{mm}$。

（4）原截面受压较大边缘混凝土的应力应变计算

原构件开裂截面换算截面面积

$A_0=bx_1+\alpha_{Es}A_s+(\alpha_{Es}-1)A'_s=400\times131.5+7.143\times1257+(7.143-1)\times942.6$

$=67369\text{mm}^2$

开裂截面换算截面重心轴至截面受压边缘的距离

$$y'=\frac{bx_1^2/2+\alpha_{Es}A'_sa'_s+(\alpha_{Es}-1)A_sh_0}{A_0}$$

$$=\frac{400\times131.5^2/2+7.143\times942.6\times45+(7.143-1)\times1257\times455}{67369}$$

$$=108.0\text{mm}$$

开裂截面换算截面重心轴至截面受拉边缘的距离

$$y=h-y'=500-108=392\text{mm}$$

开裂截面换算截面惯性矩

$I_{cr}=b[y'^3+(x_1-y')^3]/3+(\alpha_{Es}-1)A'_s(y'-a'_s)^2+\alpha_{Es}A_s(y-a_s)^2$

$=400\times[108^3+(131.5-108)^3]/3+(7.143-1)\times942.6\times(108-45)^2+7.143\times1257\times(392-45)^2$

$=1.27\times10^9\text{mm}^4$

轴向力作用点至原构件开裂截面换算截面重心轴距离

$$e_0=y'+e_N=108+1000=1108\text{mm}$$

原截面受压边缘混凝土应力

$$\sigma_{c1}=-\frac{N_{d1}}{A_{01}}-\eta\frac{N_{d1}e_0y'}{I_{cr}}=-\frac{40000}{67369}-1.256\times\frac{40000\times1108\times108}{1.27\times10^9}=-5.31\text{N/mm}^2$$

原截面受压边缘混凝土压应变

$$\varepsilon_{c1}=\sigma_{c1}/E_c=-5.31/28000=-0.000190$$

（5）滞后应变

$$\varepsilon_{p1}=-\frac{h-x_1}{x_1}\varepsilon_{c1}=-\frac{500-131.5}{131.5}\times(-0.000190)=0.000532$$

3）加固后承载力验算

粘贴的碳纤维带截面面积为：$A_f=n_fB_ft_f=2\times380\times0.167=126.9\text{mm}^2$

$$n_fE_ft_f=2\times240000\times0.167=80160\text{N/mm}$$

$$n_fE_ft_f\leq214000，故\ \kappa_{m1}=1-\frac{n_fE_ft_f}{428000}=1-\frac{80160}{428000}=0.813$$

查表5-1，得Ⅰ类环境条件下碳纤维 $\kappa_{m2}=0.85$

纤维带强度折减因子取 κ_{m1}，κ_{m2} 较小值，即 $\kappa_m=0.813$

纤维带的极限拉应变 $\varepsilon_{fu}=\dfrac{f_{ftk}}{E_f}=\dfrac{3400}{240000}=0.0142$

$[\varepsilon_f]=\kappa_m\varepsilon_{fu}=0.813\times0.0142=0.0115>\min(\frac{2}{3}\varepsilon_{fu},0.007)=0.007$，取 $[\varepsilon_f]=0.007$

将下面二式联立：

$$f_{cd}bx\left(e_s-h_0+\frac{x}{2}\right)=f_{sd}A_se_s+E_f\varepsilon_fA_f\ (e_s+a_s)\ -f'_{sd}A'_se'_s$$

由式（5-5），计算

$$\xi_{fb}=\frac{0.8\varepsilon_{cu}}{\varepsilon_{cu}+[\varepsilon_f]+\varepsilon_1}=\frac{0.8\times0.0033}{0.0033+0.007+0.0004005}=0.247$$

$$\varepsilon_f=\frac{\beta h-x}{x}\varepsilon_{cu}-\varepsilon_{p1}$$

代入数据，即可由下式求解 x

$$Ax^3+Bx^2+Cx+D=0$$

式中　$A=f_{cd}b/2=11.5\times400/2=2300\text{N/mm}$

$B=(e_s-h_0)f_{cd}b=(1252-455)\times11.5\times400=3665280\text{N}$

$C=E_f(\varepsilon_{cu}+\varepsilon_{p1})A_f(e_s+a_s)+f'_{sd}A'_se'_s-f_{sd}A_se_s$

$=240000\times(0.0033+0.000532)162.9\times(1252+45)+280\times942.6\times842-280\times1257\times1251.9$

$=67.048\times10^6\text{N}\cdot\text{mm}$

$D=-E_f\beta h\varepsilon_{cu}A_f(e_s+a_s)=-240000\times0.8\times500\times0.0033\times162.9\times(1252+45)=-52.142\times10^9\text{N}\cdot\text{mm}^2$

解得：$x=123.5\text{mm}$

$$\varepsilon_f=\frac{\beta h-x}{x}\varepsilon_{cu}-\varepsilon_{p1}=\frac{0.8\times500-123.5}{123.5}\times0.0033-0.00053=0.00686$$

$$\sigma_f=E_f\varepsilon_f=240000\times0.00686=1645.6\text{MPa}$$

据式（5-24）

$N_u=f_{cd}bx+f'_{sd}A'_s-f_{sd}A_s-\sigma_fA_f$

$=11.5\times400\times123.5+280\times942.6-280\times1257-1645.6\times162.9=271214\text{N}=271.2\text{kN}>\gamma_0N_d=200\text{kN}$

满足要求。

使用 SDB 软件计算对话框输入信息和最终计算结果如图 5-19 所示，可见其与手算结果相同。

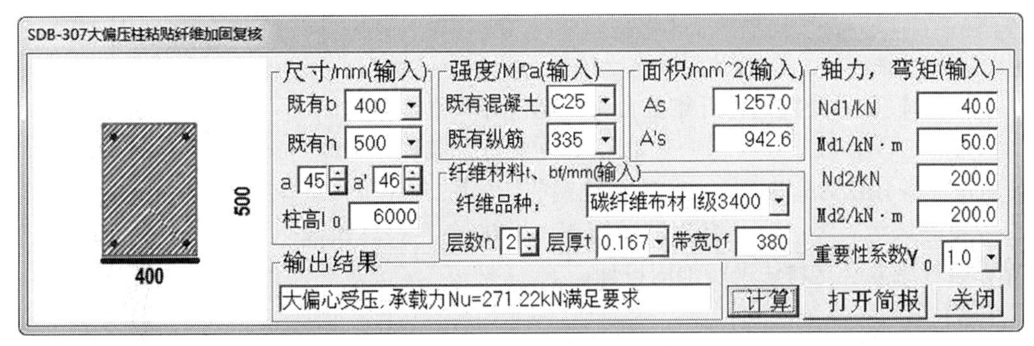

图 5-19　大偏心受压构件纤维复合材加固复核

5.4 受拉构件加固设计

对受拉构件进行加固时，纤维方向应沿受拉方向。

当轴心受拉构件加固时，正截面承载力应符合下式要求（CJJ/T 239—2016）：

$$\gamma_0 N_d \leqslant f_{sd}A_s + f_f A_f \tag{5-29}$$

式中 N_d——轴向拉力设计值；

f_f——纤维带抗拉强度设计值，按《混凝土结构加固设计规范》GB50367 的规定取值。

由于 GB50367—2013 对抗拉强度标准值为 3400MPa 的Ⅰ级纤维布没有规定其强度取值，故对此Ⅰ级纤维布采用《公路桥梁加固设计规范》JTG/T J22—2008 规定的下式计算：

$$\gamma_0 N_d \leqslant f_{sd}A_s + \sigma_f A_f \tag{5-30}$$

式中 N_d——轴向拉力设计值；

σ_f——纤维复合材料应力计算值，按平截面假定计算。

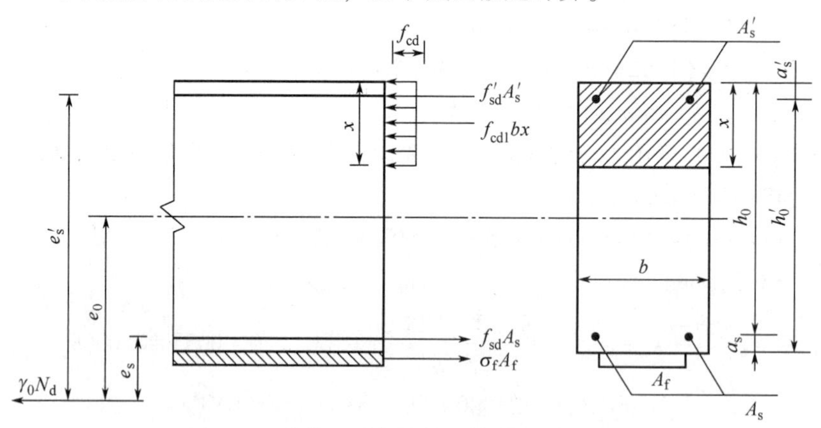

图 5-20 大偏心受拉构件正截面承载力计算

对矩形截面大偏心受拉构件加固时，正截面承载力（图 5-20）应按下列公式计算：

$$\gamma_0 N_d \leqslant f_{sd}A_s + \sigma_f A_f - f_{cd}bx - f'_{sd}A'_s \tag{5-31}$$

$$\gamma_0 N_d e_s \leqslant f_{cd}bx\left(h_0 - \frac{x}{2}\right) + f'_{sd}A'_s(h_0 - a'_s) + \sigma_f A_f a_s \tag{5-32}$$

$$e_s = e_0 - \frac{h}{2} + a_s \tag{5-33}$$

式中 e_s——轴向拉力作用点至纵向受拉钢筋合力点的距离。

【例 5-9】轴心受拉构件纤维复合材加固设计和复核算例

文献［3］第 123 页例题，某轴心受拉构件，截面尺寸 $b\times h = 200\text{mm}\times 250\text{mm}$，采用 C25 混凝土，HRB335 级钢筋，截面受拉钢筋为 6Φ25 钢筋（$A_s = 2945\text{mm}^2$）；Ⅰ类环境条件，安全等级为二级；轴力组合设计值 $N_d = 1000\text{kN}$。验算截面承载力，若不满足，试采用粘贴碳纤维复合材料法进行加固设计。

【解】

轴力设计值 $N = \gamma_0 N_d = 1.0\times 1000 = 1000\text{kN}$

1）原截面承载力复核

$$N_u = f_{sd}A_s = 280\times2945 = 824.6\text{kN} < N = 1000\text{kN}$$

不满足承载力标准，需要加固。

2）加固设计

假设粘贴一层 I 级碳纤维布，计算厚度 $t_f = 0.167\text{mm}$，弹性模量 $E_f = 240000\text{MPa}$，抗拉强度标准值为 3400MPa。

$n_fE_ft_f = 1\times240000\times0.167 = 40080\text{N/mm}$

$n_fE_ft_f \leqslant 214000$，故 $\kappa_{m1} = 1-\dfrac{n_fE_ft_f}{428000} = 1-\dfrac{40080}{428000} = 0.906$

查表 5-1，得 I 类环境条件下碳纤维 $\kappa_{m2} = 0.85$

纤维带强度折减因子取 κ_{m1}，κ_{m2} 较小值，即 $\kappa_m = 0.85$

纤维带的极限拉应变 $\varepsilon_{fu} = \dfrac{f_{ftk}}{E_f} = \dfrac{3400}{240000} = 0.0142$

$[\varepsilon_f] = \kappa_m\varepsilon_{fu} = 0.85\times0.0142 = 0.013 > \min(\dfrac{2}{3}\varepsilon_{fu}, 0.007) = 0.007$，取 $[\varepsilon_f] = 0.007$

由式（5-30），需要粘贴的碳纤维布截面积为：

$$A_f = \frac{\gamma_0N_d - f_{sd}A_s}{E_f\ [\varepsilon_f]} = \frac{1\times1000-280\times2945}{240000\times0.007} = 104.4\text{mm}^2$$

使用 SDB 软件计算对话框输入信息和最终计算结果如图 5-21 所示，可见其与手算结果相同。

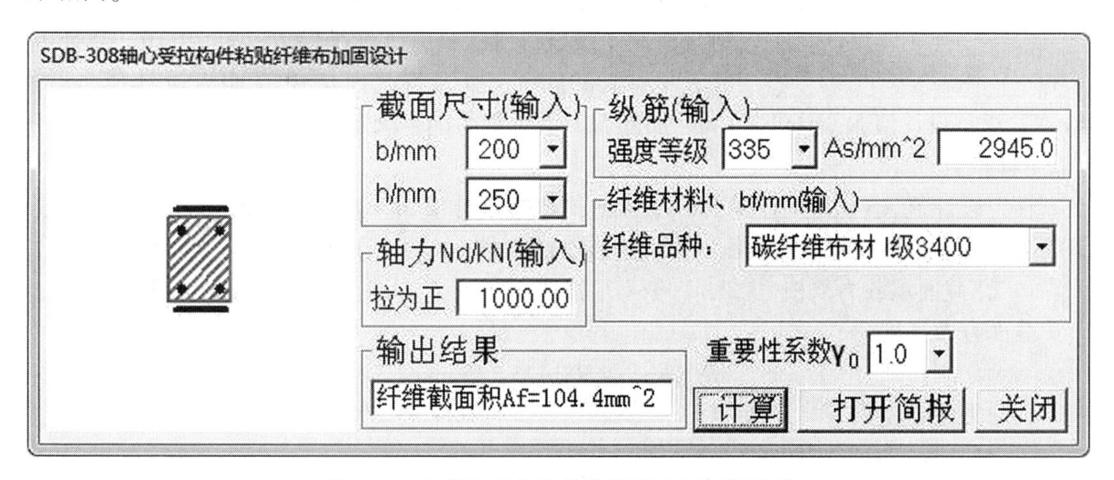

图 5-21　大偏心受拉构件纤维复合材加固设计

假设按以上计算结果，在截面四周沿轴线对称粘贴 1 层 I 级碳纤维布，每侧宽度为 160mm，厚度 $t_f = 0.167\text{mm}$，面积 $A_f = 4\times160\times0.167 = 106.9\text{mm}^2$

加固后极限承载力为

$N_u = f_{sd}A_s + \sigma_fA_f = 280\times2945 + 240000\times0.007\times106.9 = 1004\text{kN} > N = 1000\text{kN}$，满足要求。

使用 SDB 软件计算对话框输入信息和最终计算结果如图 5-22 所示，可见其与手算结果相同。

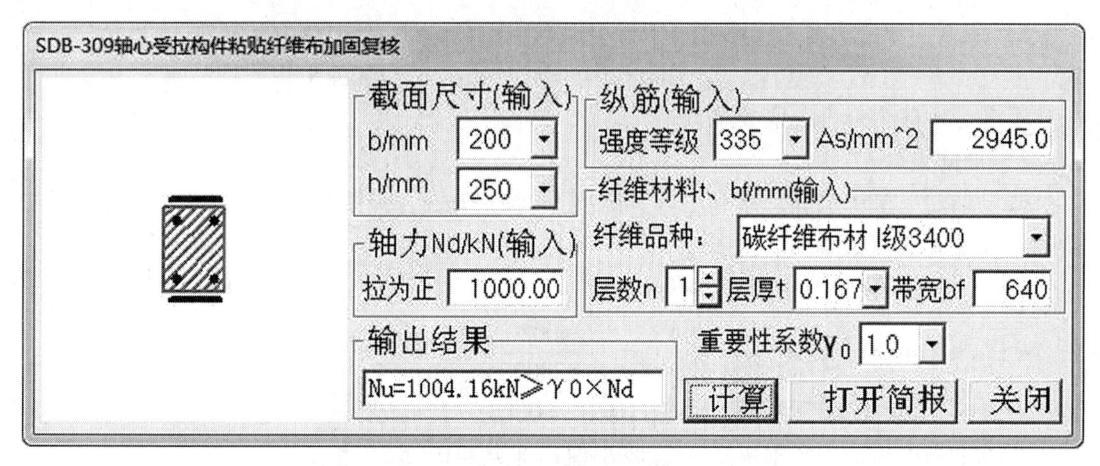

图 5-22 大偏心受拉构件纤维复合材加固复核

【例 5-10】大偏心受拉构件纤维复合材加固复核算例

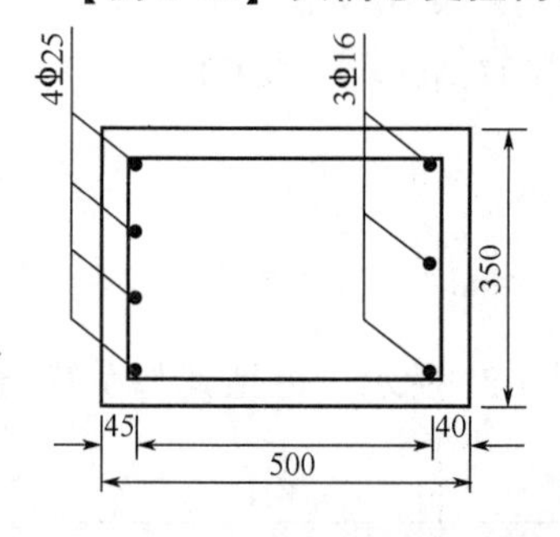

图 5-23 截面尺寸（单位：mm）

文献［3］第 124 页例题，一偏心受拉构件，截面尺寸如图 5-23 所示。构件采用 C25 混凝土，HRB335 级钢筋，截面受拉钢筋为 4 Φ 25 钢筋（$A_s=1964\text{mm}^2$）、受压钢筋为 3 Φ 16（$A_s'=603\text{mm}^2$），$a_s=45\text{mm}$，$a_s'=40\text{mm}$；Ⅰ类环境条件，安全等级为二级；截面承受轴向拉力组合设计值 $N_d=250\text{kN}$，弯矩组合设计值 $M_d=300\text{kN}\cdot\text{m}$。试验算原截面的承载力，若不满足，拟在截面受拉侧粘贴 1 层总宽度为 300mm 的Ⅰ级碳纤维板材，碳纤维厚度 $t_f=1.2\text{mm}$，弹性模量 $E_f=160000\text{MPa}$，加固前截面承受的轴力设计值 $N_{d1}=40\text{kN}$，弯矩设计值 $M_{d1}=60\text{kN}\cdot\text{m}$。加固后截面承载力能否满足要求？

【解】

轴力设计值 $N=\gamma_0 N_d=1.0\times250=250\text{kN}$，弯矩设计值 $M=\gamma_0 M_d=1.0\times300=300\text{kN}\cdot\text{m}$，钢筋与混凝土弹性模量之比：$\alpha_{Es}=E_{s1}/E_{c1}=200000/28000=7.143$

1）原截面承载力复核

截面有效高度

$$h_0=h-a_s=500-45=455\text{mm}$$

轴向力偏心距为

$$e_0=\frac{M_d}{N_d}=\frac{300\times10^3}{250}=1200\text{mm}>h/2-a_s=205\text{mm}，为大偏心受拉构件。$$

轴向力作用点至受拉钢筋重心处的距离

$$e_s=e_0-\frac{h}{2}+a_s=1200-500/2+45=995\text{mm}$$

轴向力作用点至受压钢筋重心处的距离

$$e_s'=e_0+\frac{h}{2}-a_s'=1200+500/2-40=1410\text{mm}$$

由下式求解受压区高度

$$f_{sd}A_se_s=f_{cd}bx\left(e_s-h_0-\frac{x}{2}\right)+f'_{sd}A'_se'_s$$

代入数据，即：

280×1964×995＝11.5×350x×（995+455−x/2）+280×603×1410

解方程得 $x=54\text{mm}<2a'_s$，取 $x=2a'_s=80\text{mm}$

原截面抗拉承载力 $N_u=\dfrac{f_{sd}A_s(h_0-a'_s)}{e_s}=\dfrac{280\times1964\times(455-40)}{995}=229.4\text{kN}<N=250\text{kN}$

不满足承载力标准，需要加固。

2）加固后承载力验算

在受拉区粘贴一层Ⅰ级碳纤维板材面积 $A_f=300\times1.2=360\text{mm}^2$

$n_fE_ft_f=1\times160000\times1.2=192000\text{N/mm}\leqslant214000$，故 $\kappa_{m1}=1-\dfrac{n_fE_ft_f}{428000}=1-\dfrac{192000}{428000}=0.551$

查表 5-1，得Ⅰ类环境条件下碳纤维 $\kappa_{m2}=0.85$

纤维带强度折减因子取 κ_{m1}，κ_{m2} 较小值，即 $\kappa_m=0.551$

纤维带的极限拉应变 $\varepsilon_{fu}=\dfrac{f_{ftk}}{E_f}=\dfrac{3400}{240000}=0.0142$，$2\varepsilon_{fu}/3=0.667\times0.0142=0.0095$

$[\varepsilon_f]=\kappa_m\varepsilon_{fu}=0.551\times0.0142=0.0078>\min(\frac{2}{3}\varepsilon_{fu},0.007)=0.007$，取 $[\varepsilon_f]=0.007$

第一阶段荷载作用下的偏心距

$e_0=\dfrac{M_{d1}}{N_{d1}}=\dfrac{60\times10^3}{40}=1500\text{mm}>h/2-a_s=205\text{mm}$，为大偏心受拉构件。

开裂截面受压区高度（不计受压区钢筋）

据 CJJ/T 239—2016 式（6.2.4），原构件开裂矩形换算截面的混凝土受压区高度

$A_1=\alpha_{Es}(A_s+A'_s)/b=7.143\times(1964+603)/350=52.4\text{mm}$

$B_1=2\alpha_{Es}(A_sh_0+A'_sa'_s)/b=2\times7.143\times(1964\times455+603\times40)/350=37458.8\text{mm}^2$

加固前原构件开裂截面换算截面的混凝土受压区高度

$x_1=\sqrt{A_1^2+B_1}-A_1=\sqrt{52.4^2+37458.8}-52.4=148.1\text{mm}$

加固前原构件开裂截面换算截面的惯性矩，根据式（4-14）

$$\begin{aligned}I_{cr1}&=bx_1^3/3+\alpha_{Es}A_s(h_0-x_1)^2+\alpha_{Es}A'_s(x_1-a'_s)^2\\&=250\times148.1^3/3+7.143\times1964\times(455-148.1)^2+7.143\times603\times(148.1-40)^2\\&=1.751\times10^9\text{mm}^4\end{aligned}$$

加固前原构件恒载作用下截面混凝土压应变

$$\varepsilon_{c1}=\frac{N_{d1}e_0x_1}{E_cI_{cr}}=\frac{40000\times1500\times148.1}{28000\times1.751\times10^9}=0.0001813$$

加固后，受压区高度和纤维板材应变按下式计算

$$f_{sd}A_se_s+E_f\varepsilon_fA_f(e_s-a_s)=f_{cd}bx\left(e_s+h_0-\frac{x}{2}\right)+f'_{sd}A'_se'_s$$

$$\varepsilon_f=\frac{\beta h-x}{x}\varepsilon_{cu}-\frac{h-x_1}{x_1}\varepsilon_{c1}$$

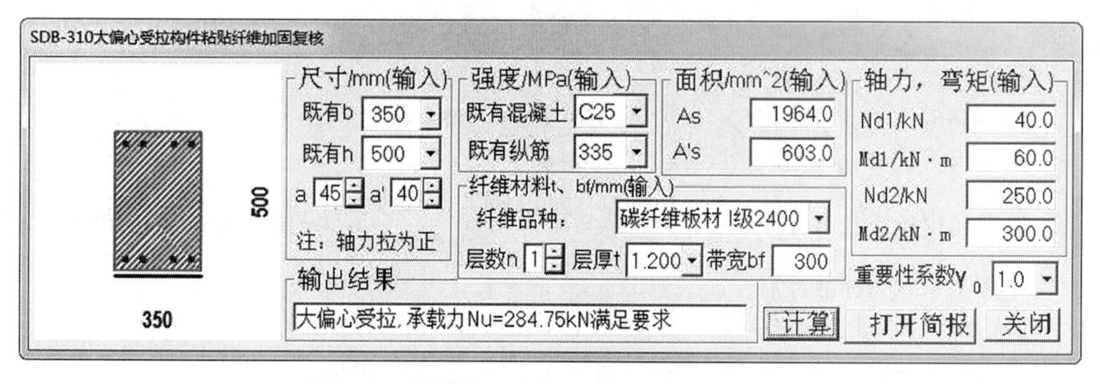

图 5-24 碳纤维加固大偏心受拉构件承载力复核

代入数据，即：

$$280\times1964\times995+160000\varepsilon_{\mathrm{f}}\times360\times(995-45)=11.5\times350x\times(995+455-x/2)+280\times603\times1410$$

$$\varepsilon_{\mathrm{f}}=\frac{0.8\times500-x}{x}\times0.0033-\frac{500-148.1}{148.1}\times0.0001813$$

联立求解得：$x=123.5\mathrm{mm}>2a_{\mathrm{s}}'$，$\varepsilon_{\mathrm{f}}=0.006958<0.007$

截面承载力为：

$$N_{\mathrm{u}}=f_{\mathrm{sd}}A_{\mathrm{s}}+\sigma_{\mathrm{f}}A_{\mathrm{f}}-f_{\mathrm{cd}}bx-f_{\mathrm{sd}}'A_{\mathrm{s}}'$$

$$=280\times1964+160000\times0.006958\times360-11.5\times350\times123.5-280\times603=284.75\mathrm{kN}$$

用 SDB 软件计算本题，其输入信息和简要输出结果如图 5-24 所示。可见其计算结果与上面手算结果相同。

5.5 墩柱延性加固计算

采用粘贴封闭式纤维复合材料对墩柱的延性加固后，总折算体积含箍率可按下列公式计算：

$$\rho_{\mathrm{v}}=\rho_{\mathrm{ve}}+\rho_{\mathrm{vf}} \tag{5-34}$$

$$\rho_{\mathrm{vf}}=k_{\mathrm{c}}\rho_{\mathrm{f}}\frac{b_{\mathrm{f}}f_{\mathrm{f}}}{s_{\mathrm{f}}f_{\mathrm{sv}}} \tag{5-35}$$

式中 ρ_{ve}——被加固柱原有箍筋的体积含箍率；当需要重新复核时，应按箍筋范围内的核心截面进行计算；

ρ_{vf}——环向围束作为附加箍筋换算的箍筋体积含箍率的增量；

ρ_{f}——环向围束体积比，按本书式（5-22）、式（5-23）计算；

k_{c}——环向围束的有效约束系数，圆形截面取 0.90；正方形截面取 0.66；矩形截面取 0.42；

b_{f}——环向围束条带的宽度；

s_{f}——环向围束条带的中心间距；

f_{f}——环向围束纤维复合材料的抗拉强度设计值，按《混凝土结构加固设计规范》GB 50367 的规定取值；

f_{sv}——原构件箍筋抗拉强度设计值。

【例 5-11】墩柱延性加固复核算例

文献［3］第 126 页例题，一矩形柱截面尺寸 $b \times h = 400\text{mm} \times 500\text{mm}$，如图 5-25 所示。箍筋间距 200mm，保护层厚度 $c = 30\text{mm}$，箍筋采用 R235 级ϕ 8 钢筋（$A_{s01} = 50.3\text{mm}^2$），采用环向围束法进行延性加固后，粘贴了 3 层 150mm 宽封闭式无碱玻璃纤维布，纤维布计算厚度 $t_f = 0.14\text{mm}$，上下层间搭接宽度为 50mm，圆化半径 $r = 30\text{mm}$，计算加固后总折算箍筋体积含箍率。

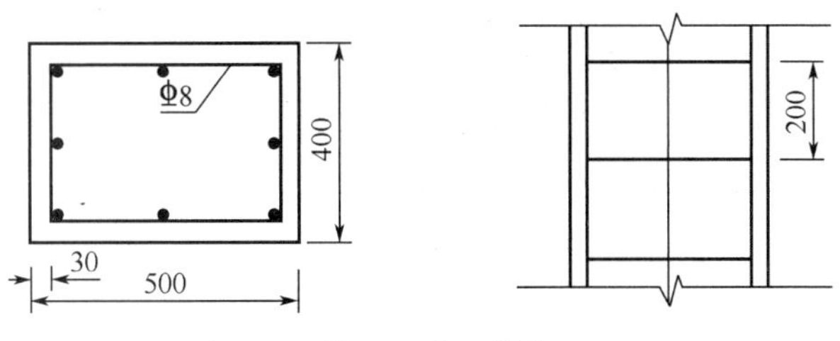

图 5-25　截面尺寸（单位：mm）

【解】

原截面核心混凝土面积

$b_{cor} = b - 2c = 400 - 2 \times 30 = 340\text{mm}$；$h_{cor} = h - 2c = 500 - 2 \times 30 = 440\text{mm}$

$A_{cor} = b_{cor} \times h_{cor} = 340 \times 440 = 149600\text{mm}^2$

沿截面各边箍筋长度

$l_x = b - 2(c - d/2) = 400 - 2 \times (30 - 8/2) = 348\text{mm}$；$l_y = h - 2(c - d/2) = 500 - 2 \times (30 - 8/2) = 448\text{mm}$

被加固柱原有箍筋的体积含箍率

$$\rho_{ve} = \frac{(nl_y + ml_x)\ A_{s01}}{A_{cor} s} = \frac{(2 \times 448 + 2 \times 348)\ \times 50.3}{149600 \times 200} = 0.00268$$

环向围束时原截面有效面积

$$A_{cor} = b \times h - (4 - \pi)\ r^2 = 400 \times 500 - (4 - 3.1416)\ \times 30 \times 30 = 199227\text{mm}^2$$

环向围束体积比

$$\rho_f = 2n_f t_f\ (b + h)\ / A_{cor} = 2 \times 3 \times 0.14 \times\ (400 + 500)\ / 199227 = 0.0038$$

矩形截面环向围束的有效约束系数 $k_c = 0.42$，查本书表 1-8，所用玻璃纤维的抗拉强度设计值 $f_f = 350\text{MPa}$。

由式（5-35），环向围束作为附加箍筋换算的箍筋体积含箍率的增量

$$\rho_{vf} = k_c \rho_f \frac{b_f f_f}{s_f f_{sv}} = 0.42 \times 0.0038 \times \frac{150 \times 350}{200 \times 195} = 0.00215$$

总折算体积含箍率

$\rho_v = \rho_{ve} + \rho_{vf} = 0.00268 + 0.00215 = 0.00483 = 0.483\%$

用 SDB 软件计算本题，其输入信息和简要输出结果如图 5-26 所示。可见其计算结果与上面手算结果相同。

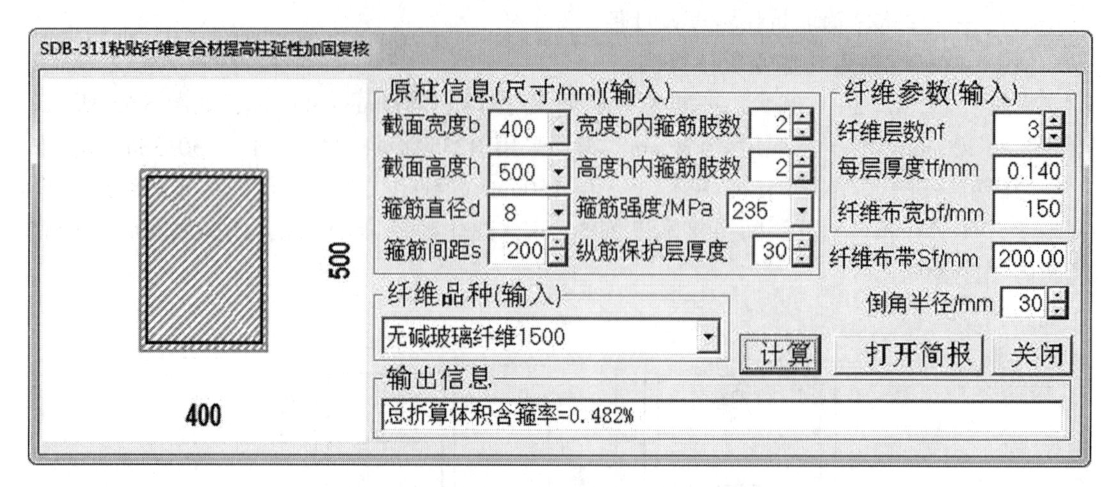

图 5-26 碳纤维加固墩柱延性含箍率复核

本章参考文献

[1] 中华人民共和国行业标准. 城市桥梁结构加固技术规程 CJJ/T 239—2016 [S]. 北京：中国建筑工业出版社，2016.

[2] 中华人民共和国行业推荐性标准. 公路桥梁加固设计规范 JTG/T J22—2008 [S]. 北京：人民交通出版社，2008.

[3] 邬晓光，白青侠，雷自学. 公路桥梁加固设计规范应用计算示例 [M]. 北京：人民交通出版社，2011.

[4] 安关峰. 城市桥梁结构加固技术指南 [M]. 北京：中国建筑工业出版社，2015.

第6章　预应力加固法

6.1　一般规定

1　当加固钢筋混凝土或预应力混凝土受弯构件时，可采用预应力加固法，预应力材料可采用钢材或纤维带等。

2《城市桥梁结构加固技术规程》CJJ/T 239—2016[1] 规定：被加固的混凝土桥梁结构，其现场实测混凝土强度等级不得低于C30。《公路桥梁加固设计规范》JTG/T J22—2008[2] 规定：当被加固构件的混凝土强度等级低于C25时，不宜采用预应力加固方法。

3　预应力体系应采用可靠的防腐与防护措施。

4　当采用体内无粘结预应力筋加固时，可按体外预应力筋计算。

5　当采用体外索加固时，有效预应力应按《城市桥梁结构加固技术规程》CJJ/T 239—2016第8.2.1条、第8.2.2条计算；当采用有粘结预应力筋加固时，有效预加应力应按现行行业标准《公路桥梁加固设计规范》JTG/T J22相关规定计算。

6　体外索转向装置的设计应按现行行业标准《公路桥梁加固设计规范》JTG/T J22相关规定计算。

7　预应力纤维带表面防护应符合《城市桥梁结构加固技术规程》CJJ/T 239—2016第4.5节、第4.6节规定。

8　采用预应力纤维带加固的混凝土结构，其长期使用的环境温度不应高于60℃；对处于高温、高湿、介质侵蚀等特殊环境的混凝土结构采用预应力加固时，除应按国家现行有关标准的规定采取相应的防护措施外，尚应采用耐环境因素作用的结构胶粘剂，并应按专门的工艺要求施工。

6.2　体外预应力钢筋受弯构件正截面加固设计

Ⅰ新增预应力钢筋有效预应力计算

体外预应力钢筋的预应力损失计算应符合下列规定：

1　加固钢筋混凝土构件时应计算体外预应力钢筋的应力损失。

2　加固预应力混凝土构件时应计算体外预压力对原预应力钢筋引起的应力损失。

3　体外预应力钢筋的各项预应力损失计算应根据预应力筋的布置方式、锚固方式、张拉方式、保护方式等取舍。

预应力损失及有效预应力计算应符合下列规定：

1　当体外索采用有护套的无粘结预应力筋时，摩擦损失 σ_{l1} 可由两部分组成：体外索在转向和锚固构造管道内的摩擦引起的预应力损失部分应按现行行业标准《公路桥梁加固设计规范》JTG/T J22 相关条款规定计算，即宜根据试验确定，当无可靠试验资料时可按下列公式估算：

$$\sigma_{l1}=\sigma_{\text{con}}(1-e^{-(\kappa x+\mu\theta)}) \tag{6-1}$$

式中 κ——单位长度管道轴线局部偏差的摩擦系数（1/m），按表 6-1 采用；

x——自张拉端的管道累计计算长度（m）；

μ——体外预应力筋（束）与曲线管道的摩擦系数，按表 6-1 采用；

θ——自张拉端的管道的偏转角（rad），对于空间布束方式，应考虑空间包角的影响。

摩擦系数 κ 与 μ 值 **表 6-1**

管道种类	κ	μ	管道种类	κ	μ
钢管穿无粘结钢绞线	0.004	0.09	HDPE 穿光面钢绞线	0.002	0.13
钢管穿光面钢绞线	0.001	0.25			

体外预应力筋与护套壁之间的摩擦引起的预应力损失部分应按现行行业标准《无粘结预应力混凝土结构技术规程》JGJ 92[3] 计算，即宜按式（6-1）计算，当 $\kappa x+\mu\theta\leqslant 0.3$ 时，也可按式（6-2）计算。

$$\sigma_{l1}=(\kappa x+\mu\theta)\sigma_{\text{con}} \tag{6-2}$$

以上两部分之和为总的摩擦损失。

2 锚具变形、预应力筋回缩和接缝压密引起的预应力损失 σ_{l2}，体外预应力钢筋成直线布置时，应按现行行业标准《公路桥梁加固设计规范》JTG/T J22 相关条款规定计算，即按式（6-3）计算。

$$\sigma_{l2}=E_{\text{p,e}}\frac{\Sigma\Delta l}{l} \tag{6-3}$$

式中 $E_{\text{p,e}}$——体外预应力钢筋（束）的弹性模量；

Δl——锚具变形、筋（束）回缩和接缝压密值，按表 6-2 取用；

l——预应力筋（束）的计算总长度，对于折线布筋（束）情况应为相关各段长度之和。

锚具变形、筋（束）回缩和接缝压密值 **表 6-2**

锚具、接缝类型		Δl	锚具、接缝类型	Δl
夹片锚具	有顶压	4	镦头锚具	1
	无顶压	6	每块后加钢垫板的缝隙	1
带螺帽锚具的螺帽缝隙		1	水泥或环氧树脂砂浆的接缝	1

注：表中数据以一个锚具或接缝计。

体外预应力筋成折线或曲线布置时，σ_{l2} 应按现行行业标准《无粘结预应力混凝土结构技术规程》JGJ 92 附录 B 的规定计算。

3 分批张拉损失 σ_{l4} 应按下列公式计算：

对体外预应力筋：

$$\sigma_{l4}=\frac{m_1-1}{2}\alpha_{Ep}\cdot\Delta\sigma_{pc} \tag{6-4}$$

对构件内原预应力筋：

$$\sigma_{l4}=\alpha_{Ep}\cdot m_1\cdot\Delta\sigma_{pc} \tag{6-5}$$

式中　α_{Ep}——预应力筋（束）与混凝土的弹性模量之比；

m_1——体外预应力筋（束）分批张拉的次数；

$\Delta\sigma_{pc}$——在计算截面先张法的体外预应力筋（束）或原有预应力筋重心处，由后张拉每一批体外预应力筋（束）有效预加力产生的混凝土法向应力。

4　钢筋松弛引起的预应力损失 σ_{l5}、混凝土收缩和徐变引起的预应力损失 σ_{l6}、最大张拉控制应力应按现行行业标准《公路桥梁加固设计规范》JTG/T J22 相关规定计算，即钢筋松弛引起的预应力损失终极值：

预应力钢丝、钢绞线：

$$\sigma_{l5}=\psi\zeta\left(0.52\frac{\sigma_{p,ei}}{f_{ptk}}-0.26\right)\sigma_{p,ei} \tag{6-6}$$

式中　ψ——张拉系数，一次张拉时，$\psi=1.0$；超张拉时，$\psi=0.9$；

ζ——钢筋松弛系数，普通松弛 $\zeta=1.0$；低松弛 $\zeta=0.3$；

$\sigma_{p,ei}$——传力锚固时体外预应力筋（束）的应力，$\sigma_{p,ei}=\sigma_{con}-\sigma_{l1}-\sigma_{l2}-\sigma_{l4}$；

f_{ptk}——体外预应力筋（束）的抗拉强度标准值。

采用低松弛无粘结预应力筋时也可按《无粘结预应力混凝土结构技术规程》JGJ 92—2016[4] 式（5.1.7）计算，使用 SDB 软件计算时须勾选“σ_{l5} 按 JGJ 92”选项：

①当 $0.7f_{ptk}<\sigma_{con}\leqslant 0.8f_{ptk}$ 时

$$\sigma_{l5}=0.20\left(\frac{\sigma_{con}}{f_{ptk}}-0.575\right)\sigma_{con} \tag{6-7a}$$

②当 $0.5f_{ptk}<\sigma_{con}\leqslant 0.7f_{ptk}$ 时

$$\sigma_{l5}=0.125\left(\frac{\sigma_{con}}{f_{ptk}}-0.5\right)\sigma_{con} \tag{6-7b}$$

③当 $\sigma_{con}\leqslant 0.5f_{ptk}$ 时

$$\sigma_{l5}=0 \tag{6-7c}$$

精轧螺纹钢筋：

一次张拉：

$$\sigma_{l5}=0.05\sigma_{con} \tag{6-8a}$$

超张拉：

$$\sigma_{l5}=0.035\sigma_{con} \tag{6-8b}$$

5　正常使用阶段，体外预应力筋的有效预应力 σ_{pe} 应按下式计算：

$$\sigma_{pe}=\sigma_{con}-(\sigma_{l1}+\sigma_{l2}+\sigma_{l4}+\sigma_{l5}) \tag{6-9}$$

式中　σ_{pe}——体外预应力筋的有效预应力；

σ_{con}——最大张拉控制应力。

因为加固遇到的经常是建造了多年的结构构件，混凝土收缩和徐变几乎已经终止，由其引起的预应力损失 σ_{l6} 几乎是零，所以公式（6-9）没有计入。对于新建结构构件加固时应当考虑。

由于预应力钢筋和混凝土的线膨胀系数相差不大，即使温差 20~30℃，应力损失也较小，一般不超过 10MPa，可忽略不计[4,5]。

Ⅱ体外预应力筋对构件计算截面产生的内力计算

本书暂不考虑原构件为预应力钢筋混凝土构件的情况，也不考虑采用有粘结预应力筋加固的情况。

计算体外预应力筋对构件产生的内力前，应先计算体外筋与构件混凝土接触点处的等效荷载，再按结构力学的方法计算控制截面的内力。

当进行持久状况正常使用的抗裂、裂缝宽度、挠度、材料应力等计算时，体外预应力筋对计算截面产生的内力及次内力应作为永久作用效应的一部分。

Ⅲ持久状况承载能力极限状态计算

当采用预应力加固矩形截面或翼缘位于受拉边的 T 形截面受弯构件时，其正截面受弯承载力（图 6-1）计算应符合下列规定：

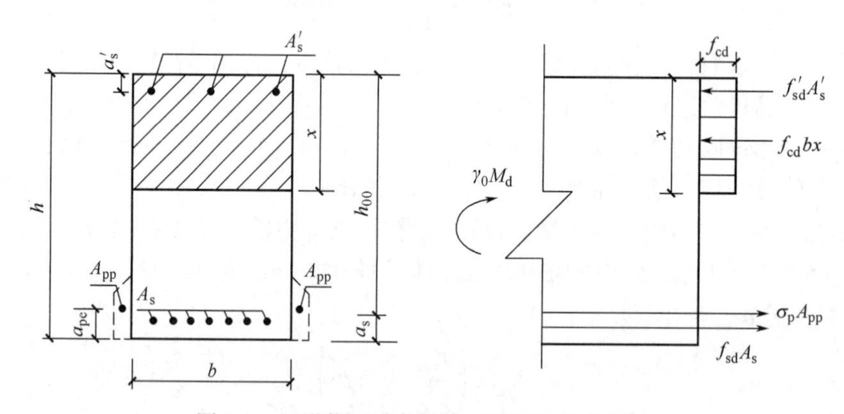

图 6-1　矩形截面受弯构件正截面承载力计算

1　混凝土受压区高度 x 应按下列公式计算：

$$f_{sd}A_s+\sigma_p A_{pp}=f_{cd}bx+f_{sd}'A_s' \tag{6-10}$$

$$x\leqslant\xi_b h_{00} \tag{6-11}$$

$$h_{00}=h-a \tag{6-12}$$

$$a=\frac{A_s f_{sd} a_s+A_{pp}\sigma_p a_{pe}}{A_s f_{sd}+A_{pp}\sigma_p} \tag{6-13}$$

2　当受压区配有纵向普通钢筋时，x 尚应满足下式要求：

$$x\geqslant 2a_s' \tag{6-14}$$

3　正截面受弯承载力应满足下式要求：

$$\gamma_0 M_d\times10^6\leqslant f_{cd}bx\left(h_{00}-\frac{x}{2}\right)+f_{sd}'A_s'(h_{00}-a_s') \tag{6-15}$$

4　新增预应力筋的抗拉强度设计值 σ_p 计算应符合下列规定：

1）当采用体外预应力筋时，σ_p 应取极限应力 σ_{pu}，σ_{pu} 应满足下式要求：

$$\sigma_{pu}=\sigma_{pe}+\Delta\sigma_{pe}\leqslant f_{pd} \tag{6-16}$$

2）当采用体内有粘结预应力筋时，$\sigma_p=f_{pd}$。

式中　γ_0——桥梁结构的重要性系数，按现行行业标准《城市桥梁设计规范》CJJ 11 规定采用；

f_{cd}——混凝土轴心抗压强度设计值（N/mm^2）；

f_{sd}、f'_{sd}——纵向普通钢筋的抗拉强度设计值和抗压强度设计值（N/mm^2）；

M_d——计算截面的弯矩组合设计值（kN·m），超静定结构时包含预加力引起的次弯矩 M_{p2}，当其对结构有利时，预应力分项系数取 1.0，否则取 1.2；

A_{pp}——新增预应力筋的截面积（mm^2），体外预应力筋时取 A_{pe}，体内有粘结预应力筋时取 A_{ep}；

A_s、A'_s——分别为截面受拉区和受压区纵向普通钢筋的截面面积，采用有粘结预应力钢筋加固时，包含新旧纵向普通受力钢筋的截面面积（mm^2）；

b——构件矩形截面宽度或 T 形截面腹板宽度（mm）；

h_{00}——加固后构件的截面有效高度（mm）；

h——原构件截面全高（mm）；

a——受拉区普通钢筋、体外预应力筋的合力点至受拉区边缘的距离（mm）；

a_{pe}、a_s——分别为受拉区新增预应力筋合力点、普通钢筋合力点至受拉区边缘的距离（mm）；

a'_s——受压区普通钢筋合力点至受压区边缘的距离（mm）；

ξ_b——受弯构件的纵向受拉钢筋屈服和截面受压区边缘混凝土达到 ε_{cu} 同时发生时，构件的正截面相对界限受压区高度 ξ_b，应按表 6-3 采用[6,7]；

σ_{pu}、σ_{pe}——分别为体外预应力筋的极限应力、有效预应力（N/mm^2）；

$\Delta\sigma_{pe}$——体外预应力筋的应力增量，单跨梁时取 $110N/mm^2$、悬臂梁时取 $50N/mm^2$、连续梁时取 0。

正截面相对界限受压区高度取值表　　**表 6-3**

钢筋种类 \ 混凝土强度等级	C50 及以下	C55、C60	C65、C70	C75、C80
R235	0.62	0.60	0.58	—
HPB300	0.58	0.56	0.54	—
HRB335	0.56	0.54	0.52	—
HRB400、KL400、HRBF400、RRB400	0.53	0.51	0.49	—
HRB500	0.49	0.47	0.46	—
钢绞线、钢丝	0.40	0.38	0.36	0.35
精轧螺纹钢筋	0.40	0.38	0.36	—

注：1. 截面受拉区内配置不同种类有粘结钢筋的受弯构件，其 ξ_b 值应选用相应于各种钢筋的较小者；
2. $\xi_b = x_b/h_{00}$，x_b 为纵向受拉钢筋屈服和截面受压区边缘混凝土达到 ε_{cu} 同时发生时的受压区高度。

当采用预应力加固翼缘位于受压区的 T 形截面或 I 形截面受弯构件时，其截面受弯承载力（图 6-2）计算应符合下列规定：

1　符合式（6-17）条件时，应以宽度为 b'_f 的矩形截面（图 6-2a），按式（6-15）计算正截面受弯承载力。

$$f_{sd}A_s+\sigma_pA_{pp}\leqslant f_{cd}b_f'h_f'+f_{sd}'A_s \tag{6-17}$$

2　当不符合公式（6-17）的条件时，计算中应计入截面腹板受压的作用（图 6-2b），其正截面受弯承载力计算应符合下列规定：

1）受压区高度 x 应按下式计算，并应符合前面一条所述的规定：

$$f_{sd}A_s+\sigma_pA_{pp}=f_{cd}[bx+(b_f'-b)h_f']+f_{sd}'A_s' \tag{6-18}$$

2）正截面受弯承载力应按下式计算：

$$\gamma_0M_d\leqslant f_{cd}\left[bx\left(h_{00}-\frac{x}{2}\right)+(b_f'-b)h_f'\left(h_{00}-\frac{h_f'}{2}\right)\right]+f_{sd}'A_s'(h_{00}-a_s') \tag{6-19}$$

式中　h_f'——T 形或 I 形截面受压翼缘厚度（mm）；

b_f'——T 形或 I 形截面受压翼缘的有效宽度（mm）。

受弯构件在满足公式（6-11）条件时，可不按正常使用极限状态计算可能增加的纵向受拉钢筋截面面积和按构造要求配置的纵向钢筋截面面积。

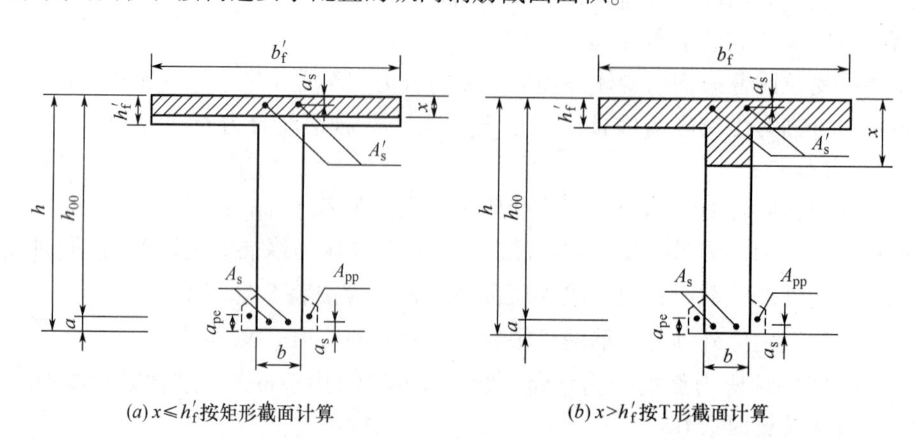

(a) $x\leqslant h_f'$ 按矩形截面计算　　(b) $x>h_f'$ 按T形截面计算

图 6-2　T 形截面受弯构件正截面承载力计算

注：本图截面内力作用方向与图 6-1 相同

当计算中计入受压区纵向钢筋但不符合公式（6-14）的条件时，受弯构件正截面受弯承载力（图 6-1）的计算应符合下列规定：

$$\gamma_0M_d\leqslant f_{sd}A_s(h-a_s-a_s')+\sigma_pA_{pp}(h-a_{pe}-a_s') \tag{6-20}$$

预应力索的锚固装置应进行专项设计，体外索转向装置应根据受力需要及现场施工条件选择，其承载能力应按现行行业标准《公路桥梁加固设计规范》JTG/TJ22 的相关条款进行计算。

Ⅳ持久状况正常使用极限状态计算

体外预应力筋引起的应力计算应符合下列规定：

体外预应力对计算截面产生的混凝土法向压应力 σ_{pc2} 和法向拉应力 σ_{pt2} 应按下式计算：

$$\sigma_{pc2}\text{ 或 }\sigma_{pt2}=\frac{N_{p2}\times10^3}{A_0}\pm\frac{M_p\times10^6}{I_0}y_0 \tag{6-21}$$

式中　N_{p2}、M_p——体外预应力筋极限应力计算值 σ_{pu} 相对应的预加力 N_{pu} 对计算截面产生的轴向压力（kN）、弯矩（总预矩）（kN · m），已包含对超静定结构产生的次弯矩 M_{p2}；

A_0、I_0——原计算截面的全截面面积（mm^2）、惯性矩（mm^4）；

y_0——相应换算截面重心至计算应力点处的距离（mm）。

正截面抗裂验算应符合下列规定：

1　应按荷载短期效应和长期效应组合计算构件抗裂验算边缘混凝土的法向拉应力 σ_{st} 和 σ_{lt}：

$$\sigma_{st}=\frac{M_s}{I_0}y \tag{6-22}$$

$$\sigma_{lt}=\frac{M_l}{I_0}y \tag{6-23}$$

式中　M_s、M_l——计算截面的荷载短期、长期效应组合的弯矩值（kN·m），不计汽车冲击系数；

σ_{st}、σ_{lt}——荷载短期、长期效应组合下构件抗裂验算边缘混凝土的法向拉应力（N/mm^2）；

I_0、y——张拉预应力筋时全截面的换算截面惯性矩（mm^4）、换算截面重心至受拉边缘的距离（mm），体外预应力筋加固时只按原截面尺寸及原配筋计算截面几何性质。有粘结预应力筋加固时该预应力筋增计到原截面几何性质中。

2　应按构件抗裂验算边缘混凝土的法向拉应力 σ_{st} 和 σ_{lt} 分类进行抗裂验算：

1）加固后成为全预应力的混凝土构件，应符合下列规定：

整体浇筑或整体预制构件：

$$\sigma_{st}-0.9\sigma_{pc}\leqslant 0 \tag{6-24}$$

分段浇筑或分段拼装的构件：

$$\sigma_{st}-0.85\sigma_{pc}\leqslant 0 \tag{6-25}$$

2）加固后成为 A 类预应力的混凝土构件，应符合下列公式要求：

$$\sigma_{st}-\sigma_{pc}\leqslant 0.75f_{tk} \tag{6-26}$$

$$\sigma_{lt}-\sigma_{pc}\leqslant 0 \tag{6-27}$$

式中　f_{tk}——混凝土的抗拉强度标准值（N/mm^2）；

σ_{pc}——新增预加力与原预加力共同产生的截面抗裂验算边缘混凝土的预压应力（N/mm^2），原构件为钢筋混凝土构件时，$\sigma_{pc}=\sigma_{pc2}$。

3）加固后成为 B 类预应力的混凝土构件，应满足下式要求，并应验算裂缝宽度：

$$\sigma_{Gd}=\frac{M_{Gd}}{I_0}y<\sigma_{pc} \tag{6-28}$$

式中　M_{Gd}——截面自重作用下控制截面弯矩（kN·m）；

σ_{Gd}——截面自重作用下控制截面受拉边缘混凝土的拉应力（N/mm^2）。

裂缝宽度验算应符合下列规定：

对加固后为 B 类预应力混凝土构件，应限制裂缝宽度，其最大裂缝宽度 w_{fk} 应按下式计算：

$$w_{fk}=C_1C_2C_3\frac{\sigma_{ss}}{E_s}\left(\frac{c+d}{0.36+1.7\rho_{te}}\right) \tag{6-29}$$

式中 w_{fk}——最大裂缝宽度（mm）；

C_1——钢筋表面形状系数，对光面钢筋，$C_1=1.4$，对带肋钢筋，$C_1=1.0$；

C_2——作用（或荷载）长期效应影响系数，$C_2=1+0.5\frac{N_l}{N_s}$，其中 N_l 和 N_s 分别为按作用（或荷载）长期效应组合和短期效应计算的内力值，含无粘结预应力筋产生的内力（受弯构件为弯矩）；

C_3——与构件受力性质有关的系数，当为钢筋混凝土板式受弯构件时，$C_3=1.15$；其他受弯构件，$C_3=1.0$；

c——最外排纵向受拉钢筋的混凝土保护层厚度（mm），当 $c>50$mm 时，取 50mm；

d——等效纵向受拉钢筋直径（mm），按现行行业标准《公路钢筋混凝土及预应力混凝土桥涵设计规范》JTG 3362—2018 第 6.4.3 条规定计算；即当用不同直径的钢筋时，d 改用换算直径 d_e，$d_e=\frac{\sum n_i d_i^2}{\sum n_i d_i}$，式中 n_i 为受拉区第 i 种钢筋的根数，d_i 为受拉区第 i 种钢筋的直径，按表 6-4 取值；

ρ_{te}——纵向受拉钢筋的有效配筋率，$\rho_{te}=A_s/A_{te}$；当 $\rho_{te}>0.1$ 时，取 $\rho_{te}=0.1$；当 $\rho_{te}<0.01$ 时，取 $\rho_{te}=0.01$；

A_s——受拉区纵向钢筋截面面积，轴心受拉构件取全部纵向钢筋截面面积；受弯、偏心受拉及大偏心受压构件取受拉区纵向钢筋截面面积或受拉较大一侧的钢筋截面面积；

A_{te}——有效受拉混凝土截面面积，轴心受拉构件取构件截面面积；受弯、偏心受拉、偏心受压构件取 $2a_s b$，a_s 为受拉钢筋重心至受拉区边缘的距离，对矩形、翼缘位于受压区的 T 形截面[8]，b 为截面宽度，对翼缘位于受拉区的 T 形、I 形截面，b 为受拉区有效翼缘宽度；

E_s——采用有粘结受拉预应力钢筋和普通钢筋截面积较大者的弹性模量（N/mm²）；

σ_{ss}——等效纵向受拉钢筋合力点处的钢筋拉应力（N/mm²）。

受拉区钢筋直径 d_i **表 6-4**

受拉区钢筋种类	单根普通钢筋	普通钢筋的束筋	钢绞线束	钢丝束
d_i 取值	公称直径 d	等代直径 d_{se}	等代直径 d_{pe}	

注：1. $d_{se}=\sqrt{n}d$，n 为组成束筋的普通钢筋根数，d 为单根普通钢筋公称直径。

2. $d_{pe}=\sqrt{n}d_p$，n 为钢丝束中钢丝根数或钢绞线束中钢绞线根数，d_p 为单根钢丝或钢绞线公称直径。

体外预应力筋加固钢筋混凝土受弯构件纵向受拉钢筋的等效应力 σ_{ss} 应按下列公式计算：

$$\sigma_{ss}=\frac{N\times10^3(e_s-z)}{A_s z} \tag{6-30}$$

$$e_s=\eta_s e_0+y_s \tag{6-31}$$

$$z=\left[0.87-0.12(1-\gamma_f')\left(\frac{h_{00}'}{e_s}\right)^2\right]h_{00}' \tag{6-32}$$

$$\eta_s = 1+\frac{1}{4000e_s/h'_{00}}\left(\frac{l_0}{h}\right)^2 \tag{6-33}$$

$$e_0 = \frac{M_s \pm M_{p2}}{N_s}\times 10^3 \tag{6-34}$$

$$\gamma'_f = \frac{(b'_f - b)h'_f}{bh'_{00}} \tag{6-35}$$

式中　N_s——按作用短期效应组合计算的轴向力值（kN），对钢筋混凝土构件，$N_s = N_{p2}$；

N_{p2}——体外预应力筋极限应力计算值 σ_{pu} 相对应的预加力 N_{pu} 对计算截面产生的轴向压力（kN）；

e_s——轴向压力 N_s 作用点至原纵向普通受拉钢筋合力点的距离（mm）；

z——原纵向普通受拉钢筋合力点至截面受压区合力点的距离（mm）；

η_s——使用阶段的轴向压力偏心距增大系数，当 $l_0/h \leq 14$ 时，η_s 为1.0；

e_0——按作用短期效应组合计算的偏心距（mm）；

M_s——按作用短期效应组合计算的弯矩值（kN·m）；

M_{p2}——体外预应力筋预加力 N_{pu} 对超静定结构产生的次弯矩（kN·m），与 M_s 作用方向相同时取正号，相反时取负号；

y_s——原全截面换算截面的重心至原受拉钢筋重心的距离（mm）；

A_s——原受拉普通钢筋截面面积（mm^2）；

h'_{00}——受拉区所有新旧纵向有粘结预应力钢筋和普通钢筋合力点至截面受压边缘的距离（mm），并将按公式（6-12）计算的 h_{00} 代替 h'_{00}；采用体外预应力筋加固时，从原纵向受拉钢筋合力点起算；采用有粘结预应力筋加固时，从所有新旧受拉钢筋合力点起算；

γ'_f——受压翼缘截面积与腹板有效截面积之比，矩形截面时，$\gamma'_f = 0$；

b、h——梁或腹板宽度、高度（mm）；

b'_f、h'_f——受压翼缘宽度、厚度（mm）；

l_0——构件的计算长度（mm）。

对采用预应力加固后仍带裂缝工作的混凝土受弯构件，其裂缝宽度的限值应符合现行行业标准《公路钢筋混凝土及预应力混凝土桥涵设计规范》JTG 3362—2018 的规定（如下）：

钢筋混凝土和B类预应力混凝土构件应按作用频遇组合并考虑长期效应的影响验算裂缝宽度（注：由于该规范尚未给出可变荷载的频遇值系数的具体取值规定，本书暂按原规范“作用短期效应组合”执行）。

种类环境中，钢筋混凝土和B类预应力混凝土构件的最大裂缝宽度计算值不应超过表6-5规定的限值。

最大裂缝宽度限值　　**表6-5**

环境类别	最大裂缝宽度限值（mm）	
	钢筋混凝土构件、采用预应力螺纹钢筋的B类预应力混凝土构件	采用钢丝或钢绞线的B类预应力混凝土构件
Ⅰ类-一般环境	0.20	0.10

续表

环境类别	最大裂缝宽度限值（mm）	
	钢筋混凝土构件、采用预应力螺纹钢筋的B类预应力混凝土构件	采用钢丝或钢绞线的B类预应力混凝土构件
Ⅱ类-冻融环境	0.20	0.10
Ⅲ类-近海或海洋氯化物环境	0.15	0.10
Ⅳ类-除冰盐等其他氯化物环境	0.15	0.10
Ⅴ类-盐结晶环境	0.10	禁止使用
Ⅵ类-化学腐蚀环境	0.15	0.10
Ⅶ类-磨蚀环境	0.20	0.10

钢筋混凝土和预应力混凝土受弯构件正常使用极限状态下的挠度计算应符合下列规定：

1 全预应力混凝土或A类预应力混凝土构件刚度应按下式计算：

$$B_0=0.95E_cI_0 \tag{6-36}$$

2 B类预应力混凝土构件刚度应按下式计算：

在开裂弯矩 M_{cr} 作用下：

$$B_0=0.95E_cI_0 \tag{6-37}$$

在（M_s-M_{cr}）作用下：

$$B_{cr}=E_cI_{cr} \tag{6-38}$$

3 截面开裂弯矩 M_{cr} 应按下式计算：

$$M_{cr}=\left(\sigma_{pc}+\frac{2S_0}{W_0}f_{tk}\right)W_0 \tag{6-39}$$

式中 S_0——全截面换算截面重心轴以上（或以下）部分面积对重心轴的面积矩（mm^3）；

W_0——换算截面抗裂边缘的弹性抵抗矩（mm^3）；

I_{cr}——开裂截面的换算截面惯性矩（mm^4）；

f_{tk}——混凝土抗拉强度标准值（N/mm^2）；

σ_{pc}——新增预加力与原预加力的有效预加力共同产生的构件抗裂验算边缘混凝土的预压应力（N/mm^2）。

预应力加固受弯构件持久状况使用阶段，应验算正截面混凝土的最大法向压应力 σ_{cc}、正截面受拉区新旧预应力钢筋的总拉应力 σ_{pk} 和 σ_{pp}、斜截面混凝土的主压应力 σ_{cp}。

体外预应力筋加固钢筋混凝土受弯构件持久状况条件下，应验算正截面混凝土最大法向压应力 σ_{cc} 和斜截面的主压应力 σ_{cp}，并应符合下列规定：

1 当加固后的构件为全预应力混凝土或A类预应力混凝土受弯构件时，由作用标准值对截面受压边缘产生的混凝土法向压应力 σ_{kc} 应按下列公式计算：

$$\sigma_{kc}=\frac{M_k}{I_0}y_0 \tag{6-40}$$

$$M_k=M_G+M_q \tag{6-41}$$

正截面混凝土的法向总压应力应按下式计算：

$$\sigma_{cc}=\sigma_{kc}+\sigma_{pt} \tag{6-42}$$

式中　M_k——作用标准组合计算的弯矩值（kN·m）；

M_G——除预加力外的永久作用产生的弯矩（kN·m）；

M_q——计入汽车冲击系数的汽车荷载及温度作用等可变作用产生的弯矩（kN·m）；

I_0——包含全部有粘结受拉钢筋在内的全截面换算截面的惯性矩（mm^4）；

y_0——原截面换算截面重心轴至受压区边缘的距离；

σ_{pt}——体外预应力筋的预加力对截面受压边缘产生的混凝土法向拉应力，用 σ_{pt} 代替式（6-21）中的 σ_{pt2} 计算。当 σ_{pt} 的应力方向与 σ_{kc} 相反时，取负数。

2　当加固后的构件成为允许开裂的B类预应力混凝土受弯构件时，可将构件作为压弯构件，直接按大偏心受压构件计算出截面受压边缘混凝土的最大法向压应力 σ_{cc}，并应符合下列规定：

1）T形或I字形截面开裂截面的换算截面中性轴至截面受压边缘的距离 x 应按下列公式计算：

$$Ax^3+Bx^2+Cx+D=0 \tag{6-43}$$

$$A=b \tag{6-44}$$

$$B=3be_N \tag{6-45}$$

$$C=6\alpha_{Es}[(e_N+a_s')A_s'+(e_N+h_s)A_s]+3(b_f'-b)(2e_N+h_f')h_f' \tag{6-46}$$

$$D=-6\alpha_{Es}[a_s'(e_N+a_s')A_s'+h_s(e_N+h_s)A_s]-(b_f'-b)(3e_N+2h_f')(h_f')^2 \tag{6-47}$$

$$e_N=(M_k\pm M_{p2})/N_{p0}-c \tag{6-48}$$

式中　b、b_f'、h_f'——分别为梁肋宽度、受压翼缘宽度及厚度（mm），矩形截面时 $b_f'=b$；

A_s、h_s——分别为原受拉钢筋截面积（mm^2）及其重心至截面受压边缘的距离（mm）；

A_s'、a_s'——分别为原受压钢筋截面积（mm^2）及其重心至截面受压边缘的距离（mm）；

α_{Es}——原构件普通钢筋的弹性模量与混凝土弹性模量之比；

e_N——轴向力作用点至截面受压边缘的距离（mm）；

c——开裂换算截面重心轴至截面受压边缘的距离（mm）；

M_{p2}——计算截面处体外预加力对超静定结构产生的次弯矩（kN·m），与 M_k 作用方向相同时取正号，相反时取负号；

N_{p0}——混凝土法向应力等于零时预应力钢筋和普通钢筋的合力，不计原构件混凝土收缩、徐变应力损失时 $N_{p0}=N_{p2}$。

2）正截面受压区混凝土最大压应力 σ_{cc} 应按下列公式计算：

$$\sigma_{cc}=\frac{N_{p0}\cdot x}{S_0} \tag{6-49}$$

$$S_0=\frac{1}{2}b_f'x^2-\frac{1}{2}(x-h_f')(b_f'-b)+\alpha_{Es}A_s'(x-a_s')-\alpha_{Es}A_s(h_s-x) \tag{6-50}$$

式中　S_0——最终形成的计算开裂截面的换算截面对其中性轴的静矩（mm^3）。

【例6-1】体外预应力加固钢筋混凝土简支T梁桥正截面承载力算例

文献［9］第102页例题，一钢筋混凝土20m跨径的T形简支梁，主梁间距1.6m，共5片梁，计算跨径19.5m，跨中梁底开裂严重，裂缝宽度超过容许值，原设计荷载为汽车-20级，挂车-100级及人群荷载3kN/m^2。主梁为C25混凝土，主钢筋为HRB335级钢筋，跨中截面主筋为10Φ32，$A_s=8043\text{mm}^2$，受拉钢筋截面重心至梁底距离$a_s=116\text{mm}$，原预制梁高度1300mm，考虑桥面现浇层有80mm厚参与受力后的截面高度为$h=1300+80=1380\text{mm}$，原截面有效高度$h_0=h-a_s=1380-116=1264\text{mm}$，梁肋宽$b=180\text{mm}$，翼缘平均厚$h_f'=110+80=190\text{mm}$，翼缘板有效宽度$b_f'=1500\text{mm}$，如图6-3和图6-4所示。桥面翼板宽度内配筋10Φ12，$A_s'=1131\text{mm}^2$，其重心至截面近边缘距离$a_s'=55\text{mm}$。最外排纵向受拉钢筋的混凝土保护层厚度$c=36\text{mm}$。边梁跨中总恒载弯矩$M_G=757.5\text{kN}\cdot\text{m}$。支点总恒载剪力$V_G=155.3\text{kN}$，距支承点1/2梁高处斜截面内有Φ10双肢箍筋，弯起钢筋有2根Φ32钢筋及2根Φ16斜筋，总恒载剪力$V_G=149\text{kN}$，总恒载弯矩$M_G=100\text{kN}\cdot\text{m}$。1/4跨截面的主钢筋配置与跨中截面相同，总恒载剪力$V_G=81.6\text{kN}$，总恒载弯矩$M_G=587.7\text{kN}\cdot\text{m}$，加固后取消人行道，按公路Ⅰ级汽车荷载设计成全预应力混凝土结构，为计算方便，偏安全不考虑桥面与预制梁新、旧混凝土强度等级的差异。加固方法采用腹板两侧双折线布置体外预应力索加固，张拉锚固端设在支承点上方梁顶及铺装层混凝土中，利用1/4跨横隔板制作U形承托作为转向装置，体外索采用多根无粘结钢绞线集束。本算例中不考虑温度梯度效应。

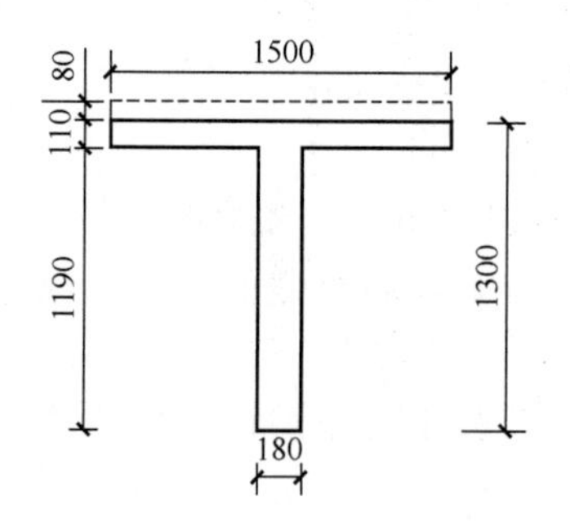

图6-3 T梁计算截面图示（mm）

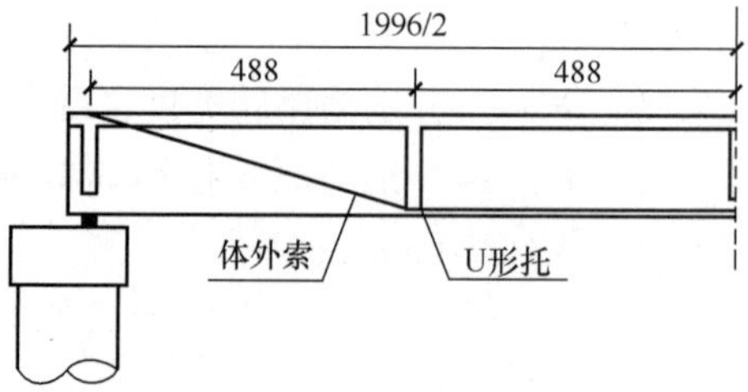

1996/2
488
488
体外索
U形托

图6-4 对称半跨体外索布置示意（cm）

体外索取7 ϕ^s15.2无粘结预应力钢绞线集束，共两束，每束截面面积$7\times140=980\text{mm}^2$，体外筋总截面面积$A_{pe}=2\times980=1960\text{mm}^2$，抗拉强度标准值$f_{ptk}=1862\text{MPa}$，张拉控制应力取：$\sigma_{con}=0.55f_{ptk}=0.55\times1860=1023\text{MPa}$。体外索重心至梁底距离$a_{pe}=100\text{mm}$。$\gamma_0=1.0$。

【解】

1. 体外无粘结预应力筋有效预应力计算

1）应力损失计算

根据《规程》CJJ/T 239第8.2.1条第一款，该加固属体外索（无粘结筋）加固钢筋混凝土构件，只计算体外索的应力损失。根据《规程》CJJ/T 239第8.2.2条：

采用l/4跨横隔板作U形承托转向装置（本身的设计及横隔板加固略），摩擦应力σ_{l1}损失按公式（6-1）计算，即

$$\sigma_{l1}=\sigma_{con}\left(1-e^{-(\kappa x+\mu\theta)}\right)$$

μ为多根无粘结预应力筋集束在转向点处的摩擦系数，考虑挤压作用，取$\mu=0.15\text{rad}$；

κ 为护套壁每米局部偏差对摩擦的影响系数，取 $\kappa=0.004/\mathrm{m}$；θ 为体外索的起弯角度，由于转向点至张拉端的水平距离为4.88m，转向点中心至锚固点中心垂直高度为1.2m，起弯角度：

$$\theta=\arctan\frac{1.2}{4.88}=0.244112\ (\mathrm{rad})=13.815°$$

体外索通过转向点处产生的摩擦应力损失：

$$\sigma_{l1}=1023\times[1-e^{-(0.0044.88+0.15\times0.24112)}]=55.4\mathrm{MPa}$$

锚具变形、预应力筋回缩引起的应力损失 σ_{l2} 采用《无粘结预应力混凝土结构技术规程》JGJ 92—2016附录B的B.0.3条计算。

体外索张拉端起点至转向点的水平投影长度 $l_1=4.88\mathrm{m}$，张拉端的处理是在端横隔板后的梁顶上凿开混凝土埋设锚座并钻斜孔倾斜张拉的，按下列公式计算 σ_{l2}。

$$\mu\theta=0.15\times0.24112=0.0362$$

体外索斜长段中应力近似直线变化的斜率：

$$i_1=\sigma_{\mathrm{con}}\kappa=1023\times0.004=4.1\mathrm{MPa/m}$$

体外索水平段中应力近似直线变化的斜率：

$$i_2=\sigma_{\mathrm{con}}(1-\kappa l_1)(1-\mu\theta)\kappa=1023\times(1-0.004\times4.88)\times(1-0.0362)\times0.004=3.86\mathrm{MPa/m}$$

$$\sigma_2=\sigma_{\mathrm{con}}(1-\kappa l_1)\mu\theta=1023\times(1-0.004\times4.88)\times0.0362=36.3\mathrm{MPa}$$

张拉端锚具变形和钢筋回缩值取 $a=6\mathrm{mm}$，钢绞线弹性模量 $E_{\mathrm{p}}=1.95\times10^5\mathrm{MPa}$

反向摩擦影响长度：

$$l_{\mathrm{f}}=\left[\frac{aE_{\mathrm{p}}}{1000i_2}+l_1^2-\frac{i_1l_1^2+2\sigma_2l_1}{i_2}\right]^{\frac{1}{2}}=\left[\frac{6\times195000}{1000\times3.86}+4.88^2-\frac{4.1\times4.88^2+2\times36.3\times4.88}{3.86}\right]^{\frac{1}{2}}=14.48\mathrm{m}$$

张拉端处 $x=0$：

$$\sigma_{l2}=2i_1l_1+2\sigma_2+2i_2(l_{\mathrm{f}}-l_1)=2\times4.1\times4.88+2\times36.3+2\times3.86\times(14.48-4.88)=186.7\mathrm{MPa}$$

转向点处 $x=l_1=4.88\mathrm{m}$：

$$\sigma_{l2}=2\sigma_2+2i_2\ (l_{\mathrm{f}}-l_1)\ =2\times36.3+2\times3.86\times\ (14.48-4.88)\ =146.7\mathrm{MPa}$$

钢筋松驰引起的预应力损失 σ_{l5}：

如果按《无粘结预应力混凝土结构技术规程》JGJ 92—2016式（5.1.7）计算

$$\sigma_{l5}=0.125\left(\frac{\sigma_{\mathrm{con}}}{f_{\mathrm{ptk}}}-0.5\right)\sigma_{\mathrm{con}}=0.125\times\ (0.55-0.50)\ \times1023=6.4\mathrm{MPa}$$

由于本示例的两根体外索基本同时张拉，不存在分批张拉应力损失 σ_{l4}，也不计其他项预应力损失。

2）有效预应力及应力设计值计算

①张拉端处各应力

体外筋总预应力损失：$\sigma_l=\sigma_{l2}+\sigma_{l5}=186.7+6.4=193.1\mathrm{MPa}$

体外筋有效预应力：$\sigma_{\mathrm{pe}}=\sigma_{\mathrm{con}}-\sigma_l=1023-193.1=829.9\mathrm{MPa}$

体外筋的极限应力增量按《规程》CJJ/T 239第8.2.5条的公式（8.2.5-8），简支梁时取110MPa，则体外筋应力设计值：

$$\sigma_{\mathrm{pu}}=\sigma_{\mathrm{pe}}+110=829.9+110=940\mathrm{MPa}<f_{\mathrm{pd}}=1260\mathrm{MPa}$$

②转向点处各应力

体外筋总预应力损失：$\sigma_l=\sigma_{l1}+\sigma_{l2}+\sigma_{l5}=55.4+146.7+6.4=208.5\text{MPa}$

体外筋有效预应力：$\sigma_{pe}=\sigma_{con}-\sigma_l=1023-208.5=814.5\text{MPa}$

体外筋应力设计值：$\sigma_{pu}=\sigma_{pe}+110=814.5+110=924.5\text{MPa}<f_{pd}=1260\text{MPa}$

因为张拉端与转向点的应力相差不大，为计算方便该倾斜段取平均值作为均匀的应力对待：

体外筋有效预应力：$\sigma_{pe}=(829.9+814.5)/2=822\text{MPa}$

体外筋应力设计值：$\sigma_{pu}=822+110=932\text{MPa}<f_{pd}=1260\text{MPa}$

且 $\sigma_{pu}=932\text{MPa}<0.65f_{ptk}=0.65\times1860=1209\text{MPa}$，不必验算使用阶段体外筋的应力强度。

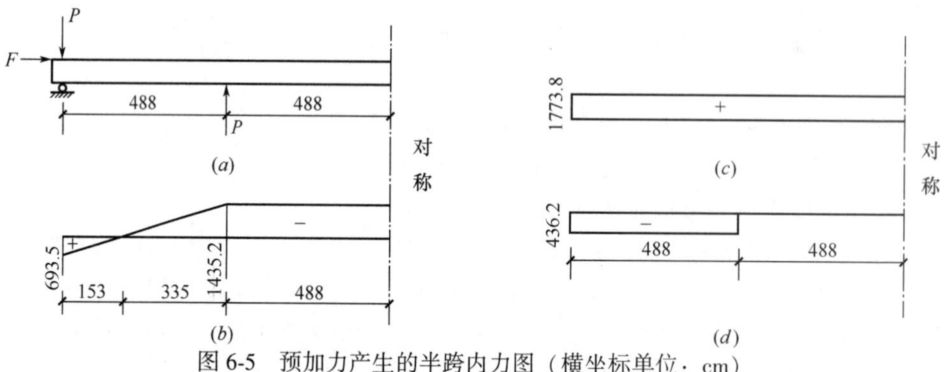

图 6-5 预加力产生的半跨内力图（横坐标单位：cm）

（a）预加力等效荷载作用图；（b）弯矩图（kN·m）；（c）轴力图（kN）；（d）剪力图（kN）

2. 体外预加力对各控制截面产生的内力计算

1）体外预加力的等效荷载计算

根据《规程》CJJ/T 239 第 8.2.3 条，该桥的桥面铺装层混凝土浇筑后才张拉体外索，考虑 80mm 厚的铺装层混凝土参与 T 梁受力，尽管新浇混凝土的强度等级大于旧混凝土，这里忽略这一有利因素的影响，仍全部按旧混凝土的强度等级考虑，以方便计算。因此翼板厚度为 $h_f'=110+80=190\text{mm}$，截面总高度 $H=h+80=1380\text{mm}$，其余尺寸不变，见图 6-3。该桥由等截面 T 梁组成。毛截面形心均在同一水平线上。

毛截面面积：$A=1500\times190+1190\times180=499200\text{mm}^2$

毛截面形心至顶面的距离：

$$e_1=\frac{1500\times\frac{1}{2}\times190^2+1190\times180\times\left(190+\frac{1}{2}\times1190\right)}{499200}=391\text{mm}$$

体外索的拉力设计值在锚固点或转向点处等效节点力，即各分力：

腹板两侧体外索的有效预拉力共为：$N_{pu}=\sigma_{pu}A_{pe}=932\times1960\times10^{-3}=1826.7\text{kN}$

锚固点处等效节点力：

竖向分力：$P=N_{pu}\sin\theta=1826.7\sin13.815°=436.2\text{kN}$

水平分力：$F=N_{pu}\cos\theta=1826.7\cos13.815°=1773.8\text{kN}$

偏心力矩：$M=F\cdot e_1=1773.8\times0.391=693.5\text{kN}\cdot\text{m}$

转向点处等效节点力：

竖向分力：$P=436.2\text{kN}$

2）体外预加力对控制截面产生的内力计算

将上述锚固点、转向点的等效节点力作用在简支梁相应点处，可计算出体外预加力对各截面产生的内力，以下给出有效预加力的等效节点力对各截面产生的内力，如图 6-5 所示。

体外索的拉力设计值在跨中及 1/4 跨截面产生的内力：

弯矩：$M_{pu}=-Pl_1+M=-436.2\times4.88+693.5=-1435.2\text{kN}\cdot\text{m}$

轴力：$N_{pu}=F=1773.8\text{kN}$，剪力：$V_{pu}=0$（1/4 跨至跨中截面）

支座截面内力：

弯矩：$M_{pu}=M=693.5\text{kN}\cdot\text{m}$，轴力：$N_{pu}=F=1773.8\text{kN}$，剪力：$V_{pu}=-P=-436.2\text{kN}$

3）活载内力计算

跨中活载横向分布系数采用刚接法计算得最大值 $m_{中}=0.518$

城-A 级车道荷载 $q_k=10.5\text{kN/m}$，集中荷载 $P_k=180+\dfrac{360-180}{50-5}$（1-5）$=160+4l=160+4\times19.5=238\text{kN}$，计算剪力时 P_k 应乘系数 1.2。

不计冲击系数时内力：

跨中弯矩：

$$M_L=M_{l/2}=m_{中}\left(\frac{1}{8}q_kl^2+\frac{1}{4}P_kl\right)=0.518\times\left(\frac{1}{8}\times10.5\times19.5^2+\frac{1}{4}\times238\times19.5\right)=859.5\text{kN}\cdot\text{m}$$

知道了构件内力，就可进行构件承载力、裂缝和变形的计算。以下本例只进行跨中截面受弯承载力计算，其他计算见后续的例题。

4）持久状况承载能力极限状态计算

这里只按全预应力混凝土构件计算，A 类、B 类预应力混凝土构件的裂缝宽度计算见后续例题。

所有受拉钢筋合力点至受拉边缘距离：

$$a=\frac{A_sf_{sd}a_s+A_{pe}\sigma_{pu}a_{pe}}{A_sf_{sd}+A_{pe}\sigma_{pu}}=\frac{8043\times280\times116+1960\times932\times100}{8043\times280+1960\times932}=108.8\text{mm}$$

截面有效高度：$h_0=h-a=1380-108.8=1271.2\text{mm}$

由于 $A_sf_{sd}+A_{pe}\sigma_{pu}=8043\times280+1960\times932=4078760\text{N}>f_{cd}b_f'h_f'+f_{sd}'A_s'$

$=11.5\times1500\times190+280\times1131=3594180\text{N}$

应按 T 形截面梁计算。

截面受压区高度

$$x=\frac{f_{sd}A_s+\sigma_{pu}A_{pe}-f_{sd}'A_s'-f_{cd}(b_f'-b)h_f'}{f_{cd}b}$$

$$=\frac{280\times8043+932\times1960-280\times1131-11.5\times(1500-180)\times190}{11.5\times180}=424.2\text{mm}$$

$x=424.2\text{mm}<\xi_bh_0=0.4h_0=0.4\times1271.2=508.5\text{mm}$

$x=424.2\text{mm}>2a_s'=2\times55=110\text{mm}$，符合要求。

跨中截面弯矩组合设计值：

$$M_d=1.2M_G+1.4(1+\mu)M_L=1.2\times757.5+1.4\times1.3\times859.5=2473.3\text{kN}\cdot\text{m}$$

跨中正截面抗弯承载力：

$$f_{cd}\left[bx\left(h_{00}-\frac{x}{2}\right)+(b_f'-b)h_f'\left(h_{00}-\frac{h_f'}{2}\right)\right]+f'_{sd}A_s'(h_{00}-a_s')$$

$=11.5\times[180\times424.2\times(1271.2-424.2/2)+(1500-180)\times190\times(1271.2-190/2)]+280\times1131\times(1271.2-55)=4707.5\times10^6\text{N}\cdot\text{mm}=4707.5\text{kN}\cdot\text{m}>\gamma_0M_d=1.0\times2473.3\text{kN}\cdot\text{m}$。

如果将体外索对构件计算截面产生的内力作为永久作用的一部分，参与到永久作用效应组合设计值中，而不作为构件承载力设计值的一部分。

根据《规程》CJJ/T 239—2016 第 8.2.6 条，跨中截面弯矩组合设计值：

$M_{d2}=1.2M_G+1.4(1+\mu)M_L+M_{pu}=1.2\times757.5+1.4\times1.3\times859.5-1435.2=1038.1\text{kN}\cdot\text{m}$

截面受压区高度：$x=\dfrac{f_{sd}A_s-f'_{sd}A_s'}{f_{cd}b_f'}=\dfrac{280\times(8043-1131)}{11.5\times1500}=112.2\text{mm}$

$x=112.2\text{mm}<\xi_bh_0=0.4h_0=0.4\times1264=505.6\text{mm}$

$x=112.2\text{mm}>2a_s'=2\times55=110\text{mm}$，符合要求。

跨中正截面抗弯承载力：

$$f_{cd}b_f'x\left(h_0-\frac{x}{2}\right)+f'_{sd}A_s'(h_0-a_s')=11.5\times1500\times112.2\times(1264-112.2/2)+280\times1131\times(1264-55)$$

$=2720.6\times10^6\text{N}\cdot\text{mm}=2720.6\text{kN}\cdot\text{m}>\gamma_0M_{d2}=1.0\times1038.1\text{kN}\cdot\text{m}$。

表明加固后符合受弯承载力要求。

5）持久状况正常使用阶段跨中正截面抗裂验算

为此先进行截面几何性质计算。

全截面换算截面面积

$$A_0=(b_f'-b)h_f'+bh+\alpha_{Es}(A_s+A_s')$$

$$=(1500-180)\times190+180\times1380+7.143\times(8043+1131)=564728.6\text{mm}^2$$

截面有效高度：$h_0=h-a_s=1380-116=1264\text{mm}$

形心至截面上边缘的距离：

$$y_1=\left[\frac{1}{2}(b_f'-b)(h_f')^2+\frac{1}{2}bh^2+\alpha_{Es}A_sh_0+\alpha_{Es}A_s'a_s'\right]/A_0$$

$$=\left[\frac{1}{2}(1500-180)\times190^2+\frac{1}{2}\times180\times1380^2+7.143\times8043\times1264+7.143\times1131\times55\right]/564728.6$$

$$=475.1\text{mm}$$

形心至截面下边缘的距离：$y_2=h-y_1=1380-475.1=904.9\text{mm}$

惯性矩：

$$I_0=\frac{1}{3}b_f'y_1^3-\frac{1}{3}(b_f'-b)(y_1-h_f')^3+\frac{1}{3}by_2^3+\alpha_{Es}A_s(y_2-a_s)^2+\alpha_{Es}A_s'(y_1-a_s')^2$$

$$=\frac{1}{3}\times1500\times475.1^3-\frac{1}{3}(1500-180)(475.1-190)^3+\frac{1}{3}\times180\times904.9^3$$

$$+7.143\times8043\times(904.9-116)^2+7.143\times1131\times(475.1-55)^2=125.06\times10^9\text{mm}^4$$

体外预应力对梁跨中截面产生的内力计算

对于等截面 T 形梁，其毛截面面积为：

$A=(b_f'-b)h_f'+bh=(1500-180)\times190+180\times1380=499200\text{mm}^2$

毛截面形心至顶面的距离：

$$e_1=\left[\frac{1}{2}(b_f'-b)(h_f')^2+\frac{1}{2}bh^2\right]/A$$

$$=\left[\frac{1}{2}(1500-180)\times190^2+\frac{1}{2}\times180\times1380^2\right]/499200=391.1\text{mm}$$

体外索的拉力设计值在转向点处等效节点力，即各分力为：

腹板两侧体外索的有效预拉力总力为：$N_{pu}=\sigma_{pu}A_{pe}=932.1\times1960=1827.0\text{kN}$

锚固点处等效节点力

竖向分力：$P=N_{pu}\sin\theta=1827.0\sin13.815°=436.3\text{kN}$

水平分力：$F=N_{pu}\cos\theta=1827.0\cos13.815°=1774.2\text{kN}$

偏心力矩：$M=F\,e_1=1774.2\times0.391=693.8\text{kN}\cdot\text{m}$

转向点处等效节点力

竖向分力：$P=436.3\text{kN}$

体外预加力对控制截面产生的内力：

体外索的拉力设计值在跨中截面产生的内力

弯矩：$M_{pu}=-Pl_1+M=-436.3\times4.880+693.8=-1435.2\text{kN}\cdot\text{m}$

轴力：$N_{pu}=F=1774.2\text{kN}$

根据式（6-21）体外预加力产生的跨中截面梁底压应力：

$$\sigma_{pc}=\frac{N_{p2}\times10^3}{A_0}+\frac{M_p\times10^6}{I_0}y_2=\frac{1774.2\times10^3}{564728.6}+\frac{1435.2\times10^6}{125.06\times10^9}\times904.9=3.1+10.4=13.5\text{MPa}$$

体外索预加力产生的跨中截面梁顶拉应力：

$$\sigma_{pt}=\frac{N_{p2}\times10^3}{A_0}-\frac{M_p\times10^6}{I_0}y_1=\frac{1774.2\times10^3}{564728.6}-\frac{1435.2\times10^6}{125.06\times10^9}\times475.1=3.1-5.5=-2.3\text{MPa}$$

跨中截面荷载短期效应组合计算弯矩值：

$$M_s=M_G+0.7M_L=757.5+0.7\times859.5=1359.15\text{kN}\cdot\text{m}$$

荷载短期效应组合下跨中截面梁底拉应力：

$$\sigma_{st}=\frac{M_s\times10^6}{I_0}y_2=\frac{1359.2\times10^6}{125.06\times10^9}\times904.9=9.8\text{MPa}$$

按全预应力混凝土整体预制构件考虑：

$$\sigma_{st}-0.9\sigma_{pc}=9.8-0.9\times13.5=-2.34\text{MPa}$$

$\sigma_{st}-0.9\sigma_{pc}\leqslant0$，符合全预应力混凝土构件的要求。

6）持久状况正常使用阶段跨中截面梁顶法向压应力计算

跨中截面作用标准值组合（汽车荷载计入冲击系数）计算弯矩值：

$$M_k=M_G+(1+\mu)M_L=757.5+1.3\times859.5=1874.85\text{kN}\cdot\text{m}$$

跨中截面受压边缘混凝土应力：

$$\sigma_{kc}=\frac{M_k}{I_0}y_1=\frac{1874.85\times10^6}{125.06\times10^9}\times475.1=7.12\text{MPa}$$

体外索有效预加力产生的跨中截面梁顶拉应力：

$$\sigma_{pt}=\frac{N_{p2}\times10^3}{A_0}-\frac{M_p\times10^6}{I_0}y_1=\frac{1774.2\times10^3}{564728.6}-\frac{1435.2\times10^6}{125.06\times10^9}\times475.1=3.1-5.5=-2.3\text{MPa}$$

未开裂构件：$\sigma_{cc}=\sigma_{kc}+\sigma_{pt}=7.12-2.3=4.78\text{MPa}<0.5f_{ck}=0.5\times17.6=8.35\text{MPa}$，满足要求。

用 SDB 软件计算本题，其输入信息和简要输出结果如图 6-6 所示。可见其计算结果与上面手算结果相同，验证了手算结果的正确性。

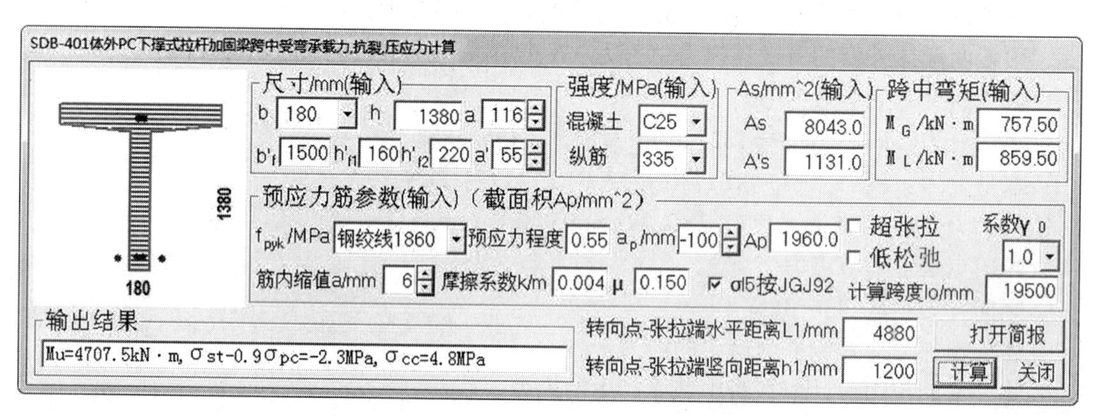

图 6-6 体外预应力 T 形受弯构件正截面加固复核

如果将每束体外索减少 2 根无粘结钢绞线，变成 5 根无粘结钢绞线集束，则体外预加力产生的跨中截面梁底截面压应力 $\sigma_{pc}=9.64\text{MPa}$（因为方法与前述相同，计算过程略）。

$\sigma_{st}-0.9\sigma_{pc}=9.8-0.9\times9.64=1.12\text{MPa}>0$，不符合全预应力混凝土构件的要求。

判断是否符合 A 类预应力混凝土构件：

荷载短期效应组合

$$\sigma_{st}-\sigma_{pc}=9.8-9.64=0.16\text{MPa}<0.75f_{tk}=0.75\times1.78=1.33\text{MPa}$$

荷载长期效应组合

$$M_s=M_G+0.4M_L=757.5+0.4\times859.5=1101.3\text{kN}\cdot\text{m}$$

荷载长期效应组合下跨中截面梁底拉应力：

$$\sigma_{lt}=\frac{M_l\times10^6}{I_0}y_2=\frac{1101.3\times10^6}{125.06\times10^9}\times904.9=8.00\text{MPa}$$

荷载长期效应组合下：

$$\sigma_{lt}-\sigma_{pc}=8.00-9.64=-1.64\text{MPa}<0$$

根据以上两点，此时构件符合 A 类预应力混凝土构件要求。跨中截面梁顶压应力计算与前述相同，计算过程略。

用 SDB 软件计算本题，其输入信息和简要输出结果如图 6-7 所示。可见其计算结果与上面手算结果相同，验证了手算结果的正确性。

如果将每束体外索再减少 1 根无粘结钢绞线，变成 4 根无粘结钢绞线集束，则体外预加力产生的跨中截面梁底截面压应力 $\sigma_{pc}=7.7\text{MPa}$（因为方法与前述相同，计算过程略）。

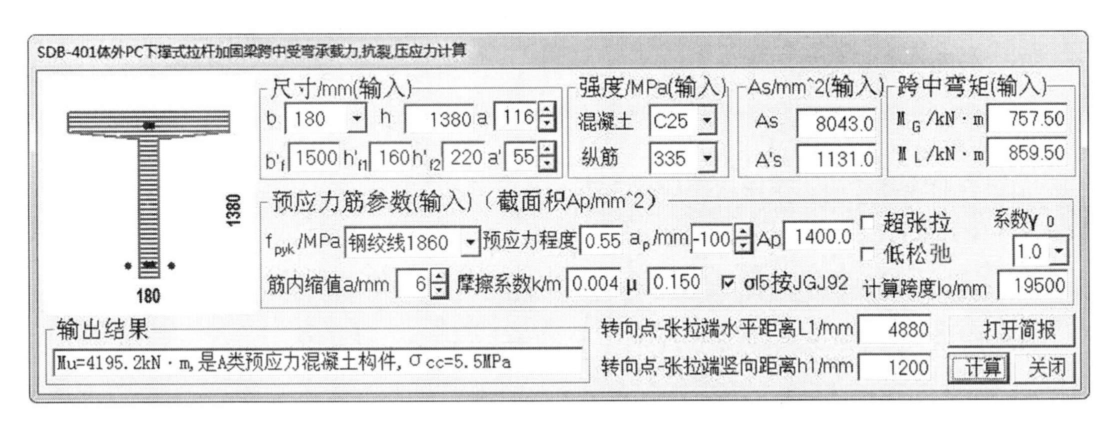

图 6-7　体外 A 类预应力 T 形受弯构件正截面加固复核

荷载短期效应组合下：

$\sigma_{st}-\sigma_{pc}=9.8-7.7=2.1\text{MPa}>0.75f_{tk}=0.75\times1.78=1.33\text{MPa}$

不符合 A 类预应力混凝土构件要求，成为 B 类预应力混凝土构件。

用 SDB 软件计算本题，其输入信息和简要输出结果如图 6-8 所示。因为 B 类预应力混凝土构件要进行裂缝宽度计算，需要输入其他数据，所以要改用另一菜单项（SDB404）计算，其对话框如图 6-9 所示。

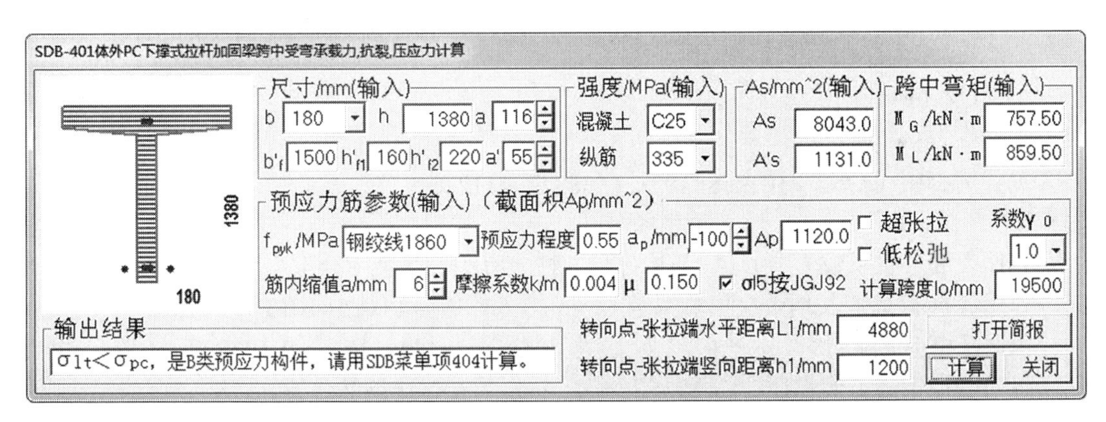

图 6-8　体外 B 类预应力 T 形受弯构件正截面加固初步判断

B 类预应力混凝土构件，车辆荷载由原来的汽车-20 级、挂车-100 级变为城-A 级。

体外预加力加固钢筋混凝土简支梁后，构件成为有轴向压力的压弯构件，体外预加力被作为永久荷载，其产生的内力参与计算截面的荷载效应组合，根据《城市桥梁结构加固技术规程》CJJ/T 239—2016 第 8.2.22 条计算裂缝宽度。

首先计算内力组合值。

当每根体外索为 4 根钢绞线（$A_p=1120\text{mm}^2$）时，有效预加力对跨中截面产生的负弯矩为 $M_p=-820.1\text{kN}\cdot\text{m}$，轴力 $N_p=1013.8\text{kN}$。

跨中截面荷载短期效应轴向力组合值：

$$N_s=N_p=1013.8\text{kN}$$

跨中截面荷载短期效应弯矩组合值：

$$M_s = M_G + 0.7M_L = 757.5 + 0.7 \times 859.5 = 1359.2\text{kN} \cdot \text{m}$$

跨中截面荷载长期效应轴向力组合值：

$$N_l = N_p = 1013.8\text{kN}$$

偏心距：$e_0 =（M_s + M_p）/N_s =（1359.2 - 820.1）/1013.8 = 0.532\text{m} = 532\text{mm}$

加固后的构件按偏心受压构件计算，两支承端当成不移动的铰，构件计算长度取计算跨径 $l_0 = l = 19.5\text{m}$，梁高 $h = 1.38\text{m}$。

$$e_0/h_0 = 532/1264 = 0.42，\ l_0/h = 19.5/1.38 = 14.13$$

偏心距增大系数：$\eta_s = 1 + \dfrac{1}{4000e_s/h_0}\left(\dfrac{l_0}{h}\right)^2 = 1 + \dfrac{14.13^2}{4000 \times 0.42} = 1.119$

换算截面重心轴至原纵向受拉钢筋合力点的距离：

$$y_s = y_2 - a_s = 904.9 - 116 = 788.9\text{mm}$$

轴向压力作用点至原纵向受拉钢筋合力点的距离：

$$e_s = \eta_s e_0 + y_s = 1.119 \times 532 + 788.9 = 1383.7\text{mm}$$

受压翼缘截面积与腹板有效截面积的比值：

$$\gamma_f' = \frac{(b_f' - b)\ h_f'}{bh_0} = \frac{(1500 - 180)}{180 \times 1264} \times 190 = 1.102$$

纵向受拉钢筋合力点至截面受压区合力点的距离：

$$z = \left[0.87 - 0.12(1 - \gamma_f')\left(\frac{h_0}{e_s}\right)^2\right]h_0 = \left[0.87 - 0.12 \times (1 - 1.102) \times \left(\frac{1264}{1383.7}\right)^2\right] \times 1264$$

$$= 1112.6\text{mm}$$

钢筋应力：

$$\sigma_{ss} = \frac{N_s \times 10^3\ (e_s - z)}{A_s z} = \frac{1013.8 \times 10^3 \times (1383.7 - 1112.6)}{8043 \times 1112.6} = 30.71\text{MPa}$$

钢筋表面形状系数 $C_1 = 1.0$，与构件受力性质有关的系数 $C_3 = 1.0$。

作用（或荷载）长期效应影响系数 $C_2 = 1 + 0.5N_l/N_s = 1 + 0.5 \times 1013.8/1013.8 = 1.5$。

纵向受拉钢筋配筋率：$\rho_{te} = A_s/（2a_s b）= 8043/（2 \times 180 \times 116）= 0.1926 > 0.1$，取 $\rho = 0.1$

纵向受拉钢筋等效直径：$d = 1.3 \times 32 = 41.6\text{mm}$（有焊接钢筋骨架）

纵向受拉钢筋弹性模量：纵向受拉钢筋 $= 2 \times 10^5\text{MPa}$

跨中截面裂缝宽度：

$$w_{jk} = C_1 C_2 C_3 \frac{\sigma_{ss}}{E_s}\left(\frac{c + d}{0.36 + 1.7\rho_{te}}\right) = 1 \times 1.5 \times 1 \times \frac{30.71}{2 \times 10^5} \times \left(\frac{36 + 41.6}{0.36 + 1.7 \times 0.1}\right) = 0.034\text{mm}$$

挠度不控制加固设计，略。

B 类预应力混凝土构件，持久状况正常使用阶段跨中截面梁顶法向压应力计算

跨中截面作用标准值组合（汽车荷载计入冲击系数）计算弯矩值：

$M_k = M_G +（1 + \mu）M_L = 757.5 + 1.3 \times 859.5 = 1874.85\text{kN} \cdot \text{m}$

荷载组合计算值对毛截面形心的偏心距：

$e_0 =（M_k + M_p）/N_k =（1874.85 - 820.1）\times 10^3/1013.8 = 0.532\text{m} = 1040.4\text{mm}$

轴向力作用点至截面受压边缘的距离：$e_N = e_0 - y_1 = 1040.4 - 475.1 = 565.3\text{mm}$

按式（6-43）计算开裂截面的中性轴位置 x，

$$Ax^3+Bx^2+Cx+D=0$$

$$A=b=180\text{mm};B=3be_N=3\times180\times565.3=305278\text{mm}^2$$

$$C=6\alpha_{Es}[(e_N+a_s')A_s'+(e_N+h_s)A_s]+3(b_f'-b)(2e_N+h_f')h_f'$$
$$=6\times7.143\times[(565.3+55)\times1131+(565.3+1264)\times8043]+3\times(1500-180)$$
$$\times(2\times565.3+190)\times190=1654.3\times10^6\text{mm}^3$$

$$D=-6\alpha_{Es}[a_s'(e_N+a_s')A_s'+h_0(e_N+h_s)A_s]-(b_f'-b)(3e_N+2h_f')(h_f')^2$$
$$=-6\times7.143\times[55\times(565.3+55)\times1131+1264\times(565.3+1264)\times8043]$$
$$-(1500-180)\times(3\times565.3+2\times190)\times190\times190=-897619\times10^6\text{mm}^4$$

求解三次方程得 $x=486.5\text{mm}$。

开裂换算截面对截面中性轴的静矩：

$$S_0=\frac{1}{2}b_f'x^2-\frac{1}{2}(x-h_f')^2(b_f'-b)+\alpha_{Es}A_s'(x-a_s')-\alpha_{Es}A_s(h_0-x)$$
$$=\frac{1500\times486.5^2}{2}-\frac{(486.5-190)^2}{2}\times(1500-180)+7.143\times1131\times(486.5-55)$$
$$-7.143\times8043\times(1264-486.5)=78.31\times10^6\text{mm}^3$$

开裂截面受压边缘混凝土应力：

$$\sigma_{cc}=\frac{N_{p0}\cdot x}{S_0}=\frac{1013.8\times10^3\times486.5}{78.31\times10^6}=6.30\text{MPa}$$

依据《城市桥梁结构加固技术规程》CJJ/T 239—2016 第 8.2.30 条，对于允许开裂构件混凝土最大压应力应满足的条件，$\sigma_{cc}=6.30\text{MPa}<0.5f_{ck}=0.5\times17.6=8.35\text{MPa}$，满足要求。

受弯承载力、抗裂、梁顶混凝土压应力均符合 B 类预应力混凝土构件要求。

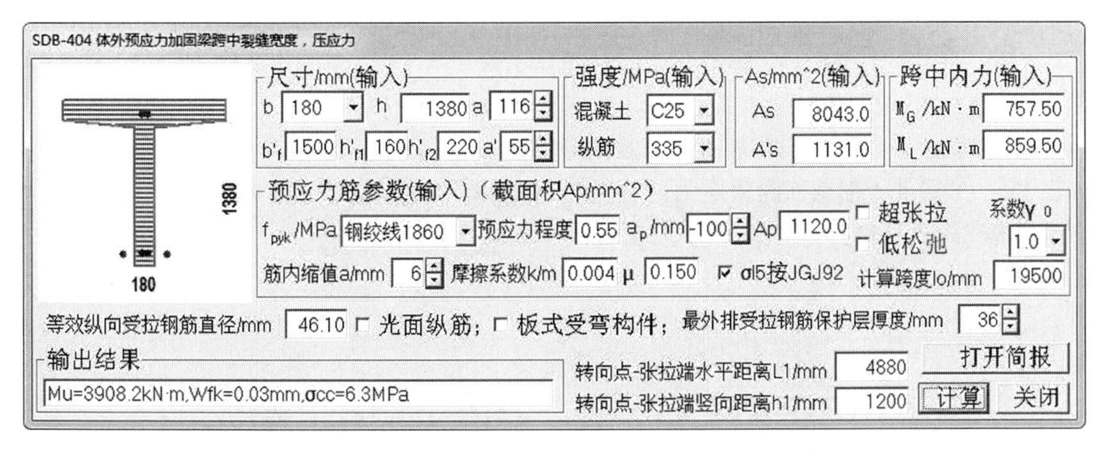

图 6-9　体外 B 类预应力 T 形受弯构件正截面加固初步判断

用 SDB 软件计算本题，其输入信息和简要输出结果如图 6-9 所示。可见其计算结果与上面手算结果相同，验证了手算结果的正确性。

6.3　体外预应力钢筋加固受弯构件的斜截面承载力计算

当受弯构件斜截面受剪承载力计算时，其计算位置应符合下列规定：

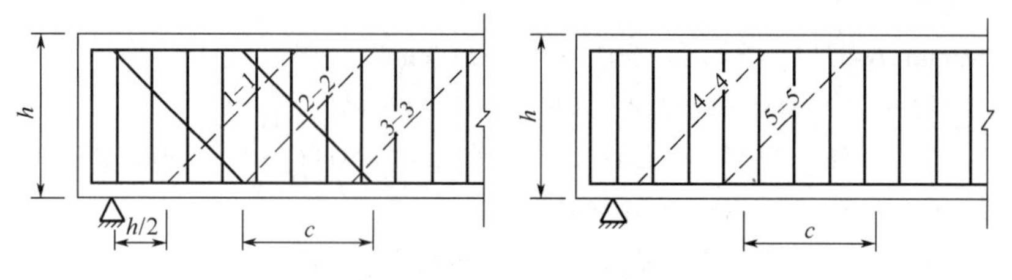

(a) 简支梁和连续梁近边支点梁段

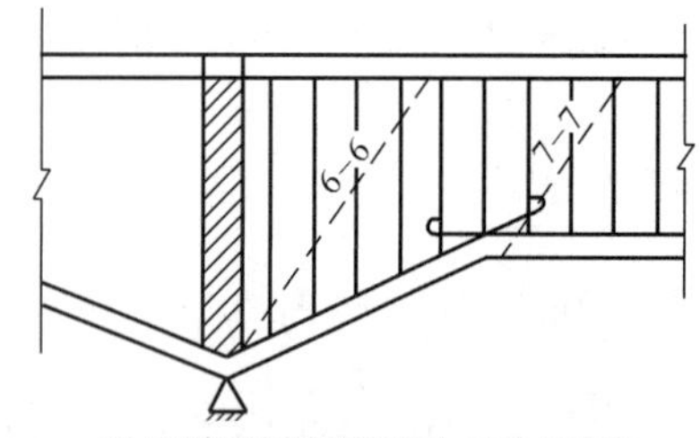

(b) 连续梁和悬臂梁近中间支点梁段

图 6-10 斜截面抗剪承载力验算位置示意图

1. 简支梁和连续梁近边支点梁段：

1) 距支座中心 $h/2$ 处截面（图 6-10a 截面 1-1）；

2) 受拉区弯起钢筋起弯点处截面（图 6-10a 截面 2-2、截面 3-3）；

3) 锚于受拉区的纵向钢筋开始不受力处的截面（图 6-10a 截面 4-4）；

4) 箍筋数量或间距改变处的截面（图 6-10a 截面 5-5）；

5) 构件腹板宽度变化处的截面。

2. 连续梁和悬壁梁近中间支点梁段：

1) 支点横隔梁边缘处截面（图 6-10b 截面 6-6）；

2) 变高度梁高度突变处截面（图 6-10b 截面 7-7）；

3) 根据简支梁的要求，需要进行验算的截面。

矩形、T 形和 I 形截面的预应力混凝土受弯构件，当配置箍筋和弯起钢筋时，其斜截面受剪承载力（图 6-11）计算应符合下列规定：

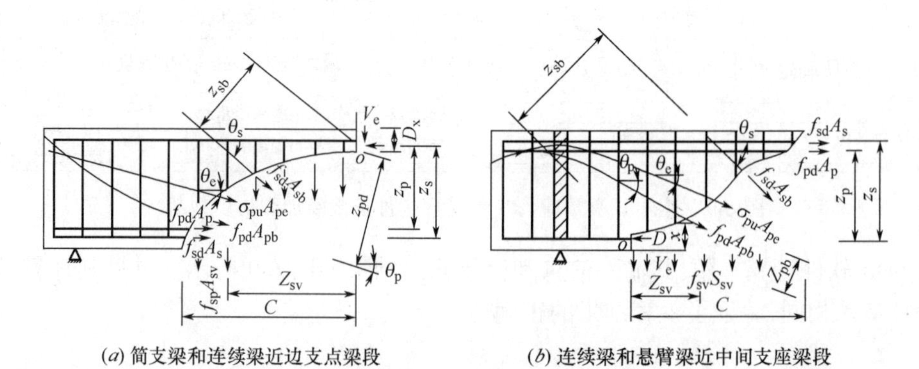

(a) 简支梁和连续梁近边支点梁段　　(b) 连续梁和悬臂梁近中间支座梁段

图 6-11 斜截面受剪承载力验算

1 斜截面抗剪承载力应按下列公式计算：

$$\gamma_0 V_d \leqslant V_{cs}+V_{sb}+V_{pb}+V_{pe} \tag{6-51}$$

$$V_{cs}=0.45\times10^{-3}\alpha_1\alpha_2\alpha_3 bh'_{00}\sqrt{(2+0.6P)\sqrt{f_{cu,k}}\rho_{sv}f_{sv}} \tag{6-52}$$

$$V_{sb}=0.75\times10^{-3}f_{sd}\Sigma A_{sb}\sin\theta_s \tag{6-53}$$

$$V_{pb}=0.75\times10^{-3}f_{pd}\Sigma A_{pb}\sin\theta_p \tag{6-54}$$

$$V_{pe}=0.8\times10^{-3}\sigma_{pu}\Sigma A_{pe}\sin\theta_e \tag{6-55}$$

$$\rho_{sv}=A_{sv}/(s_v b) \tag{6-56}$$

式中 V_d——斜截面受压端由作用（或荷载）效应所产生的最大剪力组合设计值（kN），超静定结构时包含预加力引起的次剪力 V_{p2}，当其对结构有利时，预应力分项系数取 1.0，否则取 1.2；

V_{cs}——斜截面内混凝土和新旧箍筋共同的受剪承载力设计值（kN）；

V_{sb}——与斜截面相交的新旧普通弯起钢筋受剪承载力设计值（kN）；

V_{pb}——与斜截面相交的有粘结预应力弯起钢筋受剪承载力设计值（kN）；

V_{pe}——与斜截面相交的体外预应力弯起钢筋受剪承载力设计值（kN）；

α_1——异号弯矩影响系数，计算简支梁和连续梁近边支座梁段的受剪承载力时，$\alpha_1=1.0$；计算连续梁和悬臂梁近中间支点梁段的受剪承载力时，$\alpha_1=0.9$；

α_2——预应力提高系数，采用体外预应力筋加固钢筋混凝土受弯构件时 $\alpha_2=1.0$；采用体外预应力筋加固预应力混凝土构件或采用有粘结预应力筋加固钢筋混凝土或预应力混凝土受弯构件时，$\alpha_2=1.25$；当由钢筋合力产生的截面弯矩与外弯矩的方向相同时，或允许出现裂缝的预应力混凝土受弯构件，取 $\alpha_2=1.0$；

α_3——受压翼缘的影响系数，取 $\alpha_3=1.1$；

b——斜截面受压端正截面处，加固后矩形截面或 T 形和 I 形截面腹板的最终宽度（mm）；

h'_{00}——受拉区所有新旧纵向有粘结预应力钢筋和普通钢筋合力点至截面受压边缘的距离（mm），并将按式（6-12）计算的 h_{00} 代替 h'_{00}；采用体外预应力筋加固时，从原纵向受拉钢筋合力点起算，采用有粘结预应力筋加固时，从所有新旧纵向受拉钢筋合力点起算；

P——斜截面内纵向受拉钢筋的配筋百分率，$P=100\rho$，$\rho=(A_p+A_{pb}+A_s)/[bh'_{00}+(b'_f-b)h'_f]$，当 $P>2.5$ 时，取 $P=2.5$；

$f_{cu,k}$——边长为 150mm 的混凝土立方体抗压强度标准值（N/mm^2）；

ρ_{sv}——斜截面内箍筋配筋率；

f_{sv}——箍筋抗拉强度设计值（N/mm^2）；

f_{sd}——普通弯起钢筋抗拉强度设计值（N/mm^2）；

f_{pd}——有粘结预应力弯起钢筋抗拉强度设计值（N/mm^2）；

σ_{pu}——体外预应力筋的极限应力（N/mm^2）；

A_{pe}——体外预应力筋的截面面积（mm^2）；

A_{sv}——斜截面内配置在同一截面的箍筋各肢总截面面积（mm^2）；

s_v——斜截面内箍筋的间距（mm）；

A_{sb}、A_{pb}——斜截面内在同一弯起平面的新旧普通弯起钢筋截面面积之和，以及新旧有粘结预应力弯起钢筋的截面面积之和（mm^2）；

θ_s、θ_p、θ_e——在斜截面受压端正截面弯起钢筋、有粘结预应力弯起钢筋、体外预应力筋在竖直平面内的弯起角度（≤45°）。

2　对变高度（承托）的连续梁和悬臂梁，当该截面处于变高度梁段时，应计算作用于截面的弯矩引起的附加剪应力的影响，并应按下式计算换算剪力设计值：

$$V_d = V_{cd} - \frac{M_d \times 10^3}{h'_{00}} \tan\alpha \tag{6-57}$$

式中　V_{cd}——按等高度梁计算的计算截面的剪力组合设计值（kN）；

M_d——相应于剪力组合设计值的弯矩组合设计值（kN·m）；

α——计算截面处梁下缘切线与水平线的夹角（°），当弯矩绝对值增加而梁高减小时，公式中的“-”改为“+”。

3　当采用竖向预应力钢筋时，ρ_{sv} 和 f_{sv} 应换为 ρ_{pv} 和 f_{pd}，ρ_{pv} 和 f_{pd} 分别为竖向预应力钢筋的配筋率和抗拉强度设计值。

当进行斜截面承载力验算时，斜截面水平投影长度 C（图 6-11）应按下列公式计算：

$$C = 0.6mh'_{00} \tag{6-58}$$

$$m = M_d \times 10^3 / (V_d h'_{00}) \tag{6-59}$$

式中　m——斜截面受压端正截面处的广义剪跨比，当 $m>3.0$ 时，取 $m=3.0$；

M_d——相应于最大剪力组合设计值 V_d 的弯矩组合设计值（kN·m）。

矩形、T 形或 I 形截面的受弯构件，其抗剪截面验算应符合下列规定：

1　等高度连续梁抗剪截面应符合下式要求：

$$\gamma_0 V_d \leqslant 0.51 \times 10^{-3} \sqrt{f_{cu,k}}\, bh'_{00} \tag{6-60}$$

2　对变高度（承托）连续梁，除验算近边支点梁段的截面尺寸外，尚应验算截面急剧变化处的截面尺寸。

对矩形、T 形或 I 形截面的受弯构件，当符合下式条件时，可不进行斜截面受剪承载力验算，可按现行行业标准《公路钢筋混凝土及预应力混凝土桥涵设计规范》JTG 3362 构造要求配置箍筋：

$$\gamma_0 V_d \leqslant 0.50 \times 10^{-3} \alpha_2 f_{td} bh'_{00} \tag{6-61}$$

式中　f_{td}——混凝土抗拉强度设计值（N/mm^2）。

对板式受弯构件，公式（6-61）右边计算值可乘以 1.25 的提高系数。

【例 6-2】体外预应力加固钢筋混凝土简支 T 梁桥受剪承载力算例

文献［9］第 110 页例题，是本书【例 6-1】的延续，以简支梁距支座中心 $h/2$ 处截面为例计算斜截面承载力。通过该截面的纵向受拉钢筋和弯起钢筋均为两根Φ32 钢筋，斜筋为两根Φ16 钢筋，截面积 $A_s=1608.6mm^2$，$a_s=52mm$，截面有效高度 $h_0=h-a_s=1380-52=1328mm$。配筋百分率 $P=100A_s/(bh_0)=100\times1608.6/(180\times1328)=0.673$。钢筋抗拉强度设计值 $f_{sd}=280MPa$，起弯角度 $\theta_s=45°$，箍筋采用双肢Φ10 钢筋，抗拉强度设计值 $f_{sv}=195MPa$，间距 $s_v=200mm$，同一截面箍筋各肢总截面面积 $A_{sv}=157mm^2$，配筋率 $\rho_{sv}=A_{sv}/(s_v b)=157/(200\times180)=0.00436>0.18\%$，符合规定。斜截面内在同一弯起平面的斜筋共有 2Φ32+2Φ16，截面积 $\Sigma A_{sb}=1609+402=2011mm^2$。体外

筋弯起束截面积 $A_{pe}=1960\text{mm}^2$，起弯角度 $\theta_e=13.815°$，C25 混凝土，梁肋宽 $b=180\text{mm}$，异号弯矩影响系数 $\alpha_1=1.0$，由于该梁加固后有较大的轴压力，故预应力提高系数 $\alpha_2=1.25$，受压翼缘影响系数 $\alpha_3=1.1$。

【解】

由前述可知，距支座中心 $h/2$ 处斜截面的剪力组合设计值为：

$$V_d=1.2\times149+1.4\times1.3\times212.4=565.4\text{kN}$$

检验截面尺寸是否符合要求：

$0.51\times10^{-3}\sqrt{f_{cu,k}}\,bh'_{00}=0.51\times10^{-3}\sqrt{25}\times180\times1328=609.5\text{kN}\geqslant\gamma_0V_d=1\times565.4=565.4\text{kN}$，符合要求。

斜截面抗剪承载力：

$$V_{cs}=0.45\times10^{-3}\alpha_1\alpha_2\alpha_3bh'_{00}\sqrt{(2+0.6P)\sqrt{f_{cu,k}}\rho_{sv}f_{sv}}$$

$$=0.45\times10^{-3}\times1\times1.25\times1.1\times180\times1328\times\sqrt{(2+0.6\times0.673)\sqrt{25}\times0.00436\times195}$$

$$=472.8\text{kN}$$

$$V_{sb}=0.75\times10^{-3}f_{sd}\Sigma A_{sb}\sin\theta_s=0.75\times10^{-3}\times280\times2011\times\sin45°=298.6\text{kN}$$

$$V_{pe}=0.8\times10^{-3}\sigma_{pu}\Sigma A_{pe}\sin\theta_e=0.8\times10^{-3}\times932\times1960\times\sin13.815°=349.0\text{kN}$$

$$V_u=V_{cs}+V_{sb}+V_{pe}=472.8+298.6+349.0=1120.4\text{kN}$$

$V_u\geqslant\gamma_0V_d=565.4\text{kN}$，符合要求。

用 SDB 软件计算本题，其输入信息和简要输出结果如图 6-12 所示。可见其计算结果与上面手算结果相同，验证了手算结果的正确性。

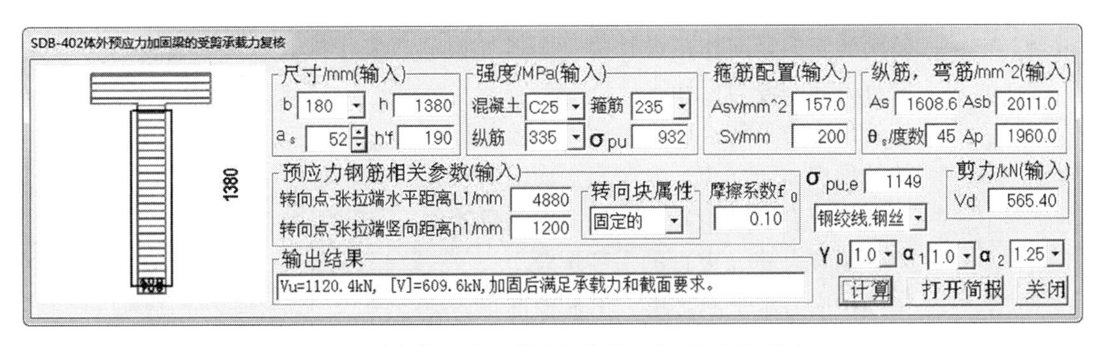

图 6-12　增大截面法矩形受弯构件正截面加固复核之一

6.4　体外预应力索转向装置的计算

《公路桥梁加固设计规范》JTG/T J22—2008 相关规定如下：

1）转向装置的设计计算应遵循以下原则：

（1）混凝土块式转向装置承载力计算时可忽略混凝土抗力的影响，转向力的竖向分力和水平分力均由箍筋承担。

（2）转向块的承载能力计算可分为抗拉承载力计算和抗剪承载力计算两部分。

（3）混凝土块转向装置在正常使用极限状态和承载能力极限状态下的应力状况需经计

算确定。

（4）必须对转向块或转向肋位置的原结构进行局部分析。

2）转向装置的作用效应取值

计算转向装置的作用效应设计值时，不考虑可变荷载应力增量的影响，取永存预加力 $N_{pe,e}$，荷载分项系数取 1.3。承受空间体外预应力作用的转向装置，在极限状态下其作用的水平力和竖向力设计值 N_{hd} 和 N_{vd} 由下式确定，参见图 6-13。

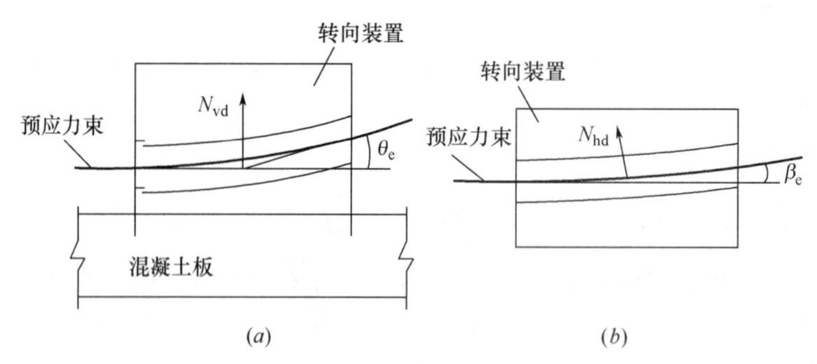

图 6-13 体外预应力束的竖向转角和水平转角示意图

（a）立面图；（b）平面图

$$N_{hd}=1.3N_{p,e}\sqrt{1-2\cos\theta_e\cos\beta_e+\cos^2\theta_e} \tag{6-62}$$

$$N_{vd}=1.3N_{p,e}\sin\theta_e \tag{6-63}$$

式中 N_{hd}——转向装置的水平作用设计值，即体外预应力束张拉时对转向装置的合力在水平面的分力设计值；

N_{vd}——转向装置的竖向作用设计值，即体外预应力束张拉时对转向装置的合力在竖直方向的分力设计值；

$N_{p,e}$——体外预应力束的永存预加力，其值为 $N_{p,e}=\sigma_{pe,e}A_{pe}$；

θ_e——体外预应力筋（束）在竖直平面内的弯起度（竖弯角）；

β_e——体外预应力筋（束）在水平面内的弯转角（平弯角）；

$\sigma_{pe,e}$——体外预应力筋（束）的永存预应力；

A_{pe}——体外预应力水平筋（束）的截面面积。

3）混凝土转向块承载力计算

混凝土转向块承载力计算时，应计算其与混凝土板连接界面，即图 6-14 中 A-A 截面的抗剪承载力和抗拉承载力。

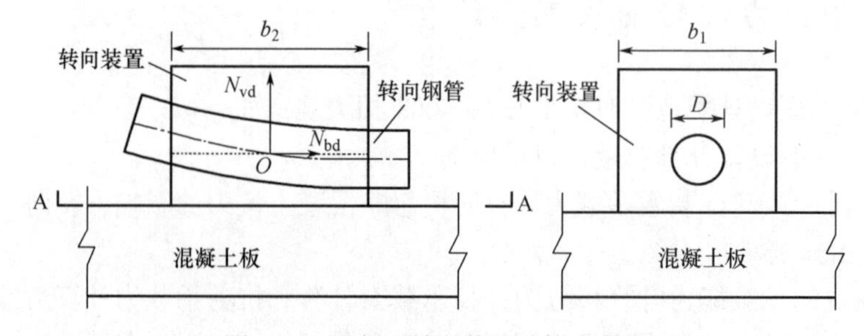

图 6-14 混凝土转向装置计算示意图

（1）转向块抗剪承载力计算

转向装置的剪切承载力可按下式计算：

$$\gamma_0 N_{hd} \leqslant \phi_v f_{sd} \Sigma A_s \tag{6-64}$$

式中　γ_0——结构重要性系数，计算时取 $\gamma_0 = 1.1$；

ϕ_v——由剪拉组合作用引起的环向箍筋抗剪承载力降低系数，取：$\phi_v = 1/\sqrt{3+(N_{vd}/N_{hd})^2}$；

f_{sd}——箍筋的抗拉强度设计值，按照《公路钢筋混凝土及预应力混凝土桥涵设计规范》JTG 3362—2018 表 3.2.3-1（本书表 3-1）值的 0.8 倍取用；

ΣA_s——A-A 截面上箍筋截面面积之和。

（2）转向块抗拉承载力计算

计算转向块抗拉承载力时，按照《公路钢筋混凝土及预应力混凝土桥涵设计规范》JTG 3362—2018 第 5.4.2 条规定计算，见图 6-15。

$$\gamma_0 N_{vd} e_s \leqslant \phi_p f_{sd} A_s' (b_0 - a_s') \tag{6-65}$$

$$\gamma_0 N_{vd} e_s' \leqslant \phi_p f_{sd} A_s (b_0' - a_s) \tag{6-66}$$

其中：

$$b_0 = b_2 - a_s,\ b_0' = b_2 - a_s'$$

$$e_s = b_2/2 - e_0 - a_s,\ e_s' = e_0 + b_2/2 - a_s'$$

$$M_d = N_{hd} d_1 + N_{vd} d_2,\ e_0 = M_d / N_{vd}$$

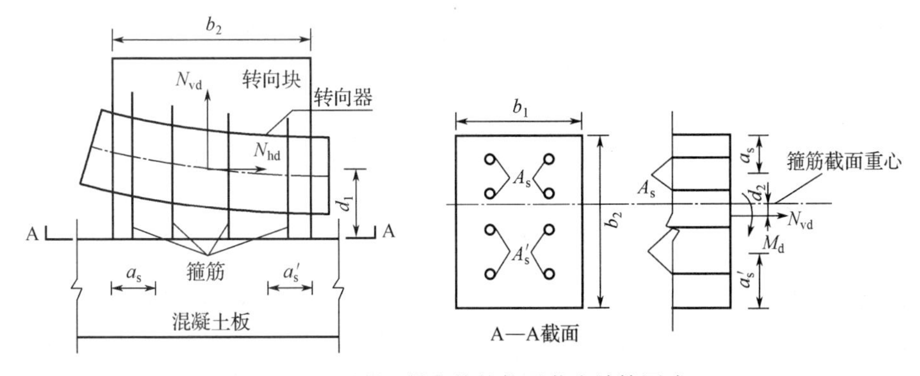

图 6-15　混凝土转向块抗拉承载力计算图式

式中　ϕ_p——由剪拉组合作用引起的环向箍筋抗拉承载力降低系数，建议取：$\phi_p = 1/\sqrt{1+3(N_{hd}/N_{vd})^2}$；

a_s——受拉较大侧环向箍筋、锚固钢筋或植入钢筋合力作用点到该侧混凝土边缘距离；

a_s'——受拉较小侧环向箍筋、锚固钢筋或植入钢筋合力作用点到该侧混凝土边缘距离；

A_s——受拉较大侧环向箍筋、锚固钢筋或植入钢筋的截面面积；

A_s'——受拉较小侧环向箍筋、锚固钢筋或植入钢筋的截面面积；

d_1——钢管转向器形心距混凝土板表面的竖直距离；

d_2——钢管转向器形心距箍筋截面重心的水平距离，当转向块内箍筋沿纵桥向对称布置时，应取 $d_2 = 0$；

b_1、b_2——分别为转向块横桥向和纵桥向的平面尺寸；

e_s、e_s'——分别为偏心竖向力 N_{vd} 作用点距受拉较大边和受拉较小边钢筋重心的距离。

4）对于钢制转向块必须计算其与混凝土接触界面连接的抗剪承载力和抗拉承载力，计算方法与混凝土转向块的计算方法相同。钢制转向块需满足钢结构的受力要求。

5）混凝土转向肋承载力计算

混凝土横向转向肋的抗拉和抗剪承载力计算方法可偏安全地参见混凝土转向块的计算方法。

6）在混凝土转向肋中转向器的凹向区域内的混凝土承受局部压力，应进行局部承载力验算，计算公式如下：

$$\gamma_0 N_{vd} \leqslant \beta f_{cd} A_l \tag{6-67}$$

式中 f_{cd}——转向装置混凝土抗压强度设计值；

β——局部承压强度提高系数，对于混凝土肋式转向装置取 $\beta=1.732$；

A_l——转向器下混凝土局部受压面积，$A_l=Db_2$；

D——转向钢管的外径；

b_2——转向钢管在混凝土转向装置中的长度。

7）当采用粘结—摩擦型锚固体系时，锚固力的大小仅计算粘结层的抗剪强度。

8）转向装置须进行锚下局部承压区的截面尺寸和局部抗压承载力验算，计算方法见《公路钢筋混凝土及预应力混凝土桥涵设计规范》JTG 3362—2018 第 5.7 节。

9）当锚固在原桥结构的横（隔）梁时，应对原结构配筋进行抗弯、抗剪强度验算。

【例 6-3】混凝土转向块抗剪、抗拉承载力算例

文献［10］第 148 页例题，已知装配式部分预应力混凝土 A 类构件简支箱梁，截面尺寸如图 6-16 所示。转向块中环向箍筋采用 HRB335 级钢筋，直径为 12mm，$f_{sd}=224\text{MPa}$，$A_s=A'_s=1018\text{mm}^2$，$a_s=a'_s=195\text{mm}$，环向箍筋纵向间距为 150mm，且环向箍筋在纵向对称布置。转向块具体布置见图 6-16。体外预应力束在竖直平面内的弯起角度 $\theta_e=7.9°$，在水平面内的弯转角 $\beta_e=1.2°$。体外预应力束的永存预加力 $N_{p,e}=1091.3\text{kN}$，转向块沿预应力筋纵向长 $b_2=840\text{mm}$，横向宽 $b_1=295\text{mm}$。转向钢管的外径 $D=90\text{mm}$。试验算转向块承载能力。

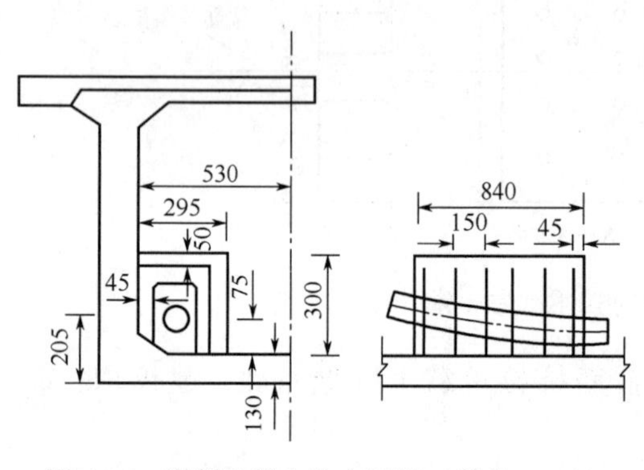

图 6-16 混凝土转向块布置图（单位：mm）

【解】

1）转向装置的作用效应

转向装置的水平作用设计值

$$N_{hd}=1.3N_{p,e}\sqrt{1-2\cos\theta_e\cos\beta_e+\cos^2\theta_e}$$

$$=1.3\times1091.3\times\sqrt{1-2\cos7.9°\cos1.2°+\cos^2 7.9°}=32.5\text{kN}$$

转向装置的竖向作用设计值

$$N_{vd}=1.3N_{p,e}\sin\theta_e=1.3\times1091.3\times\sin7.9°=194.99kN$$

2）混凝土转向块承载力计算

（1）转向块抗剪承载力计算

由剪拉组合作用引起的环向箍筋抗剪承载力降低系数 ϕ_v

$$\phi_v=1/\sqrt{3+(N_{vd}/N_{hd})^2}=1\sqrt{3+(194.99/32.5)^2}=0.16$$

转向装置的剪切承载力极限值

$N_u=\phi_v f_{sd}\Sigma A_s=0.16\times224\ (=0.8\times280)\ \times(1018+1018)=72.97\times10^3=72.79kN>\gamma_0 N_{hd}=1.1\times32.5kN$ 抗剪承载力满足要求。

（2）转向块抗拉承载力计算

钢管转向器形心距混凝土板表面的竖向距离 $d_1=105mm$，由于转向块内箍筋沿纵桥向对称布置，故 $d_2=0$，则

$M_d=N_{hd}d_1+N_{vd}d_2=32.5\times10^3\times105=3.41\times10^6N\cdot mm$

$e_0=\dfrac{M_d}{N_{vd}}=\dfrac{3.41\times10^6}{194.99\times10^3}=17mm$

$b_0=b_2-a_s=840-195=645mm$，$b_0'=b_2-a_s'=840-195=645mm$

$e_s=b_2/2-e_0-a_s=840/2-17-195=208mm$

$e_s'=e_0+b_2/2-a_s'=17+840/2-195=242mm$

由剪拉组合作用引起的环向箍筋抗拉承载力降低系数 ϕ_p

$\phi_p=1/\sqrt{1+3(N_{hd}/N_{vd})^2}=1/\sqrt{1+3(32.5/194.99)^2}=0.96$

$M_{u1}=\phi_p f_{sd}A_s'(b_0-a_s')=0.96\times224\times1018\times(645-195)=98.5\times10^6N\cdot mm$

$=98.5kN\cdot m\geqslant\gamma_0 N_{vd}e_s=1.1\times194.99\times0.208=44.6kN\cdot m$，满足要求。

$M_{u1}=\phi_p f_{sd}A_s(b_0'-a_s)=0.96\times224\times1018\times(645-195)=98.5\times10^6N\cdot mm$

$=98.5kN\cdot m\geqslant\gamma_0 N_{vd}e_s'=1.1\times194.99\times0.242=51.9kN\cdot m$，满足要求。

抗拉承载力满足要求。

用 SDB 软件计算本题，其输入信息和简要输出结果如图 6-17 所示。可见其结果与上面手算结果相同。

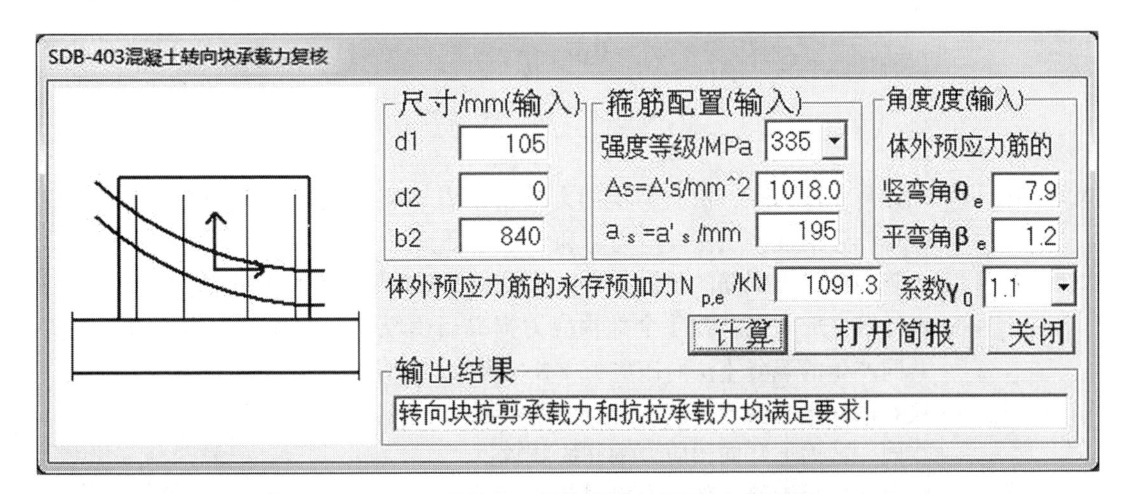

图 6-17　矩形截面双排筋梁增大截面法加固复核

6.5 体外预应力受弯梁斜截面抗裂验算

斜截面抗裂验算应符合下列要求：

1 当预应力加固后成为全预应力混凝土构件时，在作用（或荷载）短期效应组合下的抗抗裂验算应符合下列公式要求：

整体浇筑或整体预制：

$$\sigma_{tp} \leqslant 0.65 f_{tk} \tag{6-68}$$

分段浇筑或分段拼装构件：

$$\sigma_{tp} \leqslant 0.45 f_{tk} \tag{6-69}$$

2 当预应力加固后成为A类和B类预应力混凝土构件时，在作用（或荷载）短期组合下斜截面抗裂验算应符合下列公式要求：

整体浇筑或整体预制：

$$\sigma_{tp} \leqslant 0.75 f_{tk} \tag{6-70}$$

分段浇筑或分段拼装构件：

$$\sigma_{tp} \leqslant 0.55 f_{tk} \tag{6-71}$$

式中 f_{tk}——混凝土抗拉强度标准值（N/mm^2）；

σ_{tp}——预应力混凝土受弯构件斜截面上由作用（或荷载）短期效应组合和预加力引起的混凝土主拉应力（N/mm^2）。

混凝土主拉应力 σ_{tp} 和主压应力 σ_{cp} 应按下列公式计算：

$$\sigma_{tp} = \frac{\sigma_{cx}+\sigma_{cy}}{2} - \sqrt{\left(\frac{\sigma_{cx}+\sigma_{cy}}{2}\right)^2 + \tau^2} \tag{6-72}$$

$$\sigma_{cp} = \frac{\sigma_{cx}+\sigma_{cy}}{2} + \sqrt{\left(\frac{\sigma_{cx}+\sigma_{cy}}{2}\right)^2 + \tau^2} \tag{6-73}$$

$$\sigma_{cx} = \sigma_{pc} + \frac{M_s y_0}{I_0} \tag{6-74}$$

$$\sigma_{cy} = 0.6\frac{n\sigma'_{pe}A_{pv}}{bs_v} \tag{6-75}$$

$$\tau = \frac{V_s S_0}{bI_0} - \frac{\sum\sigma''_{pe}A_{pb}\sin\theta_p \cdot S_n}{bI_n} \tag{6-76}$$

式中 σ_{cx}——在计算主应力点，由新旧预加力及按作用（或荷载）短期效应组合计算的弯矩产生的混凝土法向应力总和（N/mm^2）；

σ_{cy}——由竖向预应力钢筋的预加力产生的混凝土竖向压应力（N/mm^2）；

σ_{pc}——在计算主应力点，扣除全部预应力损失后由纵向新旧预加力的有效预加力共同产生的混凝土法向压应力（N/mm^2），只有新预加力时 $\sigma_{pc}=\sigma_{pc2}$；

y_0——换算截面重心轴至计算主应力点的距离（mm）；

n——在同一截面上竖向预应力钢筋的肢数；

σ'_{pe}、σ''_{pe}——竖向预应力钢筋、新旧有粘结纵向预应力弯起钢筋扣除全部预应力损失后的有效预应力（N/mm²），按现行行业标准《公路钢筋混凝土及预应力混凝土桥涵设计规范》JTG 3362 规定计算；

A_{pv}——单肢竖向预应力钢筋的截面面积（mm²）；

s_v——竖向预应力钢筋的间距（mm）；

b——计算主应力点处构件腹板的宽度（mm）；

M_s——计算截面处按作用（或荷载）短期效应组合计算的弯矩（kN·m）；

V_s——计算截面处按作用（或荷载）短期效应组合计算的剪力（kN）；

A_{pb}——计算截面上同一弯起平面内新旧有粘结预应力弯起钢筋的截面面积（mm²）；

S_0、S_n——计算主应力点以上（或以下）部分换算截面面积对换算面积重心轴、净截面重心轴的面积矩（mm³）；

θ_p——计算截面上新旧有粘结预应力弯起钢筋的切线与构件轴线的夹角（°）；

τ——在计算主应力点，由新旧预应力弯起钢筋的预加力及 V_s 产生的混凝土剪应力总和（N/mm²）。对后张预应力混凝土超静定结构，在计算剪应力时，尚宜计入预加力引起的次剪力，当计算截面作用有扭矩时，尚应计入由扭矩引起的剪应力。

当计算主应力点的混凝土剪应力 τ 时，若计算截面作用有扭矩，则应叠加扭矩引起的剪切应力 τ_t，并应符合《城市桥梁结构加固技术规程》CJJ/T 239—2016 第 8.2.21 条的规定。

【例 6-4】体外预应力加固受弯构件 1/4 跨斜截面抗剪算例

文献［9］第 112 页例题，是本书【例 6-1】的延续。设 1/4 跨截面的尺寸及配筋与跨中截面相同，换算截面的几何性质也相同，但在计算主应力点位置及面积矩时按实际截面尺寸考虑，如图 6-18 所示。

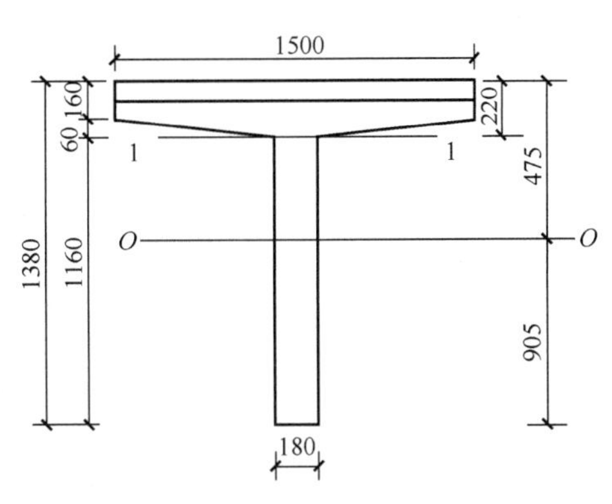

图 6-18　T 梁主应力计算截面（mm）

按照《规程》CJJ/T 239—2016 第 8.2.19 条，荷载短期效应组合及体外预加力产生的混凝土主拉应力按《公路钢筋混凝土及预应力混凝土桥涵设计规范》JTG 3362—2018 第 6.3.3 条计算。本桥无竖向预应力筋，$\sigma_{cy}=0$。

【解】

从前述跨中截面计算得知换算截面全截面几何性质：

惯性矩：$I_0=125017.4\times10^6\text{mm}^4$；面积：$A_0=564702\text{mm}^2$；重心轴位置：$y_1=475\text{mm}$，$y_2=905\text{mm}$。

在此基础上可计算换算截面的其他几何性质。主应力点选择两处：翼板与腹板相交处的 1-1 纤维和重心轴位置 O-O 纤维。

换算截面重心轴至 1-1 纤维的距离：$y_{o1}=475-220=255\text{mm}$

1-1 纤维以下部分换算截面面积对换算截面重心轴的面积矩：

$$S_{o1}=bh_b\left(y_2-\frac{h_b}{2}\right)+\alpha_{Es}\ (y_2-a_s)$$
$$=180\times1160\times\ (905-1160/2)\ +7.143\times\ (905-116)$$
$$=113.17\times10^6\text{mm}^3$$

O-O 纤维以下部分换算截面面积对换算截面重心轴的面积矩：

$$S_{oo}=by_2\frac{y_2}{2}+\alpha_{Es}\ (y_2-a_s)\ =180\times905\times905/2+7.143\times\ (905-116)\ =119.02\times10^6\text{mm}^3$$

1/4 跨截面荷载短期效应组合计算弯矩值和剪力值：

$$M_s=M_G+0.7M_{l/4}=587.7+0.7\times597.4=1005.9\text{kN}\cdot\text{m}$$

靠跨中一侧截面剪力组合值：

$$V_s=V_G+0.7V_{l/4}=81.6+0.7\times141.1=180.4\text{kN}$$

靠支点一侧截面剪力组合值：

$$V_s=V_G+V_{pu}+0.7V_{l/4}=81.6-436.2+0.7\times141.1=-225.8\text{kN}$$

可见应选择 1/4 跨靠支点一侧截面为计算截面。

体外有效预加力对上述选择截面主应力点纤维产生的混凝土法向预压应力：

1-1 纤维处：

$$\sigma_{pc}=\frac{N_{p2}}{A_0}-\frac{M_p y_{o1}}{I_0}=\frac{1773.8\times10^3}{564702}-\frac{1435.2\times10^6\times255}{125017.4\times10^6}=3.1-2.93=0.17\text{MPa}$$

O-O 纤维处：$\sigma_{pc}=\frac{N_{p2}}{A_0}=\frac{1773.8\times10^3}{564702}=3.1\text{MPa}$

由于无体内预应力弯起钢筋，荷载短期效应组合计算剪力产生的混凝土剪应力为：

1-1 纤维处：$\tau=\frac{V_sS_{o1}}{bI_0}=\frac{255.8\times10^3\times113.17\times10^6}{180\times125047.4\times10^6}=1.29\text{MPa}$

O-O 纤维处：$\tau=\frac{V_sS_{oo}}{bI_0}=\frac{255.8\times10^3\times119.02\times10^6}{180\times125047.4\times10^6}=1.36\text{MPa}$

预加力和荷载短期效应组合计算弯矩共同产生的混凝土法向应力：

1-1 纤维处：$\sigma_{cx}=\sigma_{pc}+\frac{M_sy_{o1}}{I_0}=0.17+\frac{1005.9\times10^6\times255}{125017.4\times10^6}=2.22\text{MPa}$

O-O 纤维处：$\sigma_{cx}=\sigma_{pc}=3.1\text{MPa}$

预加力和荷载短期效应组合产生的混凝土主拉应力：

1-1 纤维处：

$$\sigma_{tp}=\frac{\sigma_{cx}}{2}-\sqrt{\left(\frac{\sigma_{cx}}{2}\right)^2+\tau^2}=\frac{2.22}{2}-\sqrt{\left(\frac{2.22}{2}\right)^2+1.29^2}=1.11-1.7=-0.59\text{MPa}\text{（“-”表拉应力）}$$

O-O 纤维处：

$$\sigma_{tp}=\frac{\sigma_{cx}}{2}-\sqrt{\left(\frac{\sigma_{cx}}{2}\right)^2+\tau^2}=\frac{3.1}{2}-\sqrt{\left(\frac{3.1}{2}\right)^2+1.36^2}=1.55-2.06=-0.51\text{MPa}$$

斜截面抗裂混凝土主拉应力验算

1-1 纤维处：$\sigma_{tp}=0.59\text{MPa}\leqslant0.65f_{tk}=0.65\times1.78=1.16\text{MPa}$

0-0 纤维处：$\sigma_{tp}=0.51\text{MPa}\leqslant0.65f_{tk}=1.16\text{MPa}$，符合全预应力混凝土整体预制构件的要求。

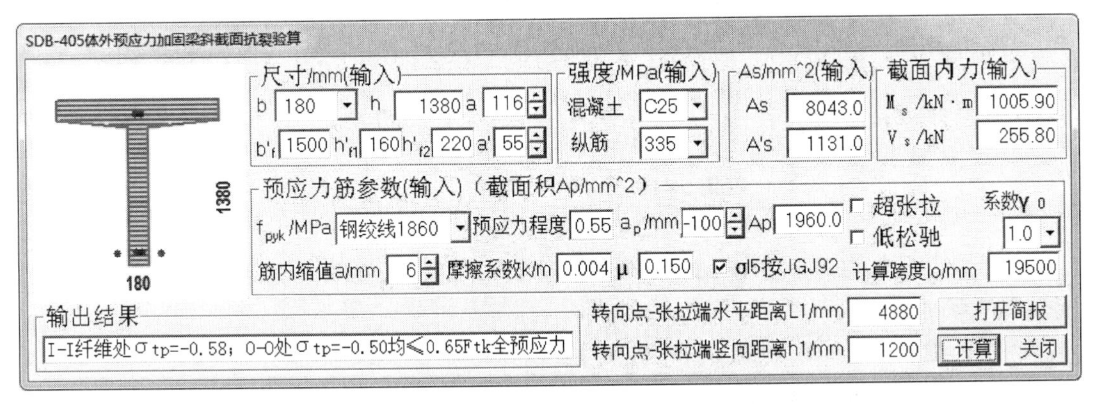

图 6-19　体外预应力加固梁斜截面抗裂验算

用 SDB 软件计算本题，其输入信息和简要输出结果如图 6-19 所示。可见其计算结果与上面手算结果相同。

6.6　体外预应力加固受弯梁持久状况使用阶段斜截面主压应力验算

《城市桥梁结构加固技术规程》CJJ/T 239—2016 第 8.2.31 条规定：预应力混凝土受弯构件由作用标准值组合和预加力产生的混凝土斜截面主压应力 σ_{cp} 应符合下式要求：

$$\sigma_{cp}\leqslant0.6f_{ck} \tag{6-77}$$

斜截面的主压应力 σ_{cp} 计算应符合下列规定：

1）作用标准值组合及预加力产生的混凝土主压应力 σ_{cp}，应按 CJJ/T 239—2016 公式（8.2.20-2）即本书公式（6-73）计算，式中 M_s、V_s 应为计算截面处的作用标准值组合计算弯矩值 M_k 及相应的剪力值 V_k。

2）计算主应力点的混凝土法向应力总和 σ_{cx} 应按 CJJ/T 239—2016 公式（8.2.20-3）即本书公式（6-74）计算，式中的 σ_{pc} 应按 CJJ/T 239—2016 公式（8.2.16-1）即本书式（6-21）的 σ_{pc2} 计算。

3）当计算截面作用有扭矩时，计算主应力点的混凝土剪应力 τ 应叠加按 CJJ/T 239—2016 公式（8.2.21-1）计算扭矩引起的剪应力。

【例 6-5】体外预应力加固受弯构件 1/4 跨斜截面主压应力算例

文献［9］第 116 页例题，是本书【例 6-1】的延续。

【解】

作用标准值和预加力产生的混凝土主应力计算时，选取 1/4 跨截面为主应力计算截面，根据《规程》CJJ/T 239—2016 第 8.2.26-3 条，其作用标准组合的（汽车荷载计入冲击系数）计算弯矩值及剪力值：

$$M_k=M_G+（1+\mu）M_{l/4}=587.7+1.3\times597.4=1364.3\text{kN}\cdot\text{m}$$

1/4 跨靠跨中一侧截面剪力：

$$V_k=V_G+(1+\mu)V_{l/4}=81.6+1.3\times141.1=265.0\text{kN}$$

1/4 跨截面几何性质已经在斜截面抗裂验算部分算出。

1/4 跨截面荷载标准组合计算剪力产生的混凝土剪应力。

截面也相同，但在计算主应力点位置及面积矩时按实际截面尺寸考虑，如图 6-18 所示。

1-1 纤维处：$\tau=\dfrac{V_sS_{o1}}{bI_0}=\dfrac{265.0\times10^3\times113.17\times10^6}{180\times125047.4\times10^6}=1.33\text{MPa}$

0-0 纤维处：$\tau=\dfrac{V_sS_{oo}}{bI_0}=\dfrac{265.0\times10^3\times119.02\times10^6}{180\times125047.4\times10^6}=1.40\text{MPa}$

体外有效预加力对上述 1/4 跨截面主应力点纤维产生的混凝土法向预压应力，由斜截面抗裂计算时算得：

1-1 纤维处：$\sigma_{pc}=0.17\text{MPa}$

0-0 纤维处：$\sigma_{pc}=3.1\text{MPa}$

预加力和荷载标准组合计算弯矩共同产生的混凝土法向应力：

1-1 纤维处：$\sigma_{cx}=\sigma_{pc}+\dfrac{M_sy_{o1}}{I_0}=0.17+\dfrac{1364.3\times10^6\times255}{125017.4\times10^6}=2.95\text{MPa}$

0-0 纤维处：$\sigma_{cx}=\sigma_{pc}=3.1\text{MPa}$

预加力和荷载短期效应组合产生的混凝土主压应力：

1-1 纤维处：

$$\sigma_{cp}=\frac{\sigma_{cx}}{2}+\sqrt{\left(\frac{\sigma_{cx}}{2}\right)^2+\tau^2}=\frac{2.95}{2}+\sqrt{\left(\frac{2.95}{2}\right)^2+1.33^2}=1.48+2.00=3.50\text{MPa}$$

0-0 纤维处：

$$\sigma_{cp}=\frac{\sigma_{cx}}{2}+\sqrt{\left(\frac{\sigma_{cx}}{2}\right)^2+\tau^2}=\frac{3.1}{2}+\sqrt{\left(\frac{3.1}{2}\right)^2+1.36^2}=1.55+2.06=3.61\text{MPa}$$

斜截面抗裂混凝土主拉应力验算

1-1 纤维处：$\sigma_{tp}=0.59\text{MPa}\leqslant0.6f_{ck}=0.6\times16.7=10.0\text{MPa}$

0-0 纤维处：$\sigma_{tp}=0.51\text{MPa}\leqslant0.6f_{ck}=10.0\text{MPa}$，符合式（6-77）预应力混凝土整体预制构件的要求。

用 SDB 软件计算本题，其输入信息和简要输出结果如图 6-20 所示。可见其计算结果与上面手算结果相同。

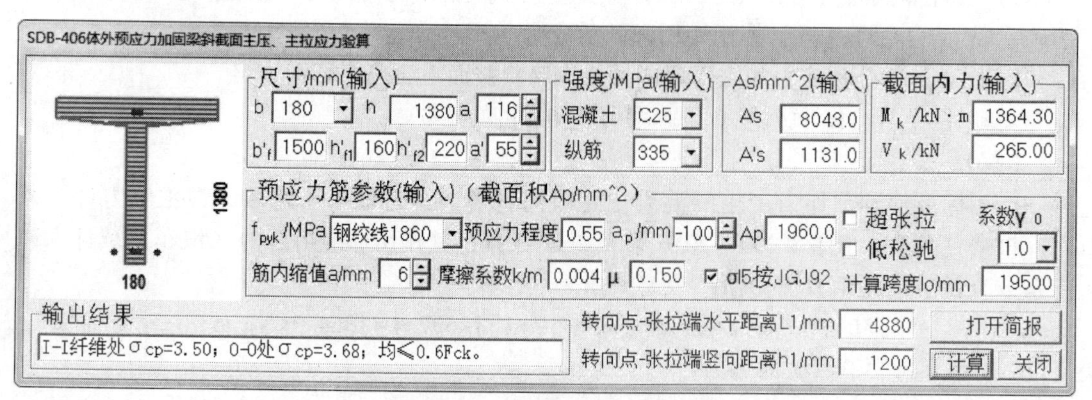

图 6-20 体外预应力加固梁斜截面主压应力验算

本章参考文献

[1] 中华人民共和国行业标准. 城市桥梁结构加固技术规程 CJJ/T 239—2016 [S]. 北京：中国建筑工业出版社，2016.

[2] 中华人民共和国行业推荐性标准. 公路桥梁加固设计规范 JTG/T J22—2008 [S]. 北京：人民交通出版社，2008.

[3] 中华人民共和国行业推荐性标准. 无粘结预应力混凝土结构技术规程 JGJ 92—2016 [S]. 北京：中国建筑工业出版社，2016.

[4] 王潮海，郑继光，高庆飞. 公路混凝土桥梁预应力主动加固技术 [M]. 北京：人民交通出版社，2017.

[5] 江林祥，易汉斌，俞博. 体外预应力加固桥梁技术与工程实例 [M]. 北京：人民交通出版社，2013.

[6] 中华人民共和国行业标准. 公路钢筋混凝土及预应力混凝土桥涵设计规范 JTG D62—2004 [S]. 北京：人民交通出版社，2004.

[7] 中华人民共和国行业标准. 公路钢筋混凝土及预应力混凝土桥涵设计规范 JTG 3362—2018 [S]. 北京：人民交通出版社，2018.

[8] 公路钢筋混凝土及预应力混凝土桥涵设计规范应用指南 [M]. 北京：人民交通出版社，2018.

[9] 安关峰. 城市桥梁结构加固技术指南 [M]. 北京：中国建筑工业出版社，2015.

[10] 邬晓光，白青侠，雷自学. 公路桥梁加固设计规范应用计算示例 [M]. 北京：人民交通出版社，2011.

第7章　桥梁结构构件抗震加固计算

7.1　一般规定

桥梁桥址处地震基本烈度应按国家现行行业标准《城市桥梁抗震设计规范》CJJ 166[1] 的规定执行。

桥梁抗震加固时，其抗震设防类别、设防标准及相应的抗震措施和抗震验算要求，应按现行行业标准《城市桥梁抗震设计规范》CJJ 166 的相应规定执行。

7.2　桥墩抗震加固

当桥梁的桥墩抗震能力不满足要求时，可采用增大截面加固法、外包钢管加固法或粘贴纤维复合材料加固法等进行加固。

当采用增大截面法加固钢筋混凝土桥墩时，应符合下列规定：

1　混凝土的强度等级不应低于C30，且不应低于原桥墩实际的混凝土强度等级。

2　当需提高桥墩的抗弯强度时、新增纵筋应伸入承台并满足锚固要求；对多柱式桥墩，尚应伸入盖梁并满足锚固要求。

3　新增纵筋、箍筋的配置应符合现行行业标准《城市桥梁抗震设计规范》CJJ 166 的相应规定。

4　加固后桥墩应按整体截面进行抗震验算，新增的混凝土和钢筋的材料强度应乘以0.85 的折减系数。

当采用增大截面法提高钢筋混凝土桥墩的抗弯强度时，承台和基础宜进行相应的补强加固。

延性是衡量桥梁抗震性能的一个重要指标，也是实现桥梁抗震性能目标的基础。一般选择桥墩为延性构件。在我国桥梁抗震设计实践中，长期不关注桥梁的延性，致使我国现有桥梁中有相当部分存在延性不足的缺陷，尤其是在《公路桥梁抗震设计细则》JTJ/T B02-01—2008 颁布实施之前设计的桥梁。延性不足可能导致桥梁结构在地震作用下遭受严重破坏甚至倒塌，因此，有必要对延性不足的桥梁进行抗震加固，以提高其延性。对梁式桥梁而言，提高其延性的唯一途径是提高桥墩的延性。钢筋混凝土桥墩的延性主要通过约束混凝土的概念获得，外包钢管可对原有圆柱式桥墩的混凝土提供有效的约束（矩形墩柱需扩大为椭圆形墩柱，并以椭圆形钢管套箍方可奏效），因而可提高其延性。

E2 地震作用下，应按下列公式验算顺桥向和横桥向桥墩墩顶的位移塑性铰区域塑性转动能力：

$$\Delta_d \leqslant \Delta_u \tag{7-1}$$

$$\theta_p \leqslant \theta_u \tag{7-2}$$

式中　Δ_d——E2 地震作用下墩顶的位移（cm）；

Δ_u——墩顶容许位移（cm）；

θ_p——E2 地震作用下，塑性铰区域的塑性转角；

θ_u——塑性铰区域的最大容许转角。

单柱墩容许位移可按下式计算：

$$\Delta_u = \frac{1}{3}H^2 \times \phi_y + \left(H - \frac{L_p}{2}\right) \times \theta_u \tag{7-3}$$

$$L_p = 0.08H + 0.022 f_y d_{bl} \geqslant 0.044 f_y d_{bl} \tag{7-4}$$

式中　H——悬臂墩的高度或塑性铰截面到反弯点的距离（cm）；

ϕ_y——截面的等效屈服曲率（1/cm）；

L_p——等效塑性铰长度（cm）；

f_y——纵向钢筋抗拉强度标准值（MPa）；

d_{bl}——纵向主筋的直径（cm）。

塑性铰区域的最大容许转角应根据极限破坏状态的曲率能力，按下式计算：

$$\theta_u = L_p(\phi_u - \phi_y)/K \tag{7-5}$$

式中　ϕ_u——极限破坏状态的曲率能力（1/cm）；

K——延性安全系数，取 2.0；

截面的等效屈服曲率 ϕ_y 和等效屈服弯矩 M_y 可通过把实际的弯矩-曲率曲线等效为理想弹塑性弯矩-曲率曲线来求得，等效方法可根据图 7-1 中两个阴影面积相等求得，计算中应考虑最不利轴力组合。

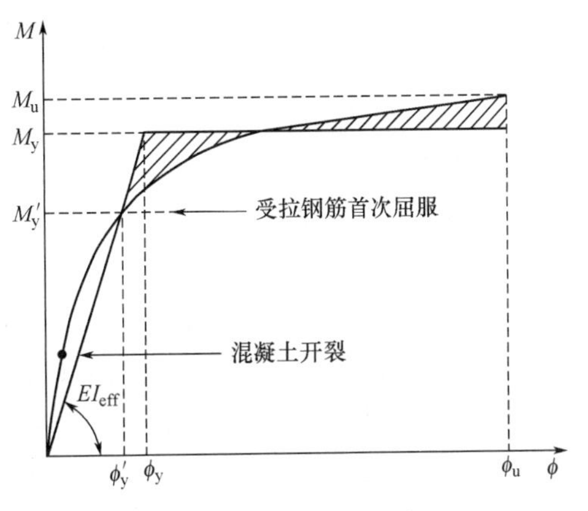

图 7-1　等效屈服曲率

极限破坏状态的曲率能力 ϕ_u 应通过考虑最不利轴力组合的 M-ϕ 曲线确定，为混凝土应变达到极限压应变 ε_{cu}，或纵筋达到折减极限应变 ε_{lu} 时相应的曲率。混凝土的极限压应变 ε_{cu} 可按下式计算：

$$\varepsilon_{cu} = 0.004 + \frac{1.4\rho_s \cdot f_{yj} \cdot \varepsilon_{su}}{f'_{cc}} \tag{7-6}$$

式中　ρ_s——约束钢筋的体积含筋率，对钢管套箍情况 $\rho_s = 4t_j/D$；

f_{yj}——横向钢筋或外包钢管的抗拉强度标准值（MPa）；

f'_{cc}——约束混凝土的峰值应力（MPa）；

ε_{su}——约束钢筋（外包钢管）的折减极限拉应变，$\varepsilon_{su} = 0.09$。

纵筋的折减极限应变 ε_{lu} 取为 0.1。

根据定义和式（7-3）可得到墩底截面曲率延性与墩顶位移延性的关系式：

$$\mu_\phi = 1 + \frac{\mu_\Delta - 1}{3 \times (L_p/H) \times [1 - 0.5(L_p/H)]} \tag{7-7}$$

E2 地震作用下墩底截面的最大曲率

$$\phi_m = \mu_\phi \times \phi_y \tag{7-8}$$

E2 地震作用下墩底截面混凝土的最大压应变 ε_{cu} 应按下式计算：

$$\varepsilon_{cu} = \phi_m c \tag{7-9}$$

式中 ϕ_m——E2 地震作用下墩底截面的最大曲率；

c——墩底截面曲率达到最大曲率 ϕ_m 时，中性轴至混凝土受压侧最外缘的距离，可先假定加固前与加固后值 c 相同进行分析。

当采用外包钢管加固法对延性不足的钢筋混凝土圆柱式桥墩进行加固时，将钢管套箍情况 $\rho_s = 4t_j/D$ 代入式（7-6），得到外包钢管的厚度 t_j 应按下式计算：

$$t_j \geqslant \frac{(\varepsilon_{cu} - 0.004) D f'_{cc}}{5.6 f_{yj} \varepsilon_{su}} \tag{7-10}$$

式中 t_j——外包钢管厚度（mm）；

ε_{cu}——E2 地震作用下墩底截面混凝土的最大压应变；

D——外包钢管内径（mm）；

f'_{cc}——受钢管约束混凝土的抗压强度（N/mm^2）；

f_{yj}——外包钢管抗拉强度标准值（N/mm^2）；

ε_{su}——外包钢管的极限拉应变。

根据约束混凝土本构关系 Mander 模型，受钢管约束混凝土的抗压强度 f'_{cc} 应按下式计算：

$$f'_{cc} = f'_c \left(2.254 \sqrt{1 + \frac{15.88 t_j f_{yj}}{D f'_c}} - \frac{4 t_j f_{yj}}{D f'_c} - 1.254 \right) \tag{7-11}$$

式中 f'_c——加固前混凝土的抗压强度标准值（N/mm^2）。

式（7-10）和式（7-11）高度耦联，需要用迭代求解。

按照桥梁抗震性能要求确定墩顶位移延性系数 μ_Δ（一般取 $\mu_\Delta = 5$），就可通过式（7-7）~式（7-11）迭代求出外包钢管的厚度。

当采用外包钢管加固法加固钢筋混凝土桥墩时，应符合下列规定：

1 对圆柱式桥墩，宜采用两块半圆形的钢管外包原桥墩，并应在现场沿竖向接缝焊接成钢套，钢管与桥墩侧面宜留有 25~40mm 的空隙，其间可填充无收缩水泥砂浆。

2 对矩形截面的柱式桥墩，宜采用椭圆形钢管外包加固（图 7-2），原墩柱四个折角宜修整为圆弧形，钢管与原墩柱之间的空隙可灌注与原墩柱同强度的微膨胀混凝土。

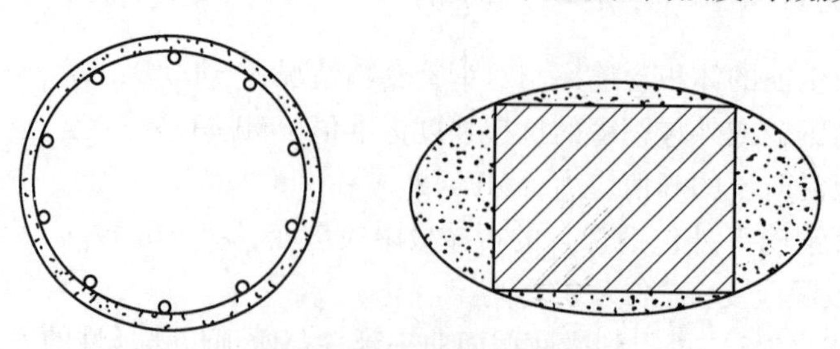

图 7-2 外包钢管加固法

3 外包钢管的下端与承台顶面宜有 50mm 的间隙。

4 钢管壁厚宜为 10~25mm。

当采用外包钢管加固法对抗剪强度不足的钢筋混凝土圆柱式桥墩进行加固时，应符合下列规定：

1　外包钢管的厚度 t_j 应按下式计算：

$$t_j \geqslant \frac{\frac{V_0}{\phi_s}-(V_c+V_s)}{0.5\pi f_{yj} D\cot\theta}=\frac{V_{sj}}{1.57 f_{yj} D\cot\theta} \tag{7-12}$$

式中　t_j——外包钢管厚度（mm）；

ϕ_s——抗剪强度折减系数，取为 0.85；

V_0——E2 地震作用下墩柱剪力设计值（N）；

V_c——墩柱塑性铰区域混凝土的抗剪力能力贡献（N）；

V_s——墩柱塑性铰区域横向钢筋的抗剪力能力贡献（N）；

V_{sj}——外包钢管承担的剪力设计值（N）；

f_{yj}——外包钢管抗拉强度标准值（N/mm^2）；

D——外包钢管内径（mm）；

θ——剪切裂缝与墩柱轴线的夹角（°）。

2　塑性铰区域混凝土的抗剪能力贡献 V_c 应按下列公式计算：

$$V_c=1.66\left(0.33+\frac{N}{140A_g}\right)\sqrt{f'_c}A_c（N\text{ 为轴压力时}） \tag{7-13}$$

$$V_c=1.66\left(0.33+\frac{N}{35A_g}\right)\sqrt{f'_c}A_c（N\text{ 为轴拉力时}） \tag{7-14}$$

式中　N——E2 地震作用下墩柱轴力设计值（N）；当 N 为压力时取正值，为拉力时取负值；

A_g——按全截面计算的墩柱截面积（cm^2）；

f'_c——混凝土的抗压强度标准值（N/mm^2）；

A_c——有效剪切面积，可取为 $0.8A_g$（cm^2）。

应限制式（7-14）的结果不小于 0，即应限制 $V_c \geqslant 0$，如其小于 0，则无意义。

3　横向钢筋的抗剪能力贡献 V_s 应按下列公式计算：

$$V_s=\frac{\pi}{2}\times\frac{A_h f_{yh} D'\text{ctan}\theta}{s} \tag{7-15}$$

式中　A_h——圆环箍筋或螺旋箍筋截面积（mm^2）；

f_{yh}——圆环箍筋或螺旋箍筋抗拉强度标准值（N/mm^2）；

D'——核心混凝土直径（cm）；

s——螺旋箍筋间距（cm）；

θ——剪切裂缝与墩柱轴线的夹角（°）。

4　剪切裂缝与墩柱轴线的夹角 θ，应按下列公式计算：

$$\theta=\tan^{-1}\left[\frac{\rho_v n+1.26\rho_v/\rho_l}{1+\rho_v n}\right]^{\frac{1}{4}}>\alpha（\text{一端固定一端铰接的墩柱}） \tag{7-16}$$

$$\theta=\tan^{-1}\left[\frac{\rho_v n+0.46\rho_v/\rho_l}{1+\rho_v n}\right]^{\frac{1}{4}}>\alpha（\text{两端固定的墩柱}） \tag{7-17}$$

$$\rho_v = 2t_j / r \tag{7-18}$$

式中 r——桥墩半径（mm）；

ρ_l——墩柱纵向钢筋配筋率；

n——钢筋与混凝土弹性模量比，$n=E_s/E_c$；

α——$\alpha=D'/H$；

H——墩高（cm）。

为简化计算，可先假设 $\theta=45°$算出 t_j 的预估值，再取其与延性设计需要的 t_j 值的较大者，并考虑构造要求（$10\text{mm} \leqslant t_j \leqslant 25\text{mm}$）的 t_j 值进行复核计算，以考虑 θ 值的影响。

当采用粘贴纤维复合材料加固法加固钢筋混凝土桥墩时，应符合下列规定：

1 粘贴的纤维复合材料下方与承台顶面宜留有 50mm 的间隙。

2 对矩形截面的柱式桥墩，宜将原截面四个折角修整为圆弧形，并将截面扩大为椭圆形后，再粘贴纤维复合材料。

当采用粘贴纤维复合材料加固法对延性不足的钢筋混凝土圆柱式桥墩进行加固时，应符合下列规定：

1 粘贴纤维复合材料的厚度 t_j 可按下式计算：

$$t_j \geqslant \frac{0.1(\varepsilon_{cu}-0.004)Df'_{cc}}{f_{du}\varepsilon_{du}} \tag{7-19}$$

式中 t_j——粘贴纤维复合材料布材的厚度（mm）；

ε_{cu}——E2 地震作用下墩底截面混凝土的最大压应变，可按式（7-9）计算；

D——墩柱直径（mm）；

f'_{cc}——受纤维复合材料约束混凝土的抗压强度（N/mm^2）；

f_{du}——纤维复合材料抗拉强度设计值（N/mm^2）；

ε_{du}——与纤维复合材料设计抗拉强度相应的应变。

2 受纤维复合材料约束混凝土的抗压强度f'_{cc}可按下式计算：

$$f'_{cc}=f'_c\left(2.254\sqrt{1+\frac{15.88t_jf_{du}}{Df'_c}}-\frac{4t_jf_{du}}{Df'_c}-1.254\right) \tag{7-20}$$

式中 f'_c——加固前混凝土抗压强度标准值（N/mm^2）。

当采用粘贴纤维复合材料加固法对抗剪强度不足的钢筋混凝土圆柱式桥墩进行加固时，纤维复合材料布材的厚度可按下式计算：

$$t_j \geqslant \frac{\dfrac{V_0}{\phi_s}-(V_c+V_s)}{0.5\pi f_j D\cot\theta}=\frac{V_{sj}}{1.57f_j D\cot\theta} \tag{7-21}$$

式中 t_j——粘贴纤维复合材料布材厚度（mm）；

ϕ_s——抗剪强度折减系数，可取为 0.85；

V_0——E2 地震作用下墩柱剪力设计值（N）；

V_c——墩柱塑性铰区域混凝土的抗剪力能力贡献（N），可按式（7-13）或式（7-14）计算；

V_s——墩柱塑性铰区域横向钢筋的抗剪力能力贡献（N），可按式（7-15）计算；

V_{sj}——纤维复合材料承担的剪力设计值（N）；

f_j——纤维复合材料抗拉强度标准值（N/mm²）；

D——墩柱直径（mm）；

θ——剪切裂缝与墩柱轴线的夹角（°），可按式（7-16）或式（7-17）计算。

为简化计算，可先假设 $\theta=45°$ 算出 t_j 的预估值，再取其与延性设计需要的 t_j 值的较大者，并考虑构造要求的 t_j 值进行复核计算，以考虑 θ 值的影响。

【例7-1】圆形桥墩外包钢管法延性加固算例

文献［2］第157页例题（本书墩高有所改动），某大桥全长426m，14孔，每孔净跨25m。上部结构采用后张法预应力混凝土T形梁，采用双柱式圆形桥墩，肋形埋置式桥台，挖孔灌注桩基础。

墩高3.6m，桥墩截面为实心圆形截面，直径1.4m（图7-3）。桥墩材料为C18混凝土，纵筋采用直径20mm的HRB335普通钢筋，合计18根，依圆周等间距布置，保护层厚度0.05m；箍筋采用直径8mm的R235钢筋，依螺旋筋形式布置，箍筋间距0.20m。

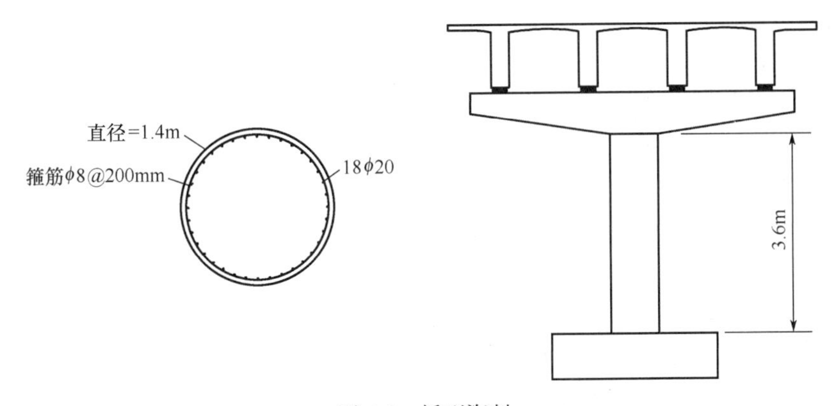

图7-3　桥型资料

【解】

延性加固

假设加固所需的桥墩位移延性 $\mu_\Delta=5$。

根据规定《公路桥梁抗震设计细则》JTG/T B02-010—2008[3] 公式（7.4.3-2），塑性铰长度 L_p 取为下面两公式结果的较小值：

$$L_p=0.08H+0.022f_y d_{bl}\geqslant 0.044f_y d_{bl}$$

$$L_p=0.08\times360+0.022\times335\times2=43.54\text{cm}$$

曲率延性系数

$$\mu_\phi=1+\frac{\mu_\Delta-1}{3(L_p/H)\times[1-0.5(L_p/H)]}=1+\frac{5-1}{3\times(435.4/3600)\times[1-0.5\times(435.4/3600)]}=12.73$$

基于墩柱截面的弯矩-曲率分析可知，截面屈服曲率 $\phi_y=1.61\times10^{-3}$，同时中性轴至混凝土最外压力缘的距离 $c=0.4187$m，则截面的最大曲率 ϕ_m 为：

$$\varphi_m=\mu_\phi\times\phi_y=12.73\times1.61\times10^{-3}=0.0205$$

墩底截面混凝土受压最外缘预期压应变 ε_{cu} 为：

$$\varepsilon_{cu}=\phi_m\times c=0.0205\times0.4187=0.008584$$

先假设受钢管约束混凝土的抗压强度$f'_{cc}=1.7f'_c=1.7\times18=30.60$MPa

以下迭代计算所需的钢管厚度 t_j

$$t_{j1}=\frac{(\varepsilon_{cu}-0.004)\ Df'_{cc}}{5.6f_{yj}\varepsilon_{su}}=\frac{(0.008584-0.004)\ \times1400\times30.60}{5.6\times275\times0.008584}=14.86\text{mm}$$

再次计算受钢管约束混凝土的抗压强度

$$f'_{cc}=f'_c\left(2.254\sqrt{1+\frac{15.88t_jf_{yj}}{Df'_c}}-\frac{4t_jf_{yj}}{Df'_c}-1.254\right)$$

$$=18\times\left(2.254\times\sqrt{1+\frac{15.88\times14.86\times275}{1400\times18}}-\frac{4\times14.86\times275}{1400\times18}-1.254\right)=42.46\text{MPa}$$

再次计算所需的钢管厚度 t_j

$$t_{j2}=\frac{(\varepsilon_{cu}-0.004)Df'_{cc}}{5.6f_{yj}\varepsilon_{su}}=\frac{(0.008584-0.004)\times1400\times42.46}{5.6\times275\times0.008584}=20.61\text{mm}$$

$|t_{j2}-t_{j1}|>1$mm，相差过大，继续迭代，取 $t_{j1}=20.61$mm

再次计算受钢管约束混凝土的抗压强度

$$f'_{cc}=18\times\left(2.254\times\sqrt{1+\frac{15.88\times20.61\times275}{1400\times18}}-\frac{4\times20.61\times275}{1400\times18}-1.254\right)$$
$$=47.99\text{MPa}$$

再次计算所需的钢管厚度 t_j

$$t_{j2}=\frac{(0.008584-0.004)\times1400\times47.99}{5.6\times275\times0.008584}=23.30\text{mm}$$

$|t_{j2}-t_{j1}|>1$mm，相差过大，继续迭代，取 $t_{j1}=23.30$mm

再次计算受钢管约束混凝土的抗压强度

$$f'_{cc}=18\times\left(2.254\times\sqrt{1+\frac{15.88\times23.30\times275}{1400\times18}}-\frac{4\times23.30\times275}{1400\times18}-1.254\right)=50.18\text{MPa}$$

再次计算所需的钢管厚度 t_j

$$t_{j2}=\frac{(0.008584-0.004)\times1400\times50.18}{5.6\times275\times0.008584}=24.36\text{mm}$$

$|t_{j2}-t_{j1}|>1$mm，相差过大，继续迭代，取 $t_{j1}=24.36$mm

再次计算受钢管约束混凝土的抗压强度

$$f'_{cc}=18\times\left(2.254\times\sqrt{1+\frac{15.88\times24.36\times275}{1400\times18}}-\frac{4\times24.36\times275}{1400\times18}-1.254\right)=51.00\text{MPa}$$

再次计算所需的钢管厚度 t_j

$$t_{j2}=\frac{(0.008584-0.004)\times1400\times51.00}{5.6\times275\times0.008584}=24.76\text{mm}$$

$|t_{j2}-t_{j1}|<1$mm，相差不大，停止迭代，取 $t_j=24.76$mm。

使用 SDB 软件输入信息和计算简要结果如图 7-4 所示，可见其与手算结果相同。

【例 7-2】圆形桥墩外包钢管法抗剪加固算例

假设上一例题的桥墩经由弯矩曲率分析得知，墩柱截面的极限弯矩 $M_0=2055$kN·m，计算得墩柱的过强剪力需求为：$V_0=2\times M_0/H=2\times2055/3.6=1141.67$kN，与 V_0 相应的轴力

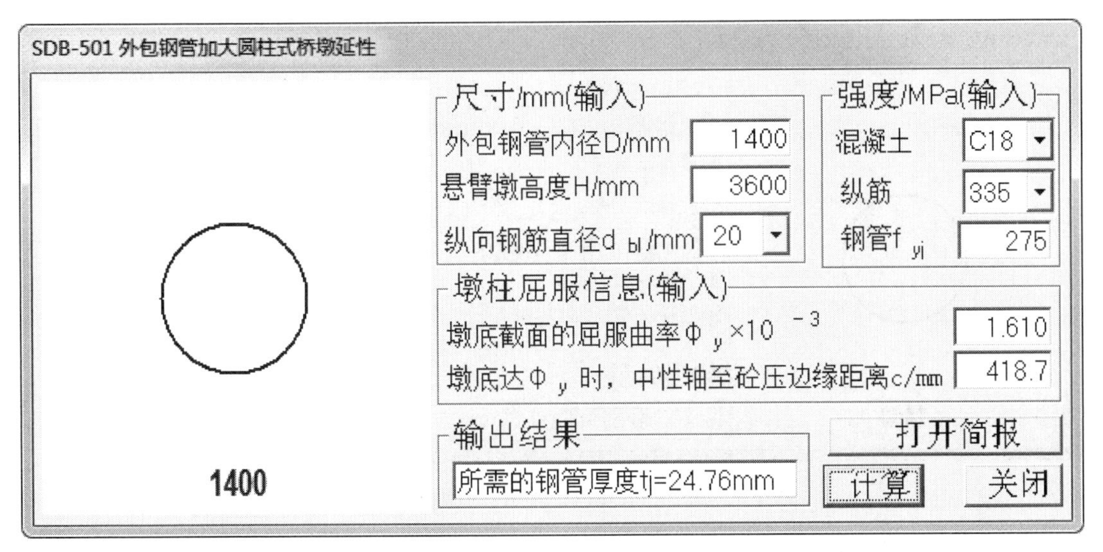

图 7-4　圆形桥墩外包钢管法延性加固计算

设计值为 $N=2340\text{kN}$，试进行外包钢管法加固设计。

【解】

抗剪加固

墩柱的截面积为：$A_g=0.25\times3.14\times140\times140=15394\text{cm}^2$；墩柱的有效剪切面积为：$A_c=0.8A_g=12315\text{cm}^2$

柱墩塑性铰区域混凝土的抗剪能力贡献

$$V_c=1.66\left(0.33+\frac{N}{140A_g}\right)\sqrt{f'_c}A_c=1.66\left(0.33+\frac{2.34\times10^6}{140\times15394}\right)\sqrt{18}\times12315=122794\text{N}$$

假设剪切裂缝与墩柱轴线的夹角 $\theta=45°$，横向钢筋的抗剪能力贡献为：

$$V_s=\frac{\pi}{2}\times\frac{A_h f_{yh}D'\cot\theta}{s}=1.57\times\frac{50.3\times235\times1400\times1}{200}=129973\text{N}$$

所需的外包钢管最小厚度为：

$$t_j\geqslant\frac{\dfrac{V_0}{\phi_s}-(V_c+V_{sc})}{0.5\pi f_{yj}D\cot\theta}=\frac{1141700/0.85-(122794+129973)}{1.57\times275\times1400\times1}=1.80\text{mm}$$

使用 SDB 软件输入信息和计算简要结果如图 7-5 所示，可见其与手算结果相同。

以上算出了抗剪需要的 t_j 预估值，再取其与延性设计需要的 t_j 值的较大者，并考虑构造要求的 t_j 值进行复核计算，以考虑 θ 值的影响。以下本例结合【例 7-1】结果取 $t_j=25\text{mm}$，考虑 θ 值的影响，演示抗剪能力复核的过程。

纵向钢筋与混凝土弹性模量比：$n=E_s/E_c=200000/24100=8.299$

墩柱纵向钢筋配筋率：$\rho_l=18\times314.20/1539400=0.003674$

$$\rho_v=2t_j/r=2\times25/700=0.071429$$

墩柱直径高度比：$\alpha=D'/H=1400/3600=0.388889$

如果是“一端固定一端铰接的墩柱”则

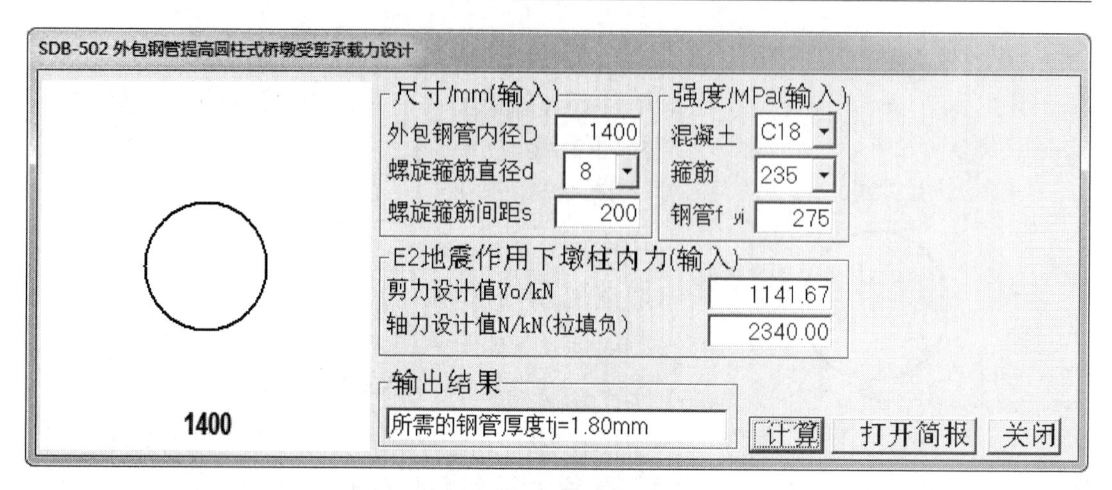

图 7-5 圆形桥墩外包钢管法抗剪加固初步设计

$$\theta=\tan^{-1}\left[\frac{\rho_{\mathrm{v}}n+1.26\rho_{\mathrm{v}}/\rho_{\mathrm{l}}}{1+\rho_{\mathrm{v}}n}\right]^{\frac{1}{4}}=\tan^{-1}\left[\frac{0.0714\times8.299+1.26\times0.0714/0.00367}{1+0.0714\times8.299}\right]^{\frac{1}{4}}$$

$$=\tan^{-1}(1.992)=1.1056\mathrm{rad}=63.35°>\alpha$$

横向钢筋的抗剪能力贡献

$$V_{\mathrm{s}}=\frac{\pi}{2}\times\frac{A_{\mathrm{h}}f_{\mathrm{yh}}D'\cot\theta}{s}=1.5708\times\frac{50.3\times235\times1400\times0.502}{200}=65241\mathrm{N}$$

所需的外包钢管最小厚度为：

$$t_{\mathrm{j}}\geqslant\frac{\dfrac{V_0}{\phi_{\mathrm{s}}}-(V_{\mathrm{c}}+V_{\mathrm{s}})}{0.5\pi f_{\mathrm{yj}}D\cot\theta}=\frac{\dfrac{1141670}{0.85}-(122794+65241)}{1.5708\times275\times1400\times0.502}=3.81\mathrm{mm}$$

算出的钢管厚度 t_{j} 不大于预设的厚度(25mm)，满足要求。

使用 SDB 软件输入信息和计算简要结果如图 7-6 所示，可见其与手算结果相同。注意软件默认的墩柱约束形式是“两端固定的墩柱”，这里输入信息时要勾选“一端固定一端铰接的墩柱”。

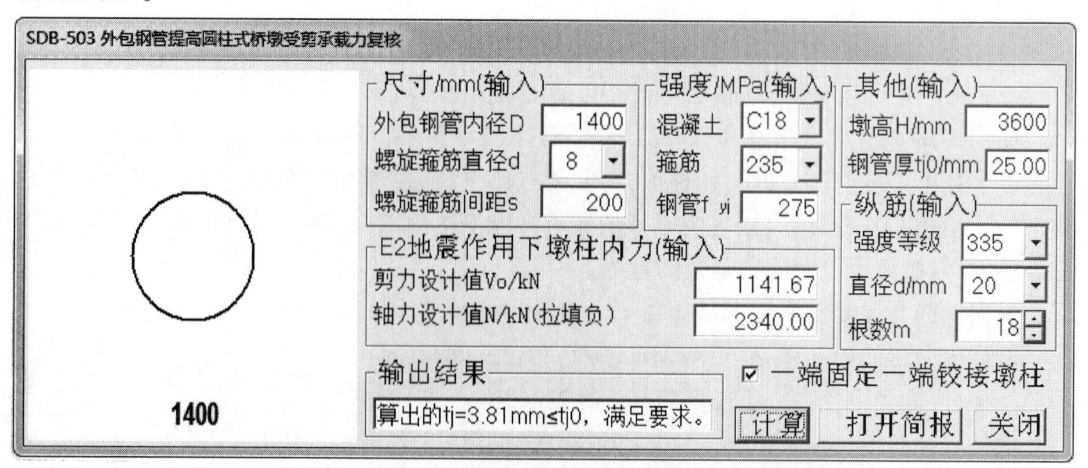

图 7-6 一端固定一端铰接的墩柱外包钢管抗剪加固复核

如果是“两端固定的墩柱”则

$$\theta=\tan^{-1}\left[\frac{\rho_{v}n+0.46\rho_{v}/\rho_{l}}{1+\rho_{v}n}\right]^{\frac{1}{4}}=\tan^{-1}\left[\frac{0.0714\times8.299+0.46\times0.0714/0.00367}{1+0.0714\times8.299}\right]^{\frac{1}{4}}$$

$$=\tan^{-1}(1.564)=1.002\text{rad}=57.41°>\alpha$$

横向钢筋的抗剪能力贡献

$$V_{s}=\frac{\pi}{2}\times\frac{A_{h}f_{yh}D'\cot\theta}{s}=1.5708\times\frac{50.3\times235\times1400\times0.639}{200}=83090\text{N}$$

所需的外包钢管最小厚度为：

$$t_{j}\geqslant\frac{\dfrac{V_{0}}{\phi_{s}}-(V_{c}+V_{s})}{0.5\pi f_{yj}D\cot\theta}=\frac{\dfrac{1141670}{0.85}-(122794+83090)}{1.5708\times275\times1400\times0.639}=2.94\text{mm}$$

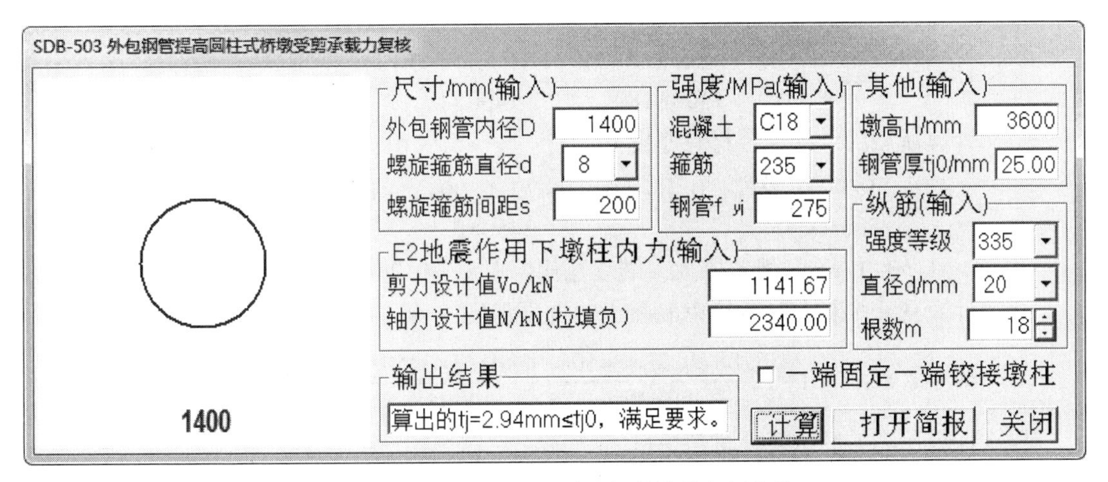

图 7-7　两端固定的墩柱外包钢管抗剪加固复核

算出的钢管厚度 t_j 不大于预设的厚度(25mm)，满足要求。

使用 SDB 软件输入信息和计算简要结果如图 7-7 所示，可见其与手算结果相同。

【例 7-3】粘贴纤维复合材料加固法增加圆形桥墩延性算例

文献[2]第 159 页例题，桥墩与【例 7-1】的桥墩基本数据相同，只是墩高由 3600mm 改为 9000mm。采用粘贴纤维复合材料加固法增加桥墩延性。

【解】

假设加固所需的桥墩位移延性 $\mu_{\Delta}=5$。

根据规定《公路桥梁抗震设计细则》JTG/T B02-010—2008[3]公式(7.4.3-2)，塑性铰长度 L_p 取为下面两公式结果的较小值：

$$L_{p}=0.08H+0.022f_{y}d_{bl}\geqslant0.044f_{y}d_{bl}$$

$$L_{p}=0.08\times900+0.022\times335\times2=86.74\text{cm}$$

曲率延性系数

$$\mu_{\phi}=1+\frac{\mu_{\Delta}-1}{3\times(L_{p}/H)\times[1-0.5(L_{p}/H]}=1+\frac{5-1}{3\times(867.4/9000)\times[1-0.5(867.4/9000)]}=15.53$$

基于墩柱截面的弯矩-曲率分析可知，截面屈服曲率 $\phi_y=1.61\times10^{-3}$，同时中性轴至混凝土最外压力缘的距离 $c=0.4187\text{m}$，则截面的最大曲率 ϕ_m 为：

$$\phi_m=\mu_\phi\times\phi_y=15.53\times1.61\times10^{-3}=0.0250$$

墩底截面混凝土受压最外缘预期压应变 ε_{cu} 为：

$$\varepsilon_{cu}=\phi_m\times c=0.0250\times0.4187=0.010472$$

先假设受纤维复合材料约束混凝土的抗压强度 $f'_{cc}=1.7f'_c=1.7\times18=30.60\text{MPa}$

以下迭代计算所需的纤维复合材料厚度 t_j

$$t_{j1}=\frac{0.1(\varepsilon_{cu}-0.004)Df'_{cc}}{f_{du}\varepsilon_{du}}=\frac{0.1\times(0.010472-0.004)\times1400\times30.60}{3450\times0.03}=0.27\text{mm}$$

再次计算受纤维复合材料约束混凝土的抗压强度

$$f'_{cc}=f'_c\left(2.254\sqrt{1+\frac{15.88t_jf_{yj}}{Df'_c}}-\frac{4t_jf_{yj}}{Df'_c}-1.254\right)$$

$$=18\times\left(2.254\times\sqrt{1+\frac{15.88\times0.27\times3450}{1400\times18}}-\frac{4\times0.27\times3450}{1400\times18}-1.254\right)=25.82\text{MPa}$$

再次计算所需的纤维复合材料厚度 t_j

$$t_{j2}=\frac{(\varepsilon_{cu}-0.004)\ Df'_{cc}}{5.6f_{yj}\varepsilon_{su}}=\frac{0.1\times\ (0.010472-0.004)\ \times1400\times25.82}{3450\times0.03}=0.23\text{mm}$$

$|t_{j2}-t_{j1}|>0.01\text{mm}$，相差过大，继续迭代，取 $t_{j1}=0.23\text{mm}$

再次计算受纤维复合材料约束混凝土的抗压强度

$$f'_{cc}=18\times\left(2.254\times\sqrt{1+\frac{15.88\times0.23\times34504}{1400\times18}}-\frac{4\times0.23\times3450}{1400\times18}-1.254\right)=24.75\text{MPa}$$

再次计算所需的纤维复合材料厚度 t_j

$$t_{j2}=\frac{(\varepsilon_{cu}-0.004)\ Df'_{cc}}{5.6f_{yj}\varepsilon_{su}}=\frac{0.1\times\ (0.010472-0.004)\ \times1400\times24.75}{3450\times0.03}=0.22\text{mm}$$

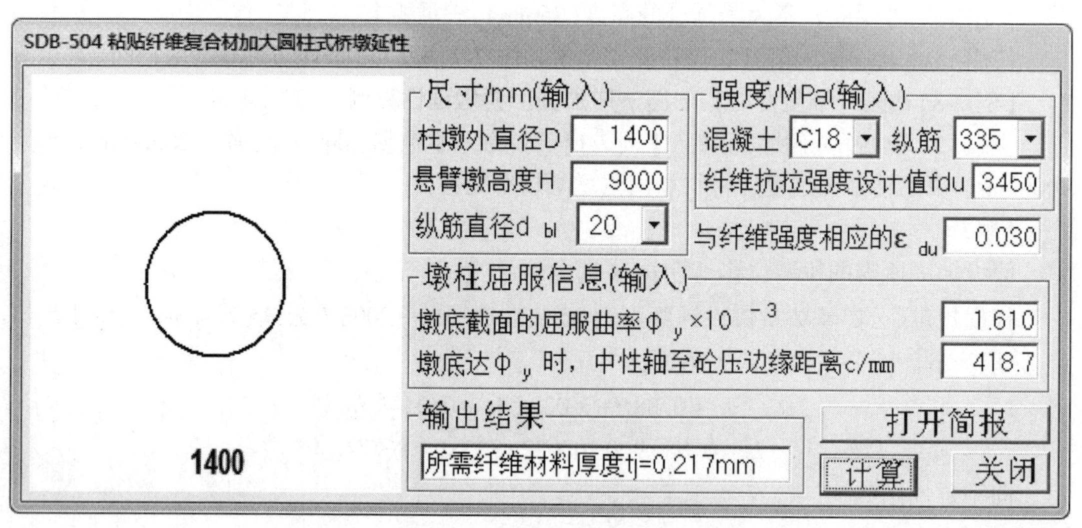

图 7-8 圆形桥墩粘贴纤维复合材料法延性加固计算

$|t_{j2}-t_{j1}|<0.01$mm，相差不大，停止迭代，取 $t_j=0.22$mm

使用 SDB 软件输入信息和计算简要结果如图 7-8 所示，可见其与手算结果相同。

【例 7-4】 粘贴纤维复合材料加固法提高圆形桥墩抗剪能力算例

假设上一例题的桥墩经由弯矩曲率分析得知，墩柱截面的极限弯矩 $M_0=2055\text{kN}\cdot\text{m}$，计算得墩柱的过强剪力需求为：$V_0=2\times M_0/H=2\times2055/9.0=456.67$kN，与 V_0 相应的轴力设计值为 $N=2340$kN，试进行外包钢管法加固设计（此题即文献［2］第 160 页例题）。

【解】

墩柱的截面积为：$A_g=0.25\times3.14\times140\times140=15394\text{cm}^2$；墩柱的有效剪切面积为：$A_c=0.8A_g=12315\text{cm}^2$ 柱墩塑性铰区域混凝土的抗剪能力贡献

$$V_c=1.66\left(0.33+\frac{N}{140A_g}\right)\sqrt{f'_c}A_c=1.66\left(0.33+\frac{2.34\times10^6}{140\times15394}\right)\sqrt{18}\times12315=122794\text{N}$$

假设剪切裂缝与墩柱轴线的夹角 $\theta=45°$，横向钢筋的抗剪能力贡献为：

$$V_s=\frac{\pi}{2}\times\frac{A_hf_{yh}D'\cot\theta}{s}=1.57\times\frac{50.3\times235\times1400\times1}{200}=129973\text{N}$$

纤维复合材料布材应力可取为 $0.004E_j=0.004\times41000\text{MPa}=164\text{MPa}$，据式（7-21），计算得到纤维复合材料的最小厚度 t_j 为：

$$t_j\geqslant\frac{\dfrac{V_0}{\phi_s}-(V_c+V_{sc})}{0.5\pi f_jD\cot\theta}=\frac{\dfrac{456670}{0.85}-(122794+129973)}{1.5708\times164\times1400\times1}=0.789\text{mm}$$

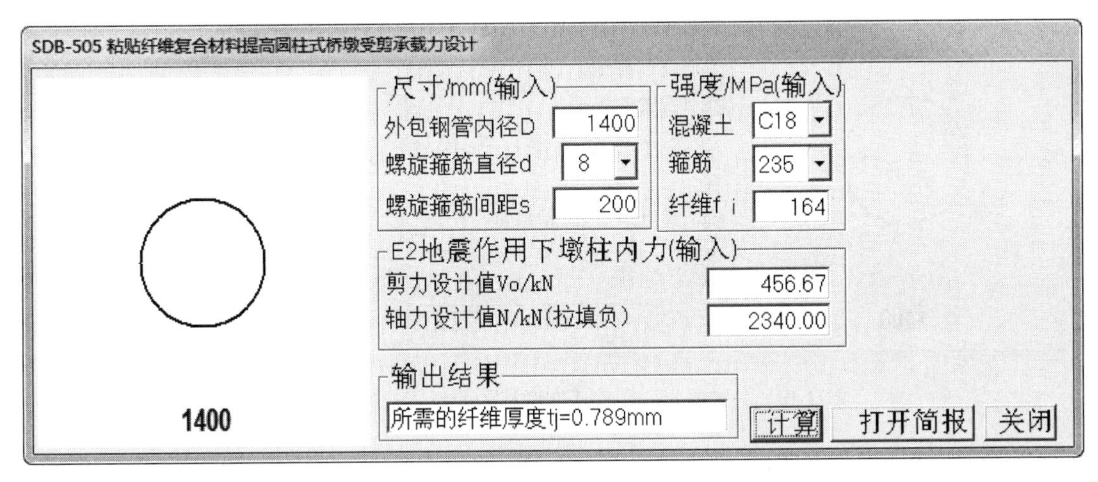

图 7-9　圆形桥墩粘贴纤维复合材料法抗剪加固初步设计

使用 SDB 软件输入信息和计算简要结果如图 7-9 所示，可见其与手算结果相同。

以上算出了抗剪需要的 t_j 预估值，再取其与延性设计需要的 t_j 值的较大者，并考虑构造要求的 t_j 值进行复核计算，以考虑 θ 值的影响。以下本例结合【例 7-3】结果取 $t_j=0.80$mm，考虑 θ 值的影响，演示抗剪能力复核的过程。

纵向钢筋与混凝土弹性模量比：$n=E_s/E_c=200000/24100=8.299$

墩柱纵向钢筋配筋率：$\rho_l=18\times314.20/1539384=0.003674$

$$\rho_v=2t_j/r=2\times0.80/700=0.002286$$

墩柱直径高度比：$\alpha = D'/H = 1400/9000 = 0.155556$

如果是“一端固定一端铰接的墩柱”则

$$\theta = \tan^{-1}\left[\frac{\rho_v n + 1.26\rho_v/\rho_l}{1+\rho_v n}\right]^{\frac{1}{4}} = \tan^{-1}\left[\frac{0.002286\times 8.299 + 1.26\times 0.002286/0.00367}{1+0.002286\times 8.299}\right]^{\frac{1}{4}}$$

$$= \tan^{-1}(0.942) = 0.7556\text{rad} = 43.29° > \alpha$$

横向钢筋的抗剪能力贡献

$$V_s = \frac{\pi}{2}\times\frac{A_h f_{yh} D'\cot\theta}{s} = 1.5708\,\frac{50.3\times 235\times 1400\times 1.061}{200} = 137954\text{N}$$

所需的外包纤维最小厚度为：

$$t_j \geqslant \frac{\dfrac{V_0}{\phi_s} - (V_c + V_s)}{0.5\pi f_{yj} D\cot\theta} = \frac{\dfrac{456670}{0.85} - (122794 + 137954)}{1.5708\times 164\times 1400\times 1.061} = 0.72\text{mm}$$

算出的纤维厚度 t_j 不大于预设的厚度(0.80mm)，满足要求。

使用SDB软件输入信息和计算简要结果如图7-10所示，可见其与手算结果相同。注意软件默认的墩柱约束形式是“两端固定的墩柱”，这里输入信息时要勾选“一端固定一端铰接的墩柱”。

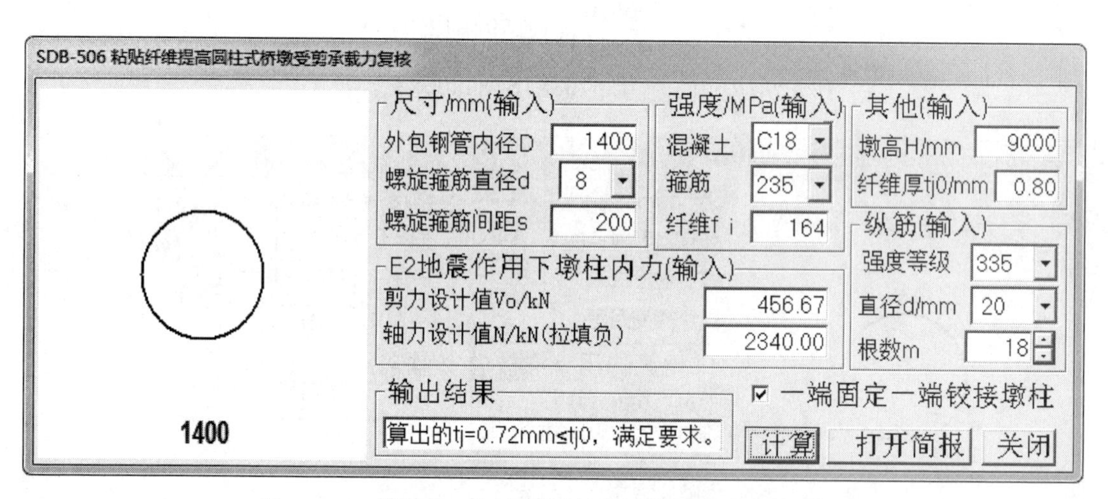

图7-10 一端固定一端铰接的墩柱外包钢管抗剪加固复核

如果是“两端固定的墩柱”则

$$\theta = \tan^{-1}\left[\frac{\rho_v n + 0.46\rho_v/\rho_l}{1+\rho_v n}\right]^{\frac{1}{4}} = \tan^{-1}\left[\frac{0.002286\times 8.299 + 0.46\times 0.002286/0.00367}{1+0.002286\times 8.299}\right]^{\frac{1}{4}}$$

$$= \tan^{-1}(0.740) = 0.6369\text{rad} = 36.49° > \alpha$$

横向钢筋的抗剪能力贡献

$$V_s = \frac{\pi}{2}\times\frac{A_h f_{yh} D'\cot\theta}{s} = 1.5708\times\frac{50.3\times 235\times 1400\times 1.352}{200} = 175697\text{N}$$

所需的外包纤维最小厚度为：

$$t_j \geqslant \frac{\frac{V_0}{\phi_s}-(V_c+V_s)}{0.5\pi f_{yj} D\cot\theta}=\frac{\frac{456670}{0.85}-(122794+175697)}{1.5708\times164\times1400\times1.352}=0.49\text{mm}$$

算出的纤维厚度 t_j 不大于预设的厚度(0.80mm),满足要求。

使用 SDB 软件输入信息和计算简要结果如图 7-11 所示,可见其与手算结果相同。

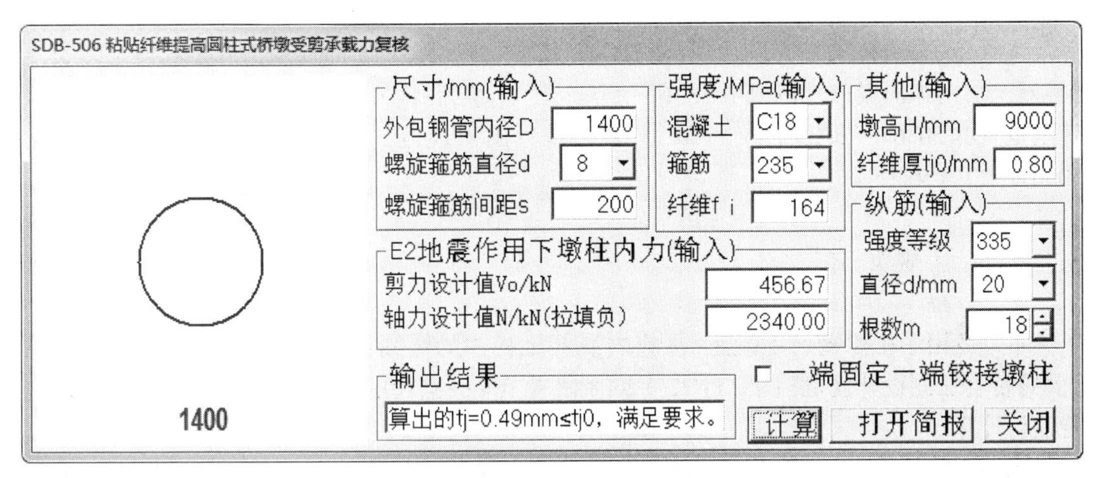

图 7-11　两端固定的墩柱外包钢管抗剪加固复核

本章参考文献

[1] 中华人民共和国行业标准. 城市桥梁抗震设计规范 CJJ 166—2011[S]. 北京:中国建筑工业出版社,2011.

[2] 安关峰. 城市桥梁结构加固技术指南[M]. 北京:中国建筑工业出版社,2015.

[3] 中华人民共和国行业推荐性标准. 公路桥梁抗震设计细则 JTG/TB02-010—2008[S]. 北京:中国建筑工业出版社,2008.

第 8 章　植筋技术

本章是《公路桥梁加固设计规范》JTG/T J22—2008 附录 A 的规定内容。其规定均引自《混凝土结构加固设计规范》GB 50367—2006 第 12 章，后者现已更新为《混凝土结构加固设计规范》GB 50367—2013[1]第 15 章，按执行现行国家规范的原则，本章主要内容引自 GB 50367—2013 第 15 章。

8.1　设计规定

本章适用于桥梁钢筋混凝土、预应力混凝土构件的锚固；桥梁圬工构件的植筋应按照《公路桥梁加固设计规范》JTG/TJ 22—2008 附录 B——锚栓的规定（可参见本书第 9 章）进行设计计算。

采用植筋技术时，桥梁主要构件的混凝土强度等级不得低于 C25，其他构件混凝土强度等级不得低于 C20。

当采用植筋锚固时，桥梁锚固部位混凝土若有局部缺陷，应先进行补强或加固处理后再植筋。

种植用钢筋的质量和规格应符合《公路桥梁加固设计规范》JTG/TJ 22—2008 第 4 章的相关规定。

桥梁受力植筋用的胶粘剂应采用 A 级胶；仅按构造要求植筋时可采用 B 级胶。其质量和性能应符合《公路桥梁加固设计规范》JTG/TJ 22—2008 第 4 章规定。

采用植筋锚固的桥梁结构，其长期使用的环境温度不应高于 60℃；处于特殊环境（如高温、高湿、介质腐蚀等）的桥梁结构进行植筋时，除应按国家现行有关标准的规定采取相应的防护措施外，尚应采用耐环境因素作用的胶粘剂。

8.2　锚固计算

承重构件的植筋锚固计算应遵守下列规定：

（1）植筋设计应在计算和构造上防止混凝土发生劈裂破坏；

（2）植筋胶粘剂的粘结强度设计值应按本节的规定值采用；

（3）地震区的承重结构，其植筋承载力仍按本节的规定计算，但其锚固深度设计值应乘以考虑位移延性要求的修正系数。

单根植筋锚固的承载力设计值应符合下列公式规定：

$$N_t^b = f_{sd} A_s \tag{8-1}$$

$$l_d \geq \psi_N \psi_{ae} l_s \tag{8-2}$$

式中　N_t^b——植筋钢筋的轴向受拉承载力设计值；

f_{sd}——植筋钢筋的抗拉强度设计值(为可靠度一致,此处采用桥梁结构钢筋抗拉强度设计值);

A_s——钢筋截面面积;

l_d——植筋锚固深度设计值;

l_s——植筋的基本锚固深度;

ψ_N——考虑各种因素对植筋受拉承载力影响而需加大锚固深度的修正系数,按下面的规定[式(8-4)]确定;

ψ_{ae}——考虑植筋位移延性要求的修正系数;当混凝土强度等级不高于 C30 时,对 6 度区和 7 度区一、二类场地,取 $\psi_{ae}=1.10$;对 7 度区三、四类场地和 8 度区,取 $\psi_{ae}=1.25$。当混凝土强度等级高于 C30 时,取 $\psi_{ae}=1.00$。

植筋的基本锚固长度 l_s 应按下式确定:

$$l_s=0.2\alpha_{spt}d\,f_{sd}/f_{bd} \tag{8-3}$$

式中　α_{spt}——为防止混凝土劈裂影响引用的计算系数,按表 8-1 确定;

d——植筋公称直径;

f_{bd}——植筋用胶粘剂的粘结强度设计值,按表 8-2 确定。

植筋用结构胶粘剂的粘结抗剪强度设计值 f_{bd} 应按表 8-2 确定。当基材混凝土强度等级大于 C30,且采用快固型胶粘剂时,其粘结抗剪强度设计值 f_{bd} 应乘以调整系数 0.8。

考虑混凝土劈裂影响的计算系数 α_{spt}　　**表 8-1**

混凝土保护层厚度 c(mm)		25		30		35	≥40
箍筋设置情况	直径 ϕ(mm)	6	8 或 10	6	8 或 10	≥6	≥6
	间距 s(mm)	在植筋锚固深度范围内,s 不应大于 100mm					
植筋直径 d(mm)	≤20	1.00		1.00		1.00	1.00
	22	1.04	1.02	1.02	1.00	1.00	1.00
	25	1.10	1.05	1.05	1.00	1.00	1.00
	28	1.17	1.10	1.10	1.05	1.05	1.02
	32	1.25	1.15	1.15	1.10	1.10	1.05

粘结抗剪强度设计值 f_{bd}　　**表 8-2**

胶粘剂等级	构造条件	基材混凝土的强度等级								
		C20	C25	C30	C35	C40	C45	C50	C55	≥C60
A 级胶或 B 级胶	$s_1\geq 5d$; $s_2\geq 2.5d$	2.3	2.7	3.7	3.85	4.0	4.125	4.25	4.375	4.5
A 级胶	$s_1\geq 6d$; $s_2\geq 3.0d$	2.3	2.7	4.0	4.25	4.5	4.625	4.75	4.875	5.0
	$s_1\geq 7d$; $s_2\geq 3.5d$	2.3	2.7	4.5	4.75	5.0	5.125	5.25	5.375	5.5

注:1. 当使用表中的 f_{bd} 值时,其构件的混凝土保护层厚度,不应低于现行国家标准《混凝土结构设计规范》GB 50010 的规定值;

2. s_1 为植筋间距;s_2 为植筋边距;

3. f_{bd} 值仅适用于带肋钢筋或全螺纹螺杆的粘结锚固。

考虑各种因素对植筋受拉承载力影响而需加大锚固深度的修正系数 ψ_N 应按下式计算:

$$\psi_N=\psi_{br}\psi_w\psi_T \tag{8-4}$$

式中 ψ_{br}——考虑结构构件受力状态对承载力影响的系数：当为主要承重构件时，$\psi_{br}=1.50$；当为一般构件接长时，$\psi_{br}=1.15$；当为构造植筋时，$\psi_{br}=1.00$；

ψ_w——混凝土孔壁潮湿影响系数，对耐潮湿型胶粘剂，按产品说明书的规定值采用，但不得低于1.1；

ψ_T——使用环境的温度T影响系数，当$T\leqslant 60℃$时，取$\psi_T=1.0$；当$60℃<T\leqslant 80℃$时，应采用耐中温胶粘剂，并按产品说明书规定的ψ_T采用；当$T>80℃$时，应采用耐高温胶粘剂，并应采取有效的隔热措施。

承重结构植筋的锚固深度应经设计计算确定；严禁按短期拉拔试验值或厂商技术手册的推荐值采用。

8.3 构造规定

当按构造要求植筋时，其最小锚固长度l_{min}应符合下列构造规定：

（1）受拉钢筋锚固：max $\{0.3l_s；10d；100mm\}$；

（2）受压钢筋锚固：max $\{0.6l_s；10d；100mm\}$。

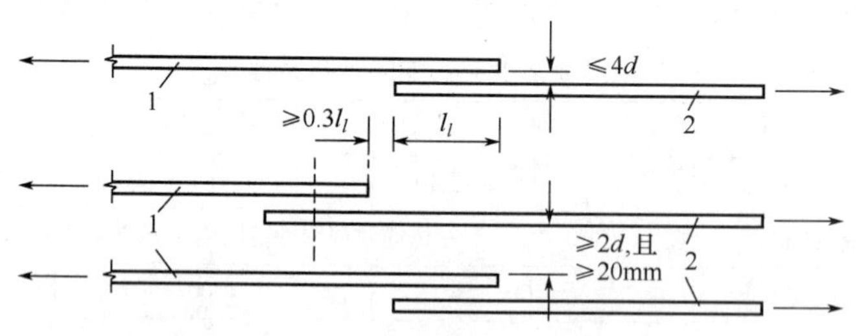

图8-1 纵向受拉钢筋搭接

1—纵向受拉钢筋；2—植筋

当植筋与纵向受拉钢筋搭接（图8-1）时，其搭接接头应相互错开。其纵向受拉搭接长度l_1，应根据位于同一连接区段内的钢筋搭接接头百分率，按下式确定：

$$l_1=\zeta_1 l_d \tag{8-5}$$

式中 ζ_1——纵向受拉钢筋搭接长度修正系数，按表8-3取值。

纵向受拉钢筋搭接长度修正系数 **表8-3**

纵向受拉钢筋搭接接头面积百分率（%）	≤25	50	100
ζ_1值	1.2	1.4	1.6

注：1. 钢筋搭接接头面积百分率定义按现行国家标准《混凝土结构设计规范》GB 50010的规定采用；

2. 当实际搭接接头面积百分率介于表列数值之间时，按线性内插法确定ζ_1值；

3. 对梁类构件，纵向受拉钢筋搭接接头百分率不应超过50%。

当植筋搭接部位的箍筋间距s不符合表8-1的规定时，应进行防劈裂加固。此时，可采用纤维织物复合材的围束作为原构件的附加箍筋进行加固。围束可采用宽度为150mm，厚度不小于0.165mm的条带缠绕而成，缠绕时，围束间应无间隔，且每一围束，其所粘结的条带不应少于3层。对方形截面尚应打磨棱角，打磨的质量应符合《混凝土结构加固设计规范》GB 50367—2013 第 10. 9. 9 条的规定。若采用纤维织物复合材的围束有困难，也可剔去原构件混凝土保护层，增设新箍筋（或钢箍板）进行加密（或增强）后再植筋。

植筋与纵向受拉钢筋在搭接部位的净间距，应按图 8-1 的标示值确定。当净间距超过 $4d$ 时，则搭接长度 l_1 应增加 $2d$，但净间距不得大于 $6d$。

用于植筋的钢筋混凝土构件，其最小厚度 h_{min} 应符合下式规定：

$$h_{min} \geqslant l_d + 2D \tag{8-6}$$

式中　D——钻孔直径，应按表 8-4 确定。

植筋直径与对应的钻孔直径设计值　**表 8-4**

钢筋直径 d（mm）	12	14	16	18	20	22	25	28	32
钻孔直径设计值 D（mm）	15	18	20	22	25	28	32	35	40

植筋时，其钢筋宜先焊后种植；当有困难而必须后焊时，其焊点距基材混凝土表面应大于 $15d$，且应采用冰水浸渍的湿手巾多层包裹植筋外露部分的根部。

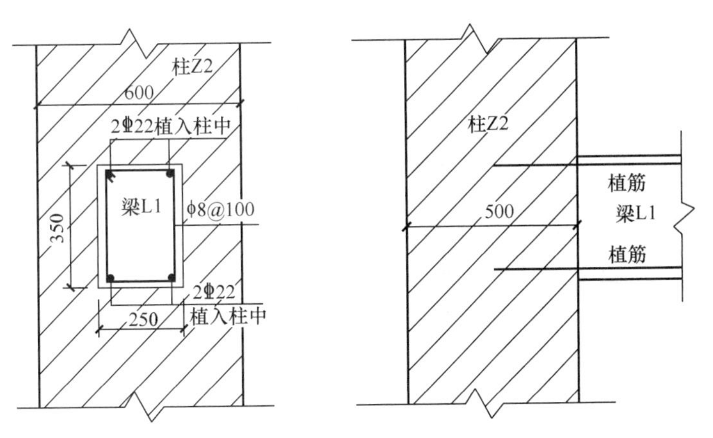

图 8-2　新增梁与柱连接大样

【例 8-1】新增一般梁与原柱连接

文献［2］第 186 页例题，因改造需要在原柱身上连接梁，大样如图 8-2 所示。原结构混凝土强度等级 C35（混凝土保护层厚度为 25mm），已知新增梁处柱箍筋 ϕ8@100，胶粘剂为 A 级植筋胶（快固型胶粘剂）。试设计植筋。

【解】（1）植筋基本锚固长度

按图 8-2，植筋间距 $s_1 = 250 - 2(25 + 8 + 22/2) = 162\text{mm} > 7d$。

植筋边距 $c \geqslant (600 - 250)/2 - 25 = 150\text{mm}$，查表 8-1，考虑混凝土劈裂影响的计算系数 $\alpha_{spt} = 1.00$。

查表 8-2，A 级胶，植筋间距 $7d$，边距大于 $3.5d$（不起控制作用）可认为超过 $3.5d$，C35 混凝土，植筋用胶粘剂的粘结抗剪强度设计值 $f_{bd} = 0.8 \times 4.75 = 3.8\text{MPa}$。

由公式（8-3）可知，Φ22 钢筋：$l_s = 0.2\alpha_{spt} d f_{sd}/f_{bd} = 0.2 \times 1.03 \times 22 \times 330/3.8 = 382\text{mm}$

（2）植筋锚固深度设计值

梁顶钢筋处于负弯矩区，承受拉力，故需按计算确定其锚固深度；而梁底钢筋只需按构造要求确定其深度即可。

由于此梁是一般梁，$\psi_{br}=1.0$，$\psi_N=\psi_{br}\psi_w\psi_T=1.0\times1.1\times1.0=1.1$

原结构柱混凝土强度等级为 C35，故 $\psi_{ae}=1.0$。

梁顶Φ22 钢筋：$l_d\geqslant\psi_N\psi_{ae}l_s=1.1\times1.0\times382=420\text{mm}$

梁底Φ22 受压钢筋锚固：max $\{0.6l_s;\ 10d;\ 100\text{mm}\}$ =max $\{255;\ 220;\ 100\text{mm}\}$ =255mm。

单根植筋锚固的承载力设计值：$N_t^b=f_{sd}A_s=330\times380.1=125444\text{N}$

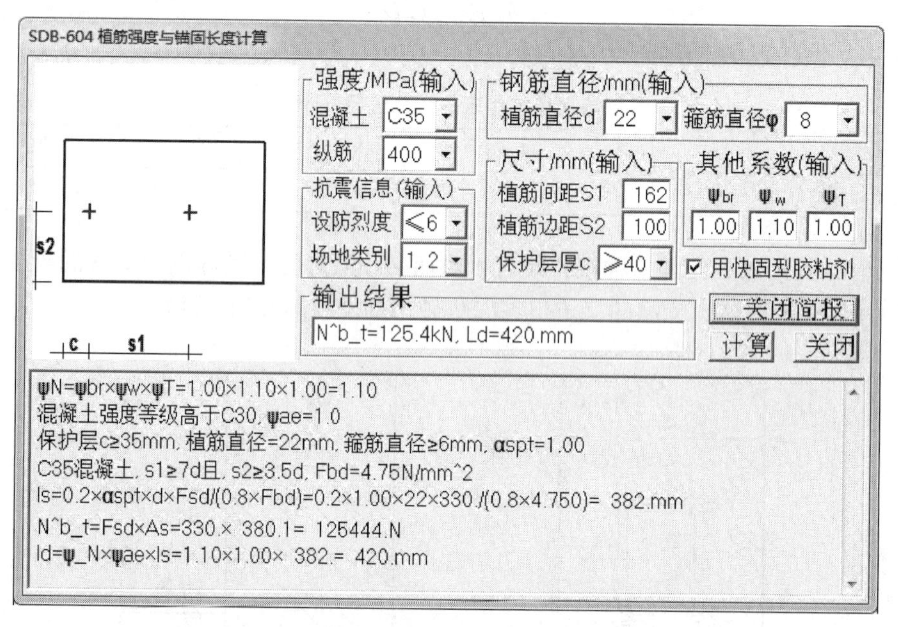

图 8-3 新增梁植筋与柱连接

SDB 软件输入信息和简要输出结果如图 8-3 所示，可见其与手算结果一致。

如果完全按照《混凝土结构加固设计规范》GB 50367—2013 第 15 章，即植筋钢筋的抗拉强度设计值取为 f_y（=360 N/mm^2），则结果为：$l_d\geqslant468\text{mm}$，$N_t^b=136.8\text{kN}$。可见采用 f_{sd} 代替 f_y 使得锚栓受拉承载力变小，锚固长度变短。

【例 8-2】 基础顶部植筋

文献［3］第 849 页算例，某钢筋混凝土筏板基础顶部需增加一柱，该柱受轴心压力，柱截面 400mm×400mm，基础混凝土强度等级 C25，抗震设防烈度 7 度，二类场地。植筋（图 8-4）采用 HRB400 钢筋，直径Φ20，箍筋Φ8@100/200，保护层厚度 25mm，正常使用环境。试设计此柱植筋的锚固长度。

【解】（1）植筋基本锚固长度

按图 8-4，植筋间距 $s_1=[400-2(25+8+20/2)]/2=157\text{mm}>7d$。

植筋边距 $c>5d=100\text{mm}$，查表 8-1，考虑混凝土劈裂影响的计算系数 $\alpha_{spt}=1.00$。

查表 8-2，A 级胶，植筋间距 ≥$7d$，边距大于 $3.5d$（不起控制作用）可认为超过 $3.5d$，C25 混凝土，植筋用胶粘剂的粘结抗剪强度设计值 $f_{bd}=2.7\text{MPa}$。

由公式（8-3）可知，Φ20 钢筋：$l_s=0.2\alpha_{spt}d\,f_{sd}/f_{bd}=0.2\times1.0\times20\times330/2.7=489\text{mm}$

（2）植筋锚固深度设计值

取 $\psi_{br}=1.15$，$\psi_N=\psi_{br}\psi_w\psi_T=1.15\times1.1\times1.0=1.26$

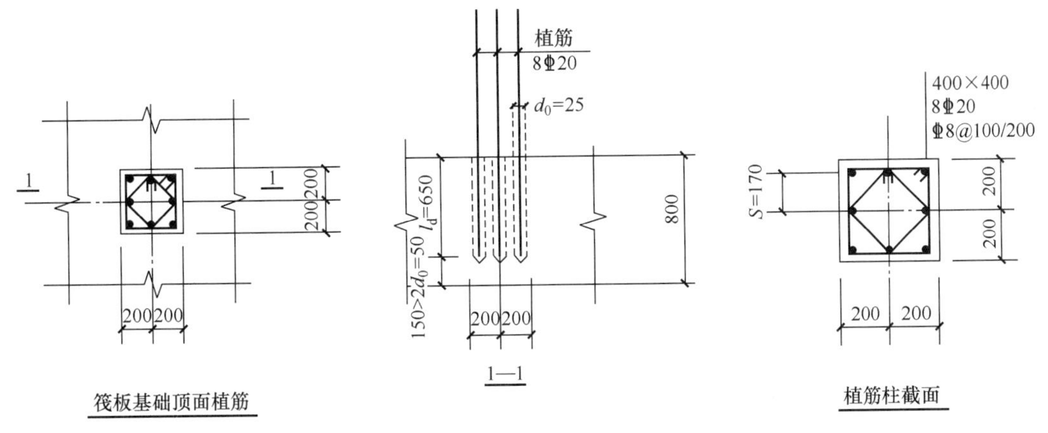

图 8-4　新增梁植筋与柱连接

混凝土强度等级不高于 C30，7 度地震设防，二类场地，故 $\psi_{ae}=1.1$。

梁顶Φ 22 钢筋：$l_d \geqslant \psi_N \psi_{ae} l_s = 1.26 \times 1.1 \times 489 = 680$mm

单根植筋锚固的承载力设计值：$N_t^b = f_{sd} A_s = 330 \times 314.2 = 103\ 673$ N

SDB 软件输入信息和简要输出结果如图 8-5 所示，可见其与手算结果一致。

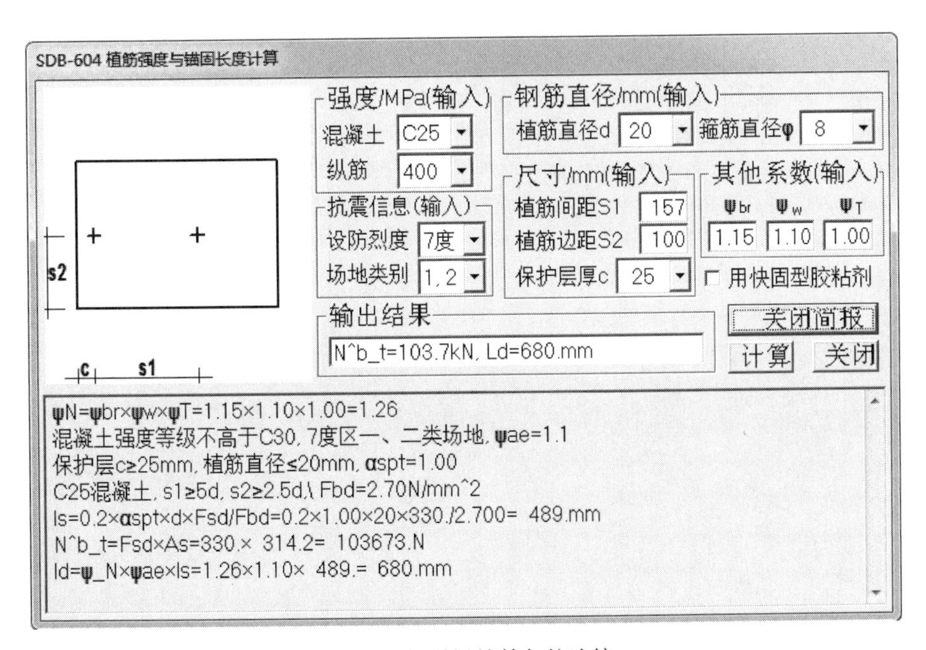

图 8-5　新增梁植筋与柱连接

如果完全按照《混凝土结构加固设计规范》GB 50367—2013 第 15 章，即植筋钢筋的抗拉强度设计值取为 f_y（$=360\ \text{N/mm}^2$），则结果为：$l_d \geqslant 724$mm，$N_t^b = 113.1$kN。可见采用 f_{sd} 代替 f_y 使得锚栓受拉承载力变小，锚固长度变短。

本章参考文献

[1] 中华人民共和国国家标准. 混凝土结构加固设计规范 GB 50367—2013 [S]. 北京：中国建筑工业出版

社，2013.
［2］卜良桃，梁爽，黎红兵. 混凝土结构加固设计规范算例（第 2 版）［M］. 北京：中国建筑工业出版社，2015.
［3］中国有色工程有限公司. 混凝土结构构造手册（第 4 版）［M］. 北京：中国建筑工业出版社，2012.

第 9 章　锚栓技术

本章是《公路桥梁加固设计规范》JTG/T J22—2008 附录 B 的规定内容。其规定均引自《混凝土结构加固设计规范》GB 50367—2006 第 13 章，后者现已更新为《混凝土结构加固设计规范》GB 50367—2013[1] 第 16 章，按执行现行国家规范的原则，本章主要内容引自 GB 50367—2013 第 16 章。

9.1　设计规定

本章讲述的锚栓技术适用于混凝土桥梁的主要承重构件；不适用于严重风化的混凝土桥梁。

混凝土桥梁采用锚栓加固时，主要承重构件混凝土强度等级不应低于 C30；对一般构件不应低于 C20。

桥梁承重构件用的锚栓，应采用有机械锁键效应的后扩底锚栓，也可采用适应开裂混凝土性能的定型化学锚栓。当采用定型化学锚栓时，其有效锚固深度：对承受拉力的锚栓，不得小于 $8.0d_0$（d_0 为锚栓公称直径）；对承受剪力的锚栓，不得小于 $6.5d_0$。

不得使用膨胀型锚栓作为桥梁主要承重构件的连接件。

处于地震区桥梁结构中采用锚栓时，应采用加长型后扩底锚栓，且仅允许用于设防烈度不高于 8 度，建于Ⅰ、Ⅱ类场地的桥梁结构；定型化学锚栓仅允许用于设防烈度不高于 7 度的桥梁结构。

锚栓连接的设计计算，应采用开裂混凝土的假定；不得考虑非开裂混凝土对其承载力的提高作用。

锚栓受力分析应符合《混凝土结构加固设计规范》GB 50367—2013[1] 附录 F 的规定。

9.2　锚栓钢材承载力验算

锚栓钢材的承载力验算，应按锚栓受拉、受剪及同时受拉剪作用三种受力情况分别进行。

锚栓钢材受拉承载力设计值，应符合下式规定：

$$N_t^a = \psi_{E,t} f_{ud,t} A_s \tag{9-1}$$

式中　N_t^a——锚栓钢材受拉承载力设计值；

$\psi_{E,t}$——锚栓受拉承载力抗震折减系数：对 6 度和以下地区，取 $\psi_{E,t}=1.00$；对 7 度区，取 $\psi_{E,t}=0.85$；对 8 度区Ⅰ、Ⅱ类场地，取 $\psi_{E,t}=0.75$；

$f_{ud,t}$——锚栓钢材用于抗拉的强度设计值，按表 9-1、表 9-2 采用；

A_s——锚栓有效截面面积。

碳钢、合金钢及不锈钢锚栓的钢材强度设计指标必须符合表 9-1 和表 9-2 的规定。

碳钢及合金钢锚栓钢材强度设计指标 表 9-1

性能等级		4.8	5.8	6.8	8.8
锚栓强度设计值（MPa）	用于抗拉计算 $f_{ud,t}$	250	310	370	490
	用于抗剪计算 $f_{ud,v}$	150	180	220	290

注：锚栓受拉弹性模量 E_s 取 2.0×10^5 MPa。

不锈钢锚栓钢材强度设计指标 表 9-2

性能等级		50	70	80
螺纹直径（mm）		≤32	≤24	≤24
锚栓强度设计值（MPa）	用于抗拉计算 $f_{ud,t}$	175	370	500
	用于抗剪计算 $f_{ud,v}$	105	225	300

锚栓钢材受剪承载力设计值，应区分无杠杆臂和有杠杆臂两种情况（图 9-1），按下列公式计算：

（1）无杠杆臂锚栓受剪

$$V^a=\psi_{E,v}f_{ud,v}A_s \tag{9-2}$$

（2）有杠杆臂锚栓受剪

$$V^a=1.2\psi_{E,v}W_{el}f_{ud,t}\left(1-\frac{\sigma}{f_{ud,t}}\right)\frac{\alpha_m}{l_0} \tag{9-3}$$

式中 V^a——锚栓钢材受剪承载力设计值；

$\psi_{E,v}$——锚栓受剪承载力抗震折减系数：对 6 度和以下地区，取 $\psi_{E,v}=1.00$；对 7 度区，取 $\psi_{E,v}=0.80$；对 8 度区Ⅰ、Ⅱ类场地，取 $\psi_{E,v}=0.70$；

$f_{ud,v}$——锚栓钢材用于抗剪的强度设计值，按表 9-1、表 9-2 采用。

W_{el}——锚栓截面抵抗矩；

σ——被验算锚栓承受的轴向拉应力，其值按 N/A_s 确定；N 是锚栓受到的拉力，限制 $\sigma\leqslant f_{ud,t}$；

α_m——约束系数，对图 9-1（a）的情况，取 $\alpha_m=1$；对图 9-1（b）的情况，取 $\alpha_m=2$；

l_0——杠杆臂计算长度；当基材表面有压紧的螺帽时，取 $l_0=l$；当无压紧螺帽时，取 $l_0=l+0.5d$。

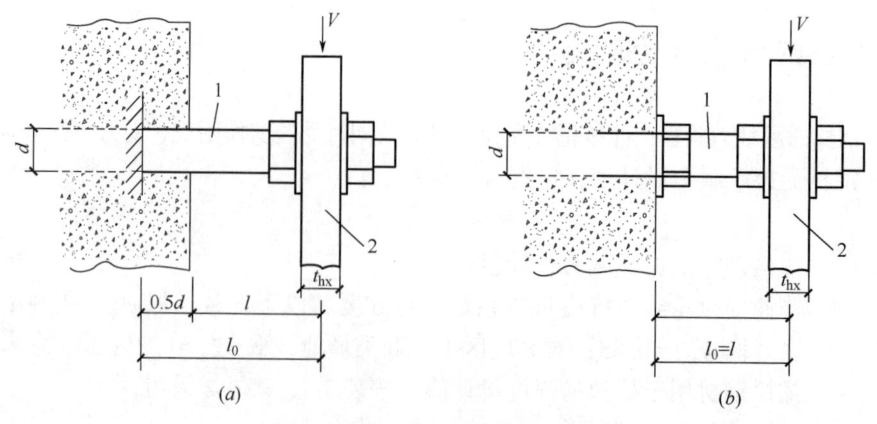

图 9-1 锚栓杠杆臂计算长度的确定

1—锚栓；2—固定件；l_0—杠杆臂计算长度

9.3　基材混凝土承载力验算

基材混凝土的承载力验算，应考虑三种破坏模式：混凝土呈锥形受拉破坏、混凝土边缘呈楔形受剪破坏以及同时受拉、剪作用破坏。对混凝土剪撬破坏、混凝土劈裂破坏，以及特殊倒锥形胶粘锚栓的组合破坏，应通过采取构造措施予以防止，不参与验算。

基材混凝土的受拉承载力设计值，应按下列公式验算：

（1）对后扩底锚栓

$$N_t^c = 2.8\psi_a\psi_N\sqrt{f_{cu,k}}\ h_{ef}^{1.5} \tag{9-4}$$

（2）对特殊倒锥形胶粘型锚栓

$$N_t^c = 2.4\psi_b\psi_N\sqrt{f_{cu,k}}h_{ef}^{1.5} \tag{9-5}$$

式中　N_t^c——锚栓连接的基材混凝土受拉承载力设计值（N）；

$f_{cu,k}$——混凝土立方体抗压强度标准值（MPa），按现行国家标准《混凝土结构设计规范》GB 50010 规定采用；

h_{ef}——锚栓的有效锚固深度（mm），应按锚栓产品说明书标明的有效锚固深度采用；

ψ_a——基材混凝土强度等级对锚固承载力的影响系数：当混凝土强度等级不大于 C30 时，取 $\psi_a = 0.90$；当混凝土强度等级大于 C30 时，对机械锚栓，取 $\psi_a = 1.00$；对胶粘型锚栓，取 $\psi_a = 0.90$；

ψ_b——胶粘型锚栓对粘结强度的影响系数：当 $d_0 \leqslant 16$mm 时，取 $\psi_b = 0.90$；当 $d_0 \geqslant 24$mm 时，取 $\psi_b = 0.80$；介于两者之间的 ψ_b 值，按线性内插法确定；

ψ_N——考虑各种因素对基材混凝土受拉承载力影响的修正系数，按下面的规定计算。

基材混凝土受拉承载力修正系数 ψ_N 值应按下列公式计算：

$$\psi_N = \psi_{s,h}\psi_{e,N}A_{cN}/A_{c,N}^0 \tag{9-6}$$

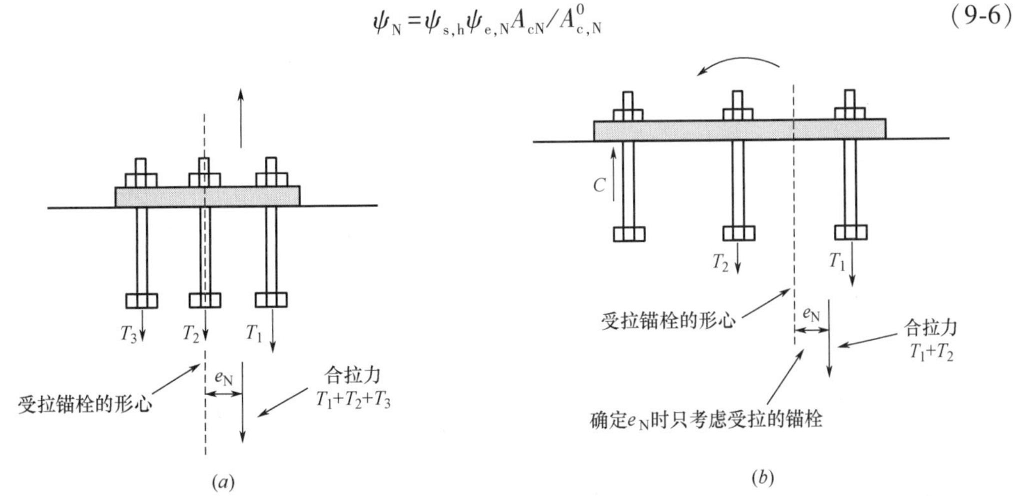

图 9-2　群锚 e_N 的定义

（a）当一组内的锚栓全部受拉时；（b）当一组内只有某些锚栓受拉时

$$\psi_{e,N}=1/[1+(2e_N/s_{cr,N})]\leqslant 1 \tag{9-7}$$

式中 $\psi_{s,h}$——构件边距及锚固深度等因素对基材的影响系数，取 $\psi_{s,h}=0.95$；

$\psi_{e,N}$——荷载偏心对群锚受拉承载力的影响系数；

$A_{cN}/A^0_{c,N}$——锚栓边距和间距对锚栓受拉承载力的影响系数；

$s_{cr,N}$——混凝土呈锥形受拉时，确保每一锚栓承载力不受间距效应影响的最小间距；

e_N——拉力（或其合力）对受拉锚栓形心的偏心距（图 9-2）。

当锚栓承载力不受其间距和边距效应影响时，由单个锚栓引起的基材混凝土呈锥形受拉破坏的锥体投影面积基准值 $A^0_{c,N}$（图 9-3），可按下式确定：

$$A^0_{c,N}=s^2_{cr,N} \tag{9-8}$$

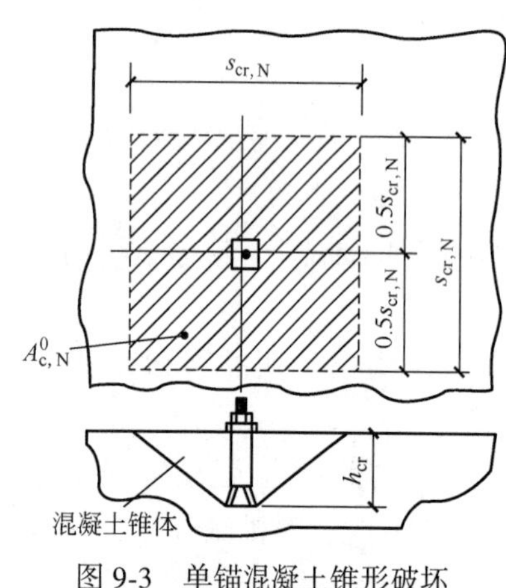

图 9-3 单锚混凝土锥形破坏理想锥体投影面积

混凝土呈锥形受拉破坏的实际锥体投影面积 A_{cN}，可按下列公式计算：

（1）当边距 $c>c_{cr,N}$，且间距 $s>s_{cr,N}$ 时

$$A_{cN}=n\,A^0_{c,N} \tag{9-9}$$

式中 n——参与受拉工作的锚栓个数；

c——锚栓的边距；

s——锚栓的间距；

$c_{cr,N}$——混凝土呈锥形受拉时，确保每一锚栓承载力不受边距效应影响的最小边距。

（2）当边距 $c\leqslant c_{cr,N}$（图 9-4）时

①对 $c_1\leqslant c_{cr,N}$（图 9-4a）的单锚情形

$$A_{cN}=(c_1+0.5s_{cr,N})\,s_{cr,N} \tag{9-10}$$

②对 $c_1\leqslant c_{cr,N}$ 且 $s_1\leqslant s_{cr,N}$（图 9-4b）的双锚情形

$$A_{cN}=(c_1+s_1+0.5s_{cr,N})\,s_{cr,N} \tag{9-11}$$

③对 c_1、$c_2\leqslant c_{cr,N}$ 且 s_1、$s_2\leqslant s_{cr,N}$（图 9-4c）的角部四锚情形

$$A_{cN}=(c_1+s_1+0.5s_{cr,N})(c_2+s_2+0.5s_{cr,N}) \tag{9-12}$$

基材混凝土的受剪承载力设计值，应按下式计算：

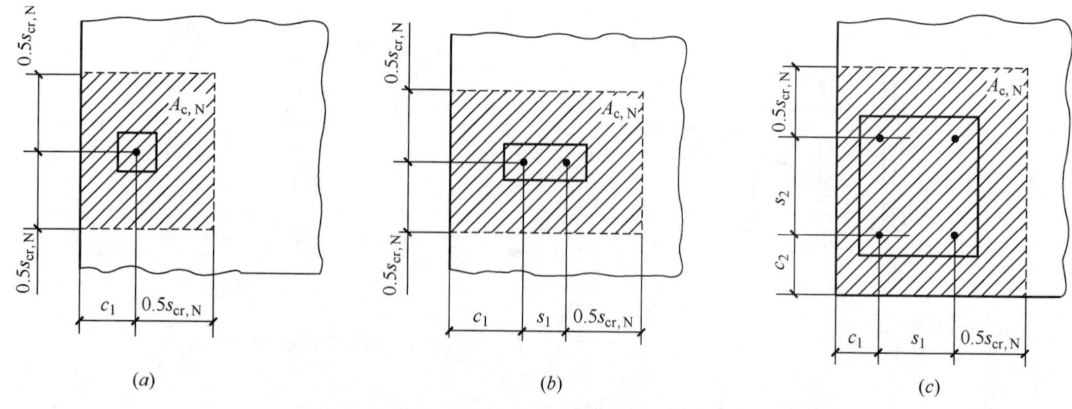

图 9-4 近构件边缘混凝土锥形受拉破坏实际锥体投影面积

（a）单锚情形；（b）双锚情形；（c）角部四锚情形

$$V^c = 0.18\psi_v \sqrt{f_{cu,k}}\, c_1^{1.5} d_0^{0.3} h_{ef}^{0.2} \tag{9-13}$$

式中　V^c——锚栓连接的基材混凝土受剪承载力设计值（N）；

ψ_v——考虑各种因素基材混凝土受剪承载力影响的修正系数；

c_1——平行于剪力方向的边距（mm）；

d_0——锚栓外径（mm），目前 SDB 软件采取用户输入的公称直径。

基材混凝土受剪承载力修正系数 ψ_v 值，应按下列公式计算：

$$\psi_v = \psi_{s,v}\psi_{h,v}\psi_{\alpha,v}\psi_{e,v}\psi_{u,v}A_{c,v}/A_{c,v}^0 \tag{9-14}$$

$$\psi_{s,v} = 0.7 + 0.2\frac{c_2}{c_1} \leqslant 1 \tag{9-15}$$

$$\psi_{h,v} = (1.5c_1/h)^{1/3} \geqslant 1 \tag{9-16}$$

$$\psi_{\alpha,v} = \begin{cases} 1.0 & (0° < \alpha_v \leqslant 55°) \\ 1/(\cos\alpha_v + 0.5\sin\alpha_v) & (55° < \alpha_v \leqslant 90°) \\ 2.0 & (90° < \alpha_v \leqslant 180°) \end{cases} \tag{9-17}$$

$$\psi_{e,v} = 1/[1 + (2e_v/3c_1)] \leqslant 1 \tag{9-18}$$

$$\psi_{u,v} = \begin{cases} 1.0(\text{边缘没有配筋}) \\ 1.2(\text{边缘配有直径 } d \geqslant 12\text{mm 钢筋}) \\ 1.4(\text{边缘配有直径钢筋 } d \geqslant 12\text{mm 及 } s \leqslant 100 \text{ 箍筋}) \end{cases} \tag{9-19}$$

式中　ψ_{sv}——边距比 c_2/c_1 对受剪承载力的影响系数；

$\psi_{h,v}$——边距厚度比 c_1/h 对受剪承载力的影响系数；

$\psi_{\alpha,v}$——剪力与垂直于构件自由边的轴线之间的夹角 α_v（图 9-5）对受剪承载力的影响系数；

$\psi_{e,v}$——荷载偏心对群锚受剪承载力的影响系数；

$\psi_{u,v}$——构件锚固区配筋对受剪承载力的影响系数；

$A_{c,v}/A_{c,v}^0$——锚栓边距、间距等几何效应对受剪承载力的影响系数；

c_2——垂直于 c_1 方向的边距；

h——构件厚度（mm）（基材混凝土厚度）；

e_v——剪力对受剪锚栓形心的偏心距（图 9-6）。

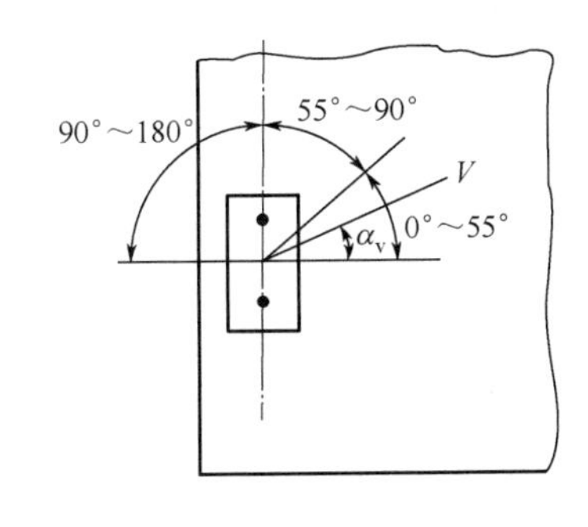

图 9-5　剪切角 α_v

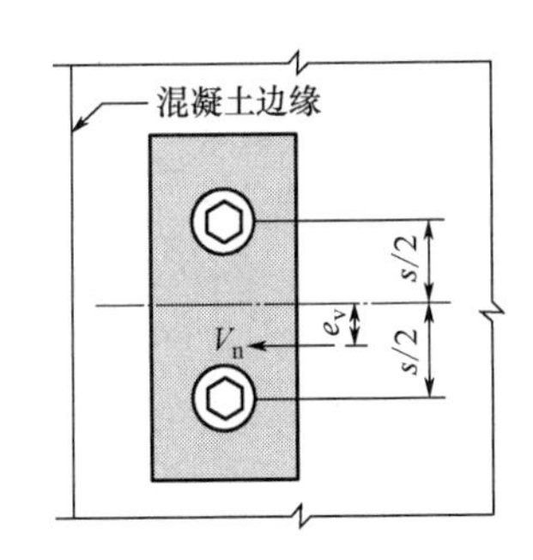

图 9-6　偏心距 e_v 的定义

当锚栓受剪承载力不受其边距、间距及构件厚度的影响时，其基材混凝土呈半锥体破坏的侧向投影面积基准值 $A_{c,v}^0$，可按下式计算（图 9-7）：

$$A_{c,v}^{0}=4.5c_1^2 \tag{9-20}$$

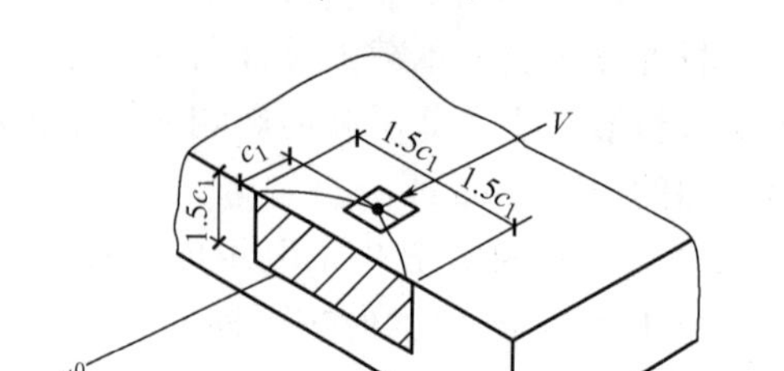

图 9-7 近构件边缘的单锚受剪混凝土楔形投影面积

当单锚或群锚受剪时，若锚栓间距 $s_2 \geqslant 3c_1$、边距 $c_2 \geqslant 1.5c_1$，且构件厚度 $h \geqslant 1.5c_1$ 时，混凝土破坏锥体的侧向实际投影面积 $A_{c,v}$，可按下式计算：

$$A_{c,v}=nA_{c,v}^{0} \tag{9-21}$$

式中 n——参与受剪工作的锚栓个数。

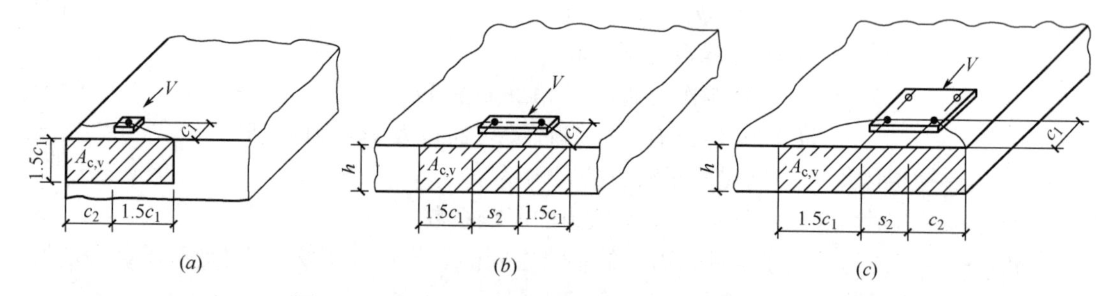

图 9-8 近构件边缘的单锚受剪混凝土楔形投影面积

(a) 角部单锚；(b) 薄构件边缘双锚；(c) 薄构件角部双锚

当锚栓间距、边距或构件厚度不满足上述要求时，侧向实际投影面积 $A_{c,v}$ 应按下列公式的计算方法进行确定（图 9-8）。

（1）当 $h>1.5c_1$，$c_2 \leqslant 1.5c_1$ 时：

$$A_{c,v}=1.5c_1(1.5c_1+c_2) \tag{9-22}$$

（2）当 $h \leqslant 1.5c_1$，$s_2 \leqslant 3c_1$ 时：

$$A_{c,v}=(3c_1+s_2)h \tag{9-23}$$

（3）当 $h \leqslant 1.5c_1$，$s_2 \leqslant 3c_1$，$c_2 \leqslant 1.5c_1$ 时：

$$A_{c,v}=(1.5c_1+s_2+c_2)h \tag{9-24}$$

（4）当 $h \leqslant 1.5c_1$，$c_2 \leqslant 1.5c_1$ 时：

$$A_{c,v}=h(1.5c_1+c_2) \tag{9-25}$$

（5）当 $h>1.5c_1$，$s_2 \leqslant 3c_1$ 时：

$$A_{c,v}=(3c_1+s_2)1.5c_1 \tag{9-26}$$

（6）当 $h>1.5c_1$，$s_2 \leqslant 3c_1$，$c_2<1.5c_1$ 时：

$$A_{c,v}=(1.5c_1+s_2+c_2)1.5c_1 \tag{9-27}$$

对基材混凝土角部的锚固，应取两个方向计算承载力的较小值（图 9-9）。

当锚栓连接承受拉力和剪力复合作用时，混凝土承载力应符合下式的规定：

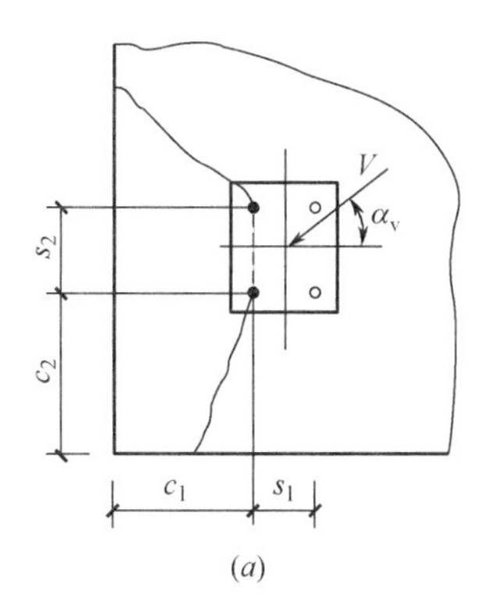

(a)

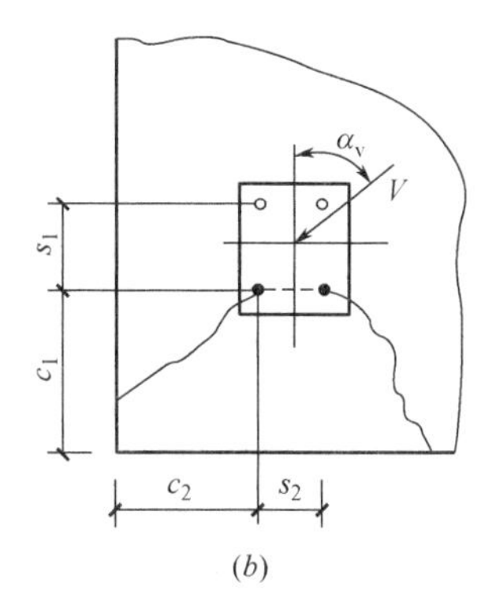

(b)

图 9-9　剪力作用下的角部群锚

$$(\beta_N)^\alpha+(\beta_v)^\alpha\leqslant1 \tag{9-28}$$

式中　β_N——拉力作用设计值与混凝土抗拉承载力设计值之比；

β_v——剪力作用设计值与混凝土抗剪承载力设计值之比；

α——指数，当两者均受锚栓钢材破坏模式控制时，取 $\alpha=2.0$；当受其他破坏模式控制时，取 $\alpha=1.5$。

对于同时受拉、剪的锚栓，先分别算出单独受拉，单独受剪的情况（可用 SDB 计算），再按规范公式计算复合受力的承载力。

9.4　构造规定

混凝土构件的最小厚度不应小于 $1.5h_{ef}$，且不应小于 100mm。

承重结构用的锚栓，其公称直径不得小于 12mm；按构造要求确定的锚固深度 h_{ef} 不应小于 60mm，且不应小于混凝土保护层厚度。

在抗震设防区的承重结构中采用锚栓时，其埋深应分别符合表 9-3 和表 9-4 的规定。

考虑地震作用后扩底锚栓的埋深规定　　**表 9-3**

锚栓直径（mm）	12	16	20	24
有效锚固深度 h_{ef}（mm）	≥80	≥100	≥150	≥180

考虑地震作用胶粘型锚栓的埋深规定　　**表 9-4**

锚栓直径（mm）	12	16	20	24
有效锚固深度 h_{ef}（mm）	≥100	≥125	≥170	≥200

锚栓的最小边距 c_{min}、临界边距 $c_{cr,N}$ 和群锚最小间距 s_{min}、临界间距 $s_{cr,N}$ 应符合表 9-5 的规定。

锚栓的边距和间距　　**表 9-5**

c_{min}	$c_{cr,N}$	s_{min}	$s_{cr,N}$
$0.8h_{ef}$	$1.5h_{ef}$	$1.0h_{ef}$	$3.0h_{ef}$

锚栓防腐蚀标准应高于被加固物的防腐蚀要求。

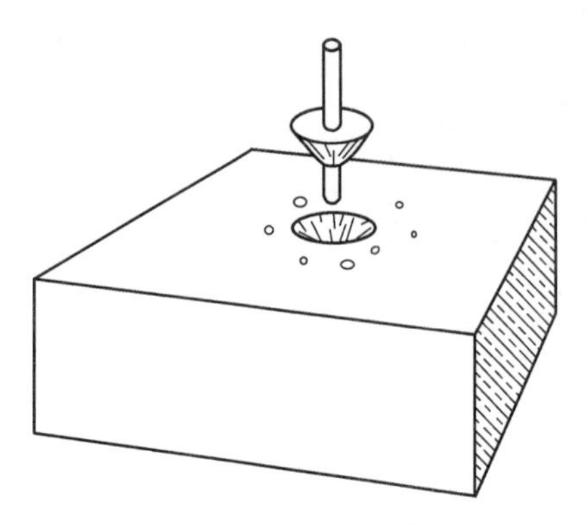

图 9-10　单锚栓受拉算例

【例 9-1】倒锥形单锚栓抗拉承载力算例

文献［2］第 201 页例题，某倒锥形锚栓安装在裂缝混凝土中，如图 9-10 所示，螺杆直径 M12，螺栓钢材性能等级 4.8，有效锚固深度 $h_{ef}=110\text{mm}$，混凝土强度等级 C30，基材温度 25℃，厚度 300mm。锚栓安装于中心，无间边距影响。试计算其抗拉承载力设计值。

【解】 由公式（9-5）可知，混凝土锥体破坏抗拉承载力设计值：

$$N_t^c=2.4\psi_b\psi_N\sqrt{f_{cu,k}}h_{ef}^{1.5}$$

由公式（9-6）可知，

$$\psi_N=\psi_{s,h}\psi_{e,N}A_{c,N}/A_{c,N}^0$$

因单锚栓、无间边距影响 $A_{c,N}^0=s_{cr,N}^2$，拉力无偏心 $\psi_{e,N}=1$，$A_{cN}=1\times A_{c,N}^0$

$$\psi_N=\psi_{s,h}\psi_{e,N}A_{cN}/A_{c,N}^0=0.95\times1\times1=0.95$$

$$N_t^c=2.4\psi_b\psi_N\sqrt{f_{cu,k}}h_{ef}^{1.5}=2.4\times0.9\times0.95\times\sqrt{30}\times110^{1.5}=12967\text{N}$$

锚栓钢材受拉承载力计算，根据公式（9-1）

$$N_t^a=\psi_{E,t}f_{ud,t}A_s=1\times250\times76.2=19050\text{N}$$

锚栓受拉承载力是取二者较小值，即 12.967kN

SDB 软件输入信息和简要输出结果如图 9-11 所示，可见其与手算结果一致。

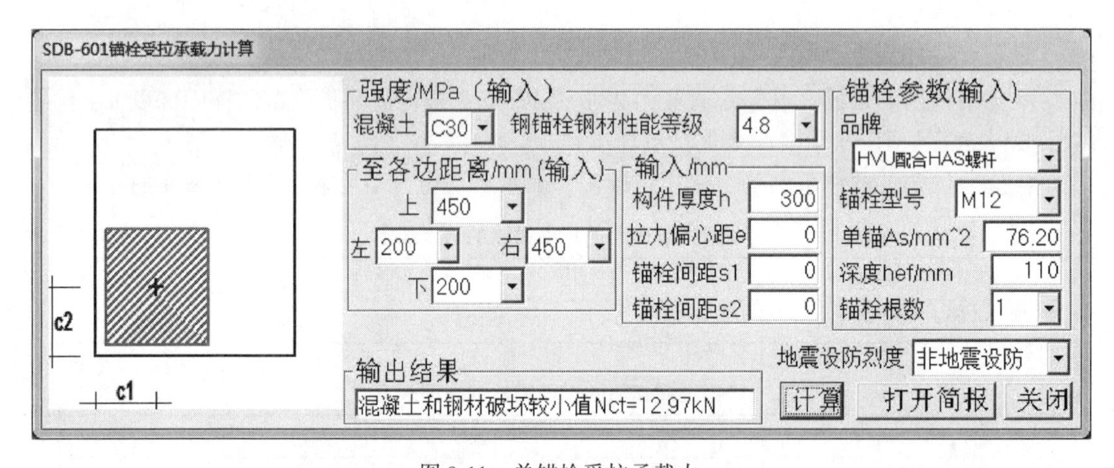

图 9-11　单锚栓受拉承载力

【例 9-2】倒锥形双锚栓抗拉承载力算例 1

某倒锥形锚栓安装在裂缝混凝土中，如图 9-12 所示，螺杆直径 M12，螺栓钢材性能等级 4.8，有效锚固深度 $h_{ef}=110\text{mm}$，混凝土强度等级 C30，基材温度 25℃，厚度 300mm。两个锚栓间的距离 200mm，离混凝土构件边缘 100mm。试计算其抗拉承载力设计值。

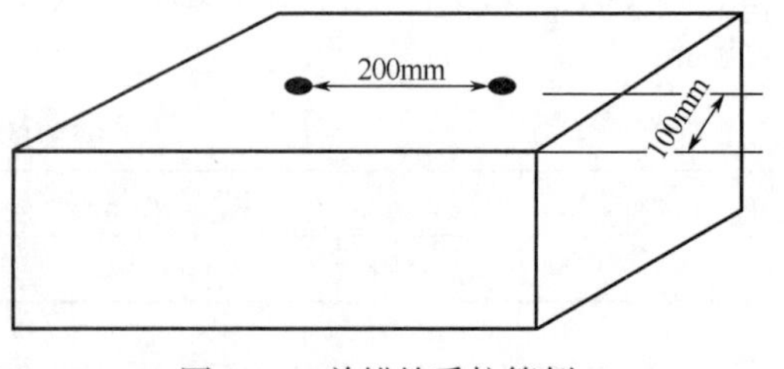

图 9-12　单锚栓受拉算例

【解】由公式（9-5）可知，混凝土锥体破坏抗拉承载力设计值：

$$N_t^c = 2.4\psi_b\psi_N\sqrt{f_{cu,k}}\,h_{ef}^{1.5}$$

考虑间边距影响，其中 $c_2 = 100\text{mm}$，$s_1 = 200\text{mm}$，$h_{ef} = 110\text{mm}$

$$s_{cr,N} = 3\times110 = 330\text{mm};c_{cr,N} = 1.5\times110 = 165\text{mm},A_{c,N}^0 = s_{cr,N}^2 = 108900\text{mm}^2$$

$$A_{cN} = (c_2+c_{cr,N})(s_1+s_{cr,N}) = (100+165)\times(200+330) = 265\times530 = 140450\text{mm}^2$$

由公式（9-6）可知，

$$\psi_N = \psi_{s,h}\psi_{e,N}A_{cN}/A_{c,N}^0 = 0.95\times1\times140450/108900 = 1.225$$

$$N_t^c = 2.4\psi_b\psi_N\sqrt{f_{cu,k}}\,h_{ef}^{1.5} = 2.4\times0.9\times1.225\times\sqrt{30}\times110^{1.5} = 16723\text{N}$$

锚栓钢材受拉承载力计算，根据公式（9-1）

$$N_t^c = \psi_{E,t}f_{ud,t}A_s = 1\times250\times2\times76.2 = 38100\text{N}$$

锚栓受拉承载力是取二者较小值，即16.723kN。

SCS软件输入信息和简要输出结果如图9-13所示，可见其与手算结果一致。

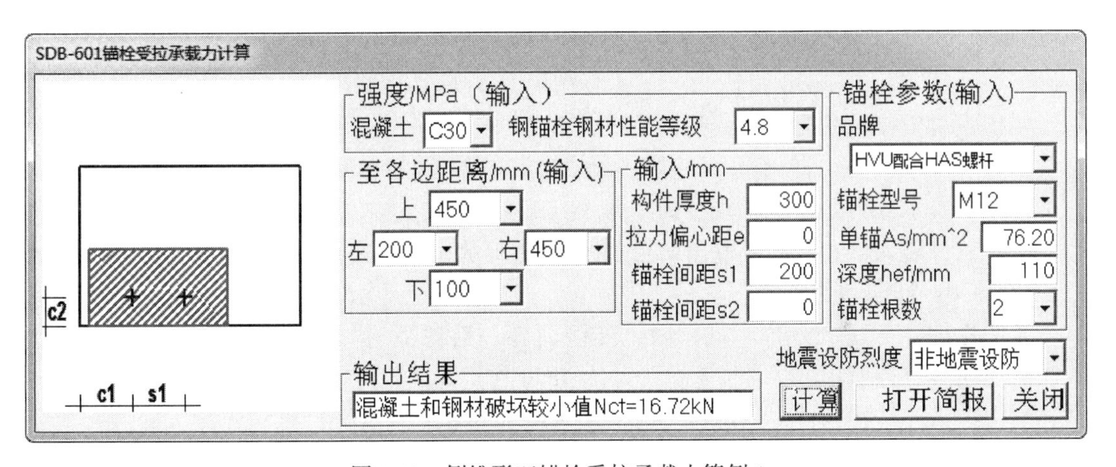

图9-13　倒锥形双锚栓受拉承载力算例1

【例9-3】倒锥形双锚栓抗拉承载力算例2

文献［2］第202页例题，某倒锥形锚栓安装在裂缝混凝土中，如图9-14所示，螺杆直径M12，螺栓钢材性能等级4.8，有效锚固深度 $h_{ef} = 110\text{mm}$，混凝土强度等级C30，基材温度25℃，厚度300mm。两个锚栓间的距离200mm，离混凝土构件边缘100mm。试计算其抗拉承载力设计值。

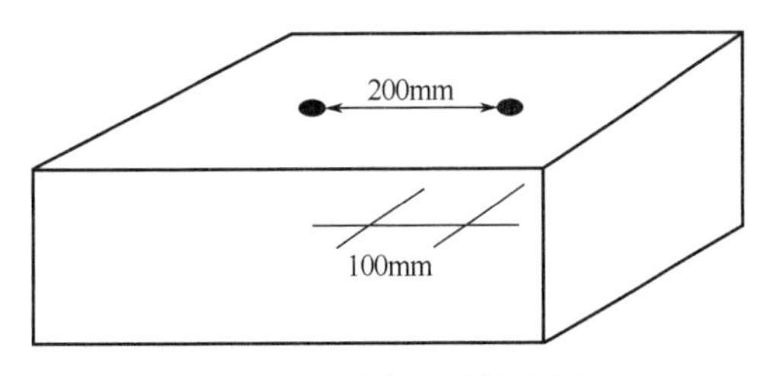

图9-14　单锚栓受拉算例

【解】由公式（9-5）可知，混凝土锥体破坏抗拉承载力设计值：

$$N_t^c = 2.4\psi_b\psi_N\sqrt{f_{cu,k}}\,h_{ef}^{1.5}$$

考虑边间距影响，其中 $c_1 = 100\text{mm}$，$s_1 = 200\text{mm}$，$h_{ef} = 110\text{mm}$

$s_{cr,N} = 3\times110 = 330\text{mm}$；$c_{cr,N} = 1.5\times110 = 165\text{mm}$，$A_{c,N}^0 = s_{cr,N}^2 = 108900\text{mm}^2$

$A_{cN} =$ （$c_1+s_1+c_{cr,N}$）$s_{cr,N} =$ （100+200+165）$330 = 465\times330 = 153450\text{mm}^2$

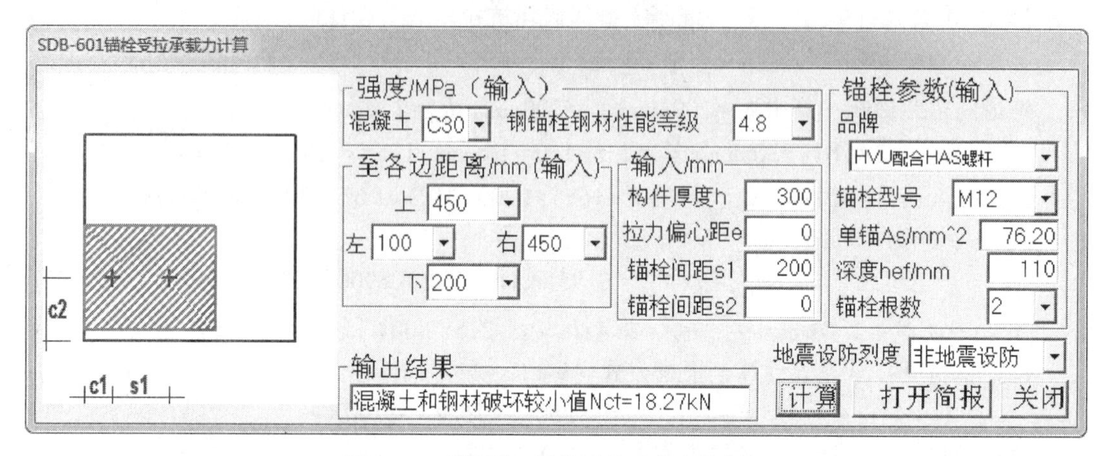

图 9-15 倒锥形双锚栓受拉承载力算例 2

由公式（9-6）可知，

$$\psi_{\mathrm{N}}=\psi_{\mathrm{s,h}}\psi_{\mathrm{e,N}}A_{\mathrm{cN}}/A^{0}_{\mathrm{c,N}}=0.95\times1\times153450/108900=1.41$$

$$N^{\mathrm{c}}_{\mathrm{t}}=2.4\psi_{\mathrm{b}}\psi_{\mathrm{N}}\sqrt{f_{\mathrm{cu,k}}}h^{1.5}_{\mathrm{ef}}=2.4\times0.9\times1.41\times\sqrt{30}\times110^{1.5}=18271\mathrm{N}$$

锚栓钢材受拉承载力计算，根据公式（9-1）

$$N^{\mathrm{a}}_{\mathrm{t}}=\psi_{\mathrm{E,t}}f_{\mathrm{ud,t}}A_{\mathrm{s}}=1\times250\times2\times76.2=38100\mathrm{N}$$

锚栓受拉承载力是取二者较小值，即 18.271kN。

SDB 软件输入信息和简要输出结果如图 9-15 所示，可见其与手算结果一致。

【例 9-4】 群锚承受剪力

某非生命线工程中的肋形梁跨中，其侧面有一后锚固连接锚栓布置如图 9-16 所示，承受剪切荷载设计值 $V=40\mathrm{kN}$，基材为 C20 开裂混凝土，构件边缘配有 $\phi>12\mathrm{mm}$ 的纵筋。被连接构件为非结构构件。钢锚栓钢材性能等级为 6.8 级。试选择机械锚栓，并进行承载力验算。

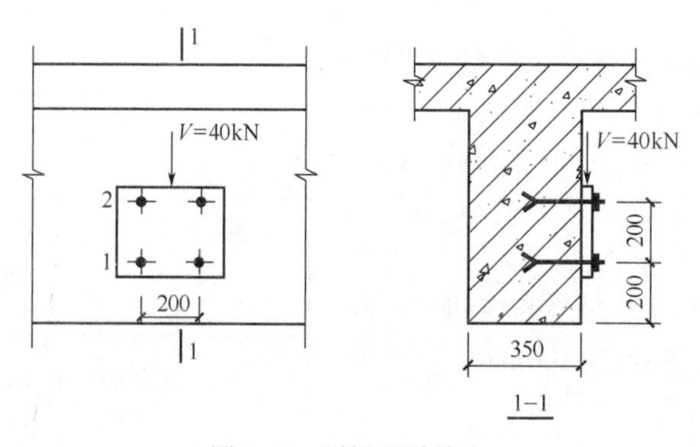

图 9-16 群锚承受剪力

【解】

1）锚栓钢材破坏受剪承载力计算，由公式（9-3）

$$V^{\mathrm{a}}=\psi_{\mathrm{E,v}}f_{\mathrm{ud,v}}A_{\mathrm{s}}=1.00\times220\times4\times157.0=138160\mathrm{N}$$

2）群锚构件边缘受剪破坏承载力计算，根据公式（9-13）

$$V^{c}=0.18\psi_{v}\sqrt{f_{cu,k}}c_{1}^{1.5}d_{0}^{0.3}h_{ef}^{0.2}$$

基材混凝土受剪承载力修正系数 ψ_v 值，应按下列公式计算：

$\psi_{v}=\psi_{s,v}\psi_{h,v}\psi_{\alpha,v}\psi_{e,v}\psi_{u,v}A_{c,v}/A_{c,v}^{0}$

$\psi_{s,v}=0.7+0.2\dfrac{c_2}{c_1}\leqslant 1$，得 $\psi_{s,v}=1$

$\psi_{h,v}=(1.5c_1/h)^{1/3}=(1.5\times200/350)^{1/3}\geqslant 1$，得 $\psi_{h,v}=1$

$\psi_{\alpha,v}=1$；$\psi_{e,v}=1$（剪力无偏心）；$\psi_{u,v}=1.2$

$A_{c,v}^{0}=4.5c_1^2=4.5\times200^2=180000\text{mm}^2$

$A_{c,v}=(3c_1+s_2)\ 1.5c_1=(3\times200+200)\times1.5\times200=240000\text{mm}^2$

$\psi_{v}=1.00\times1.00\times1.00\times1.00\times1.20\times240000/180000=1.60$

$V^{c}=0.18\times1.60\times\sqrt{20}\times200^{1.5}\times16^{0.3}\times200^{0.2}=24149\text{N}$

SDB 软件输入信息和简要输出结果如图 9-17 所示，可见其与手算结果一致。

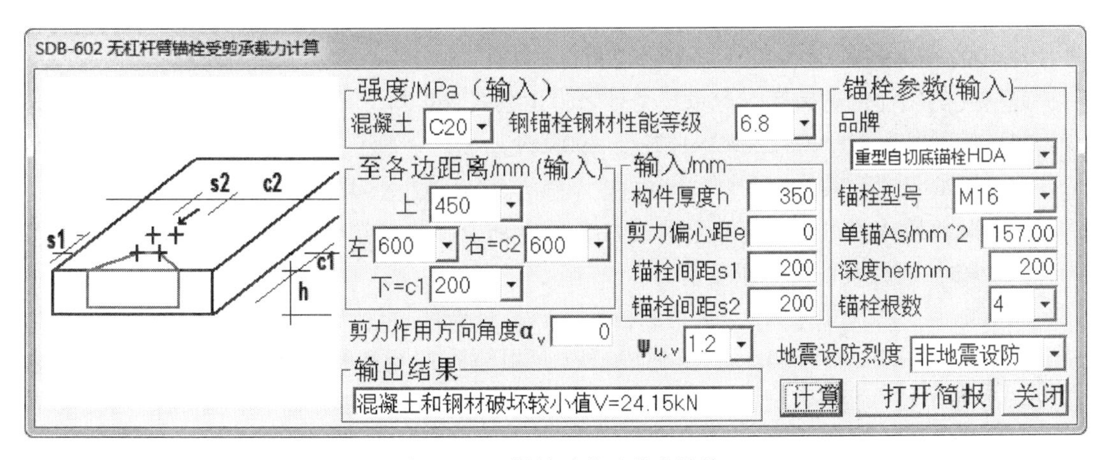

图 9-17　四锚栓受剪承载力计算

锚栓受剪承载力取 V^a、V^c 二者中的较小值，即 24.15kN<40kN，达不到要求。

采取控制剪力分配的方法（图 9-18）将边缘第一排锚栓在被连接件上的圆形钻孔改为沿剪切方向的长槽孔，这时边缘第一排锚不考虑承受剪力，全部剪力将由第二排锚栓承受，边距 c_1 将由 200mm 加大为 400mm。

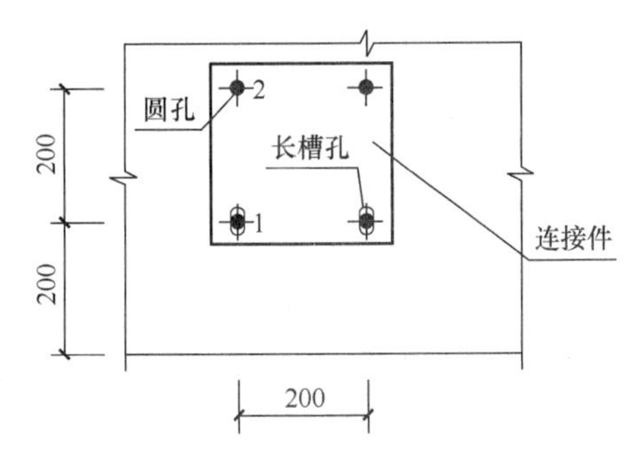

图 9-18　控制剪力分配方法

重新进行边缘受剪混凝土破坏承载力计算：

此时 $h=350\text{mm}<1.5c_1=1.5\times400=600\text{mm}$

$A_{c,v}^{0}=4.5c_1^2=4.5\times400^2=720000\text{mm}^2$

$A_{c,v}=(3c_1+s_2)\ h=(3\times400+200)\times350$

$=490000\text{mm}^2$

$\psi_{s,v}=1$

$\psi_{h,v}=(1.5c_1/h)^{1/3}=(1.5\times400/350)^{1/3}=1.2$

$\psi_{\alpha,v}=1$；$\psi_{e,v}=1$（剪力无偏心）；$\psi_{u,v}=1.2$

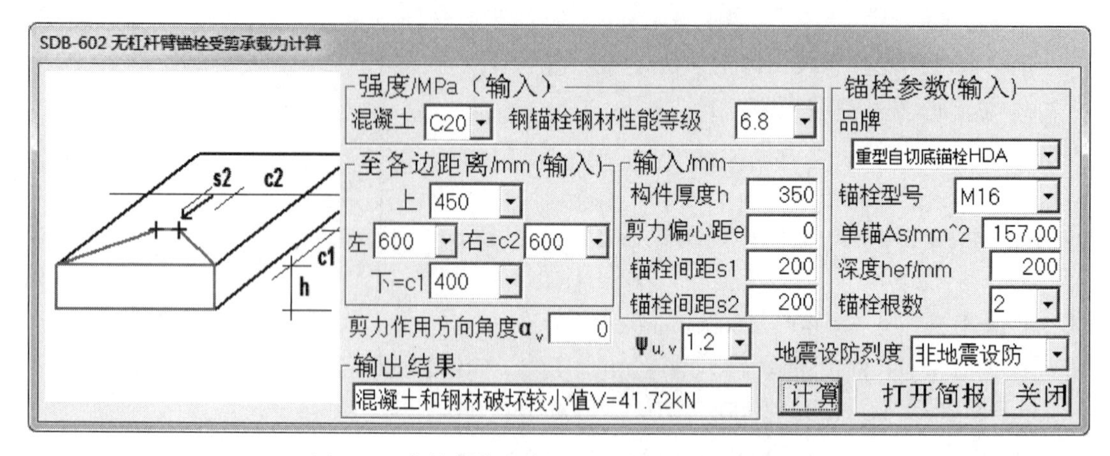

图 9-19　按控制剪力分配方法计算的受剪承载力

$\psi_v = 1.00 \times 1.2 \times 1.00 \times 1.00 \times 1.20 \times 490000/720000 = 0.98$

$V^c = 0.18 \times 0.98 \times \sqrt{20} \times 400^{1.5} \times 16^{0.3} \times 200^{0.2} = 41717\text{N}$

此情况的锚栓钢材破坏受剪承载力计算，由公式（9-2）

$V^a = \psi_{E,v} f_{ud,v} A_s = 1.00 \times 220 \times 2 \times 157.0 = 69080\text{N}$

锚栓受剪承载力取 V^a、V^c 二者中的较小值，即 41.72kN>40kN，满足要求。

SDB 软件输入信息和简要输出结果如图 9-19 所示，可见其与手算结果一致。

【例 9-5】有杠杆臂群锚承受剪力

假定将上一例题即【例 9-4】的锚栓换成有杠杆臂的锚栓，基材表面至被固定件厚度一半的距离（图 9-1）为 40mm，且锚栓群（两根锚栓）受到的总拉力为 11.62kN，其他参数与【例 9-4】的相同。试计算在基材表面有或无压紧螺帽情况下，该锚栓群的受剪承载力设计值。

【解】与【例 9-4】相同的计算过程不再重复。

锚栓截面抵抗矩 $W_{el} = \frac{\pi d}{32} = 3.1416 \times 16^3/32 = 402.125\text{mm}^3$

锚栓承受的拉应力 $\sigma = N/A_s = 11620/(2 \times 157) = 37\text{N/mm}^2$

（1）锚栓在基材表面无压紧螺帽情况，锚栓钢材破坏受剪承载力计算，由公式（9-3）

$$V^a = 1.2\psi_{E,v} W_{el} f_{ud,t}\left(1 - \frac{\sigma}{f_{ud,t}}\right)\frac{\alpha_m}{l_0} = 1.2 \times 1 \times 402.125 \times 370 \times (1 - 37/370) \times 1/(40 + 16/2) = 3347.7\text{N}$$

两个锚栓的总受剪承载力为 $V^a = 2 \times 3347.7 = 6695.4\text{N}$

锚栓受剪承载力取 V^a、V^c 二者中的较小值。SDB 软件输入信息和简要输出结果如图 9-20 所示，可见其与手算结果一致。

（2）锚栓在基材表面有压紧螺帽情况，锚栓钢材破坏受剪承载力计算，由公式（9-3）

$$V^a = 1.2\psi_{E,v} W_{el} f_{ud,t}\left(1 - \frac{\sigma}{f_{ud,t}}\right)\frac{\alpha_m}{l_0} = 1.2 \times 1 \times 402.125 \times 370 \times (1 - 37/370) \times 2/(40) = 8034.5\text{N}$$

两个锚栓的总受剪承载力为 $V^a = 2 \times 8034.5 = 16069.0\text{N}$

锚栓受剪承载力取 V^a、V^c 二者中的较小值。SCS 软件输入信息和简要输出结果如图 9-

21 所示，可见其与手算结果一致。

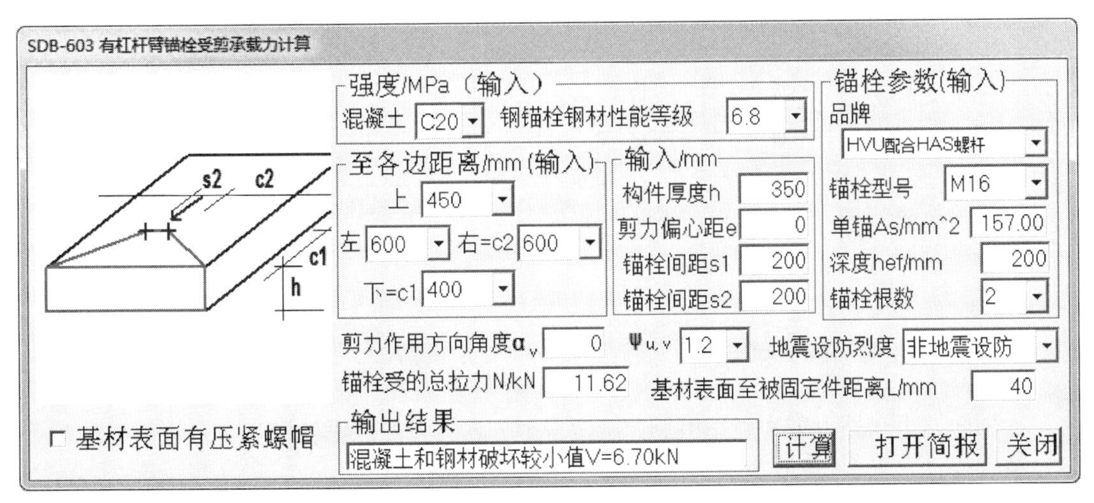

图 9-20　有杠杆臂锚栓在基材表面无压紧螺帽的受剪承载力

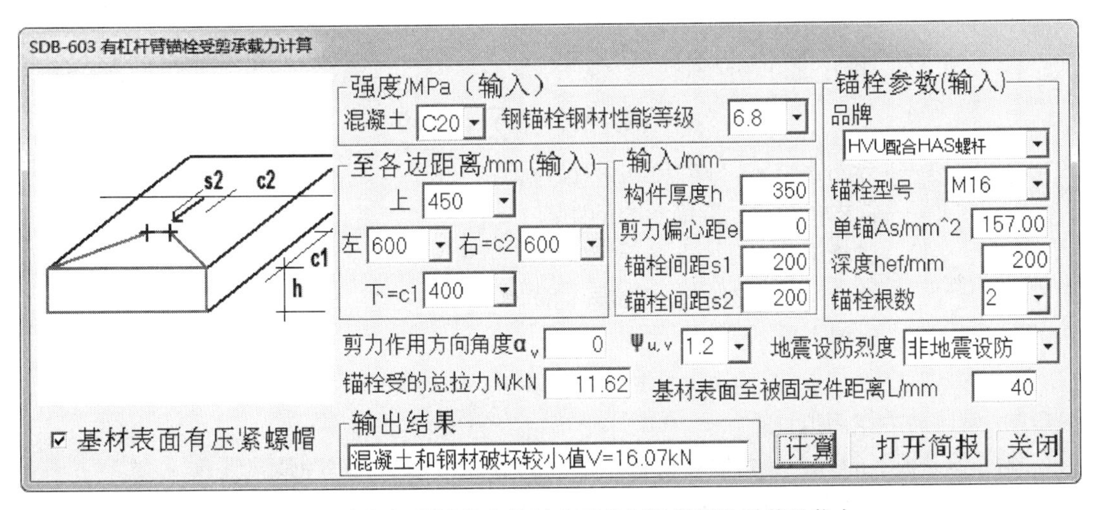

图 9-21　有杠杆臂锚栓在基材表面有压紧螺帽的受剪承载力

9.5　锚栓连接受力分析

本节列出《混凝土结构加固设计规范》附录 F 给出的锚栓连接受力分析方法及软件 SDB 相应功能使用方法。

1）锚栓拉力作用值计算

锚栓受拉力作用（图 9-22、图 9-23）时，其受力分析应符合下列基本假定：

（1）锚板具有足够的刚度，其弯曲变形可忽略不计；

（2）同一锚板的各锚栓，具有相同的刚度和弹性模量；其所承受的拉力，可按弹性分析方法确定；

（3）处于锚板受压区的锚栓不承受压力，该压力直接由锚板下的混凝土承担。

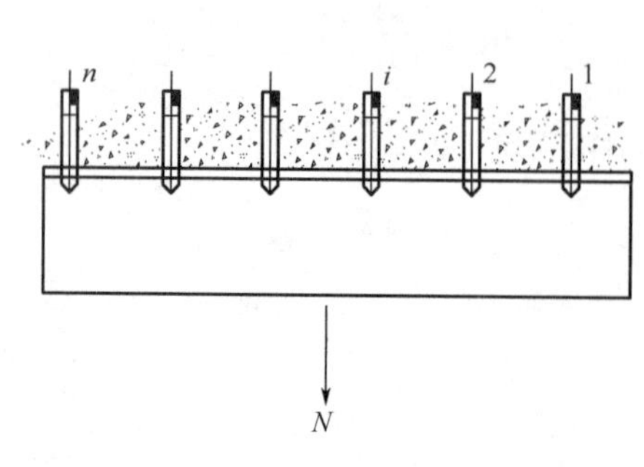

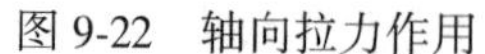

图 9-22 轴向拉力作用

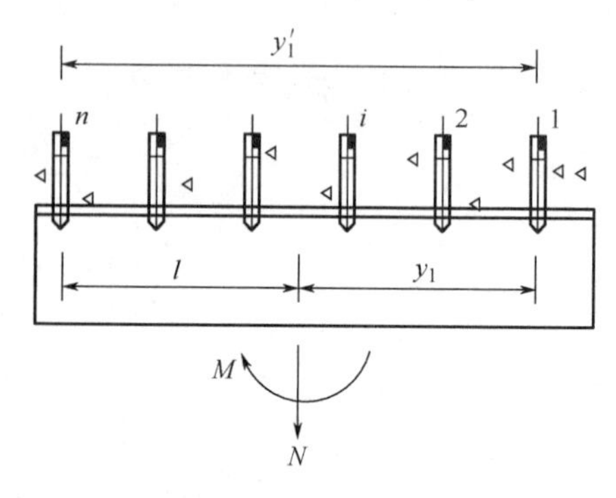

图 9-23 拉力和弯矩共同作用

在轴向拉力和外力矩共同作用下，应按下列公式计算确定锚板中受力最大锚栓的拉力设计值 N_h：

（1）当 $N/n-My_1/\sum y_i^2 \geqslant 0$ 时

$$N_h=N/n+(My_1/\sum y_i^2) \tag{9-29}$$

（2）当 $N/n-My_1/\sum y_i^2<0$ 时

$$N_h=(M+Nl)y_1'/\sum(y_i')^2 \tag{9-30}$$

式中 N、M——分别为轴向拉力和弯矩的设计值；

y_1、y_i——锚栓 1 及 i 至群锚形心的距离；

y_1'、y_i'——锚栓 1 及 i 至最外排受压锚栓的距离；

l——轴力 N 至最外排受压锚栓的距离；

n——锚栓个数。

注：当外弯矩 $M=0$ 时，式（9-29）计算结果即为轴向拉力作用下每一锚栓所承受的拉力设计值 N_i。

2）锚栓剪力作用值计算

作用于锚板上的剪力和扭矩在群锚中的内力分配，按下列三种情况计算：

（1）当锚板孔径与锚栓直径符合表 9-6 的规定，且边距大于 $10h_{ef}$ 时，则所有锚栓均匀承受剪力（图 9-24）；

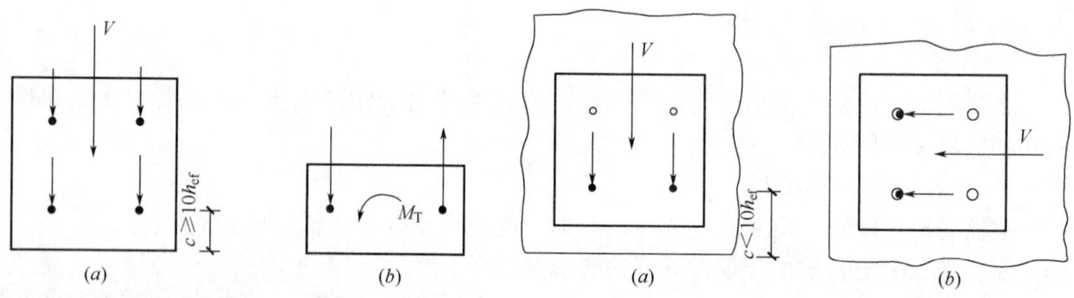

图 9-24 锚栓均匀受剪

图 9-25 锚栓处于不利情况下受剪

（a）边距过小；（b）锚板孔径过大

（2）当边距小于 $10h_{ef}$ 时（图 9-25a）或锚板孔径大于表 9-6 的规定值（图 9-25b），则只有部分锚栓承受剪力；

（3）为使靠近混凝土构件边缘锚栓不承受剪力，可在锚板相应位置沿剪力方向开椭圆形孔（图 9-26）。

锚板孔径（mm）　**表 9-6**

锚栓公称直径 d_0	6	8	10	12	14	16	18	20	22	24	27	30
锚板孔径 d_f	7	9	12	14	16	18	20	22	24	26	30	33

剪切荷载通过受剪锚栓形心（图 9-27）时，群锚中各受剪锚栓的受力应按下列公式确定：

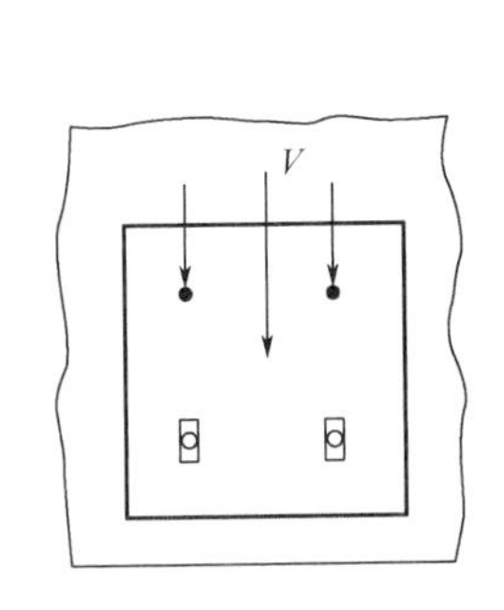

图 9-26　控制剪力分配方法

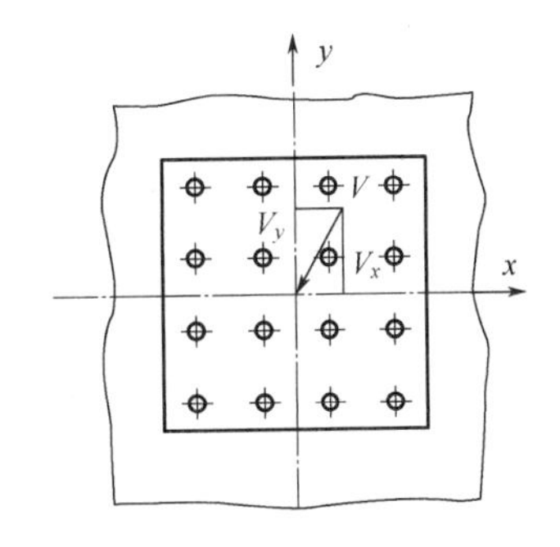

图 9-27　受剪力作用

$$V_i^V = \sqrt{(V_{ix}^V)^2 + (V_{iy}^V)^2} \tag{9-31}$$

$$V_{ix}^V = V_x / n_x \tag{9-32}$$

$$V_{iy}^V = V_y / n_y \tag{9-33}$$

式中　V_{ix}^V、V_{iy}^V——分别为锚栓 i 在 x 和 y 方向的剪力分量；

V_i^V——剪力设计值 V 作用下锚栓 i 的组合剪力设计值；

V_x、n_x——剪力设计值 V 的 x 分量及 x 方向参与受剪力的锚栓数目；

V_y、n_y——剪力设计值 V 的 y 分量及 y 方向参与受剪力的锚栓数目。

群锚在扭矩 T（图 9-28）作用下，各受剪锚栓的受力应按下列公式确定：

$$V_i^T = \sqrt{(V_{ix}^T)^2 + (V_{iy}^T)^2} \tag{9-34}$$

$$V_{ix}^T = \frac{T y_i}{\sum x_i^2 + \sum y_i^2} \tag{9-35}$$

$$V_{iy}^T = \frac{T x_i}{\sum x_i^2 + \sum y_i^2} \tag{9-36}$$

式中　T——外扭矩设计值；

V_{ix}^T、V_{iy}^T——T 作用下锚栓 i 所受剪力的 x 分量和 y 分量；

V_i^T——T 作用下锚栓 i 的剪力设计值；

x_i、y_i——锚栓 i 至以群锚形心为原点的坐标距离。

群锚在剪力和扭矩（图 9-29）共同作用下，各受剪锚栓的受力应按下式确定：

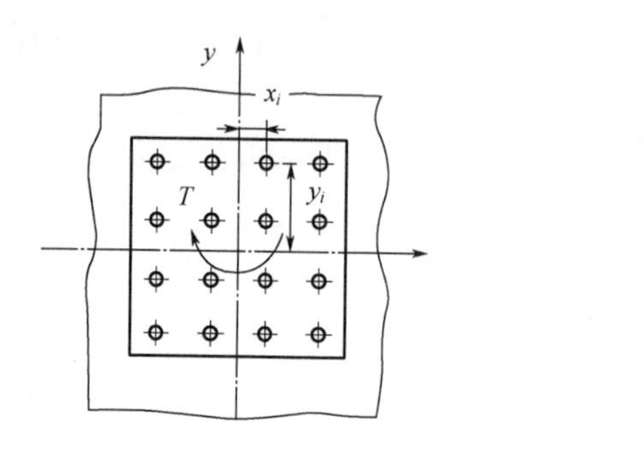

图 9-28 受扭矩作用

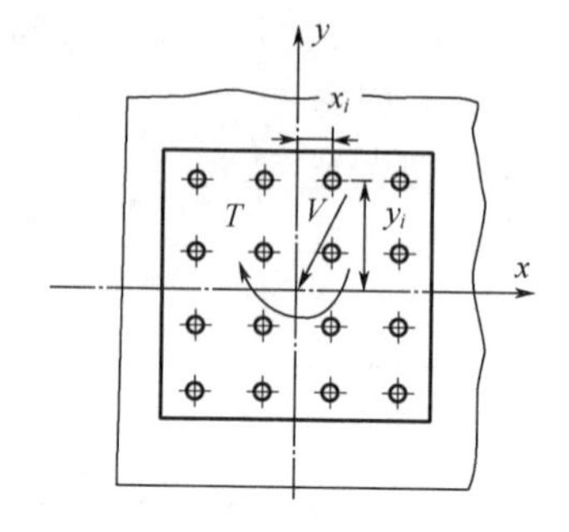

图 9-29 剪力与扭矩共同作用

$$V_i^g=\sqrt{(V_{ix}^V+V_{ix}^T)^2+(V_{iy}^V+V_{iy}^T)^2} \tag{9-37}$$

式中 V_i^g——群锚中锚栓所受组合剪力设计值。

软件 SDB 计算中对剪切内力正负约定为，竖向向下为正，水平向以向右为正。

【例 9-6】群锚拉、弯复合受力分析

文献［3］第 840 页例题部分内容，某后锚固连接的无地震时基本组合荷载效应设计值 $N=22\text{kN}$，$M=5.0\text{kN}\cdot\text{m}$。基材为 C35 开裂混凝土，构件表层混凝土无密集配筋。锚栓布置如图 9-30 所示。试分析锚栓的最大受力。

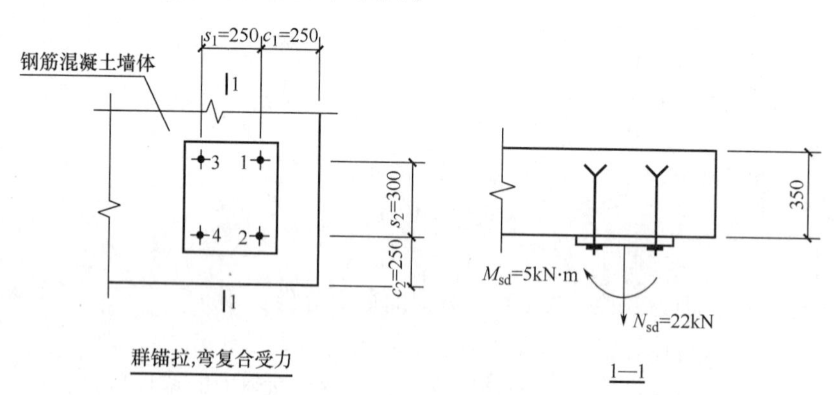

图 9-30 拉力和弯矩共同作用

【解】 无地震组合，由判别式

$$N/n-My_1/\sum y_i^2=\frac{22}{4}-\frac{5.0\times1000\times125}{4\times125^2}=-4.5<0$$

1、2 号锚栓位于受拉区，由式（9-29）其拉力设计值：

$$N_h=(M+Nl)y'_1/\sum(y'_i)^2=(22\times125+5000)\times\frac{250}{4\times250^2}=15.5\text{kN}$$

SDB 软件输入信息和最终计算结果如图 9-31 所示，可见其与手算结果相同。

【例 9-7】群锚承受剪力和扭矩分析

文献［3］第 846 页例题部分内容，某梁后锚固连接，群锚受剪力和扭矩共同作用，扭矩设计值 $T=15\text{kN}\cdot\text{m}$，剪力设计值 $V_y=18\text{kN}$。基材为 C40 开裂混凝土，构件边缘配有 >Φ12 的直筋，箍筋间距为 100mm。被连接构件为非结构构件。锚栓布置如图 9-32 所示。试分析锚栓的最大受力。

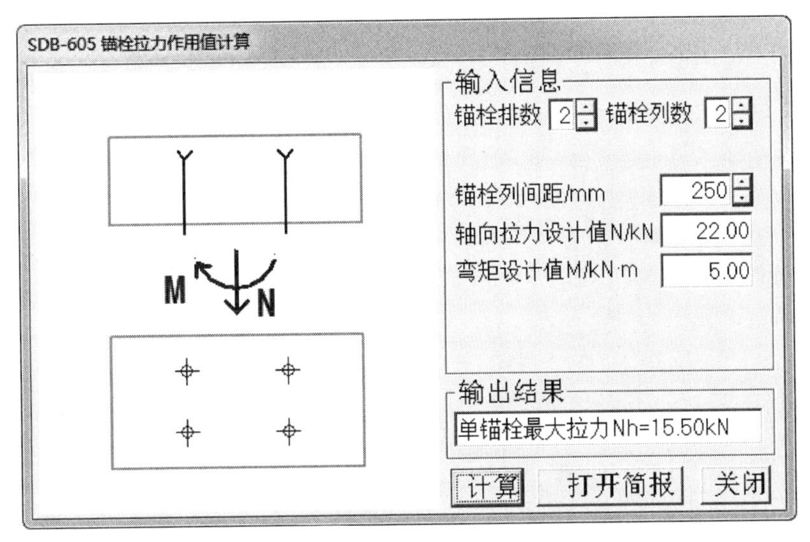

图 9-31　拉力和弯矩共同作用

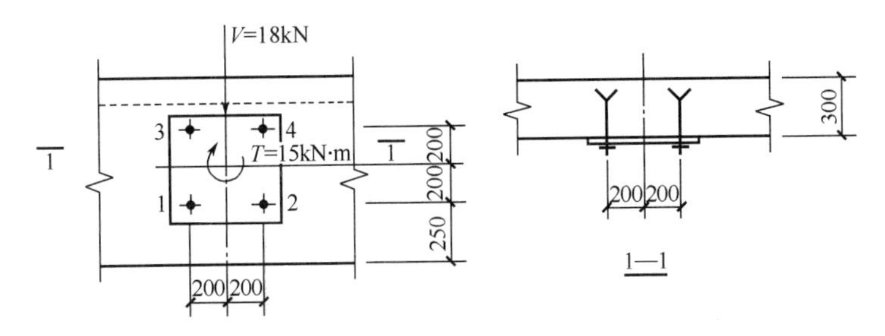

图 9-32　梁跨中群锚受剪扭

【解】

（1）外剪力引起的锚栓剪力

群锚在剪力 V 作用下，考虑构件边缘受剪（$c<h_{ef}$），由靠近构件边缘的一排锚栓承受全部剪力，每个锚栓承受的剪力为：

$V_{iy}^{V}=18/2=9\text{kN}$；　　$V_{ix}^{V}=0$

（2）群锚在扭矩 T 作用下，锚栓剪力按公式（9-34）～式（9-36）计算。

$\sum x_i^2+\sum y_i^2=4\times200^2+4\times200^2=320000\text{mm}^2$

$V_{ix}^{T}=15000\times200/320000=9.38\text{kN}$；　　$V_{iy}^{T}=9.38\text{kN}$

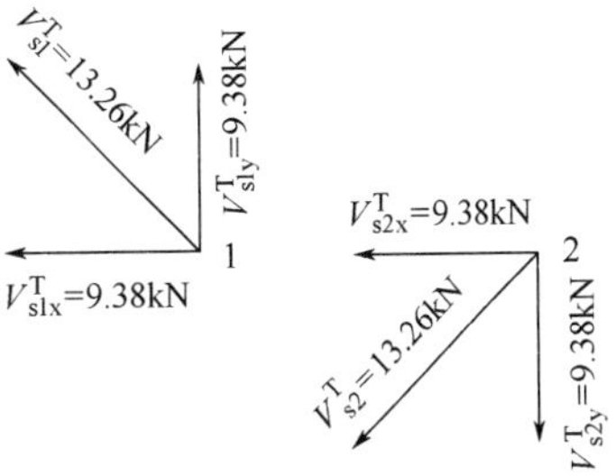

$V_{s1}^{T}=13.26\text{kN}$　$V_{s1y}^{T}=9.38\text{kN}$　$V_{s1x}^{T}=9.38\text{kN}$　1

$V_{s2x}^{T}=9.38\text{kN}$　2　$V_{s2}^{T}=13.26\text{kN}$　$V_{s2y}^{T}=9.38\text{kN}$

图 9-33　下边缘锚栓承受剪力的方向

（3）群锚在剪力和扭矩共同作用下剪力分量方向如图 9-33 所示，由式（9-37），边排锚栓 2 的剪力设计值为：

$V_2^{g}=\sqrt{(0-9.38)^2+(9+9.38)^2}=20.64\text{kN}$

SDB 软件输入信息和最终计算结果如图 9-34 所示，可见其与手算结果相同。

如果本题边距 $c>h_{ef}$，且同时还受到水平剪力 $V_x=10\text{kN}$（向左）作用，则计算如下：

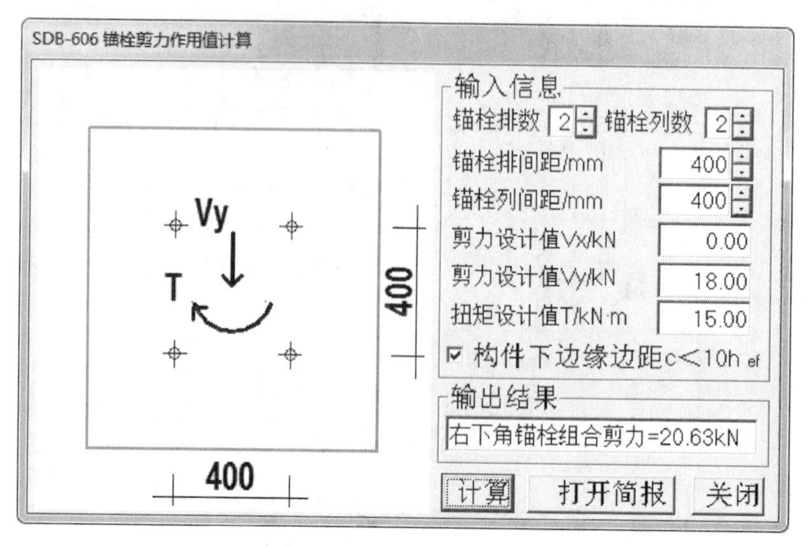

图 9-34 竖向剪力和扭矩共同作用

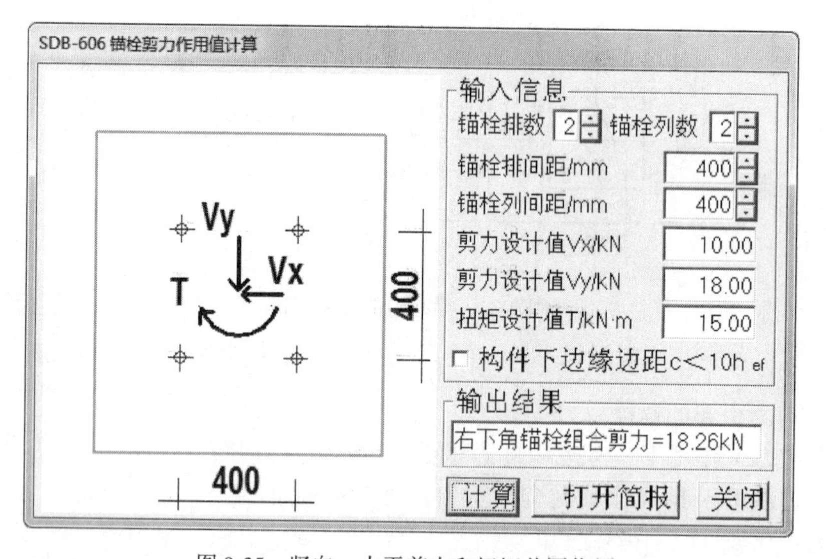

图 9-35 竖向、水平剪力和扭矩共同作用

（1）外剪力引起的锚栓剪力

群锚在剪力 V 作用下，每个锚栓承受的剪力为：

$$V_{iy}^{V}=18/4=4.5\text{kN};\qquad V_{ix}^{V}=10/4=2.5\text{kN}$$

（2）群锚在扭矩 T 作用下，计算同上。

（3）群锚在剪力和扭矩共同作用下，由式（9-37），边排锚栓 2 的剪力设计值为：

$$V_2^{g}=\sqrt{(-2.5-9.38)^2+(4.5+9.38)^2}=18.27\text{kN}$$

SCS 软件输入信息和最终计算结果如图 9-35 所示，可见其与手算结果相同。

本章参考文献

[1] 中华人民共和国国家标准. 混凝土结构加固设计规范 GB 50367—2013［S］. 北京：中国建筑工业出版

社，2013.
[2] 卜良桃，梁爽，黎红兵. 混凝土结构加固设计规范算例（第二版）[M]. 北京：中国建筑工业出版社，2015.
[3] 中国有色工程有限公司. 混凝土结构构造手册（第四版）[M]. 北京：中国建筑工业出版社，2013.